二つの「開国」と日本

黒沢文貴

東京大学出版会

Modern Japan Encounters the World Order 1853–1945

Fumitaka KUROSAWA

University of Tokyo Press, 2013
ISBN 978-4-13-026607-9

目次

第二部　第二の「開国」と日本

はじめに

一　近現代日本と「開国」

一九世紀中葉に西洋諸国が東アジア、そして日本にその影響力を拡大しはじめて以来、日本の国内体制はそうした国際環境の波動を受けて、大きな変化を繰り返してきた。たとえばそれを、幕末維新から現在にいたる国際環境の変動と日本外交との関係性を軸に概観してみると、おおむね四つの時期に分けることができよう。

第一は、ペリーの来航に象徴される幕末維新期から第一次世界大戦までの時期である。徳川幕府にかわり成立した明治新政府は、「万国対峙」と「文明開化」のスローガンのもと西洋国際秩序（いわゆるウェストファリア体制）への参入をめざす。

条約改正と朝鮮問題（安全保障問題）の解決、それらをもとにした西洋先進諸国との対等な国家間関係にたつ独立の保持が基本的政治課題となり、日清・日露の両戦争の勝利などをとおしてその目的は達成される。またそれは、日本における近代国家の形成が、結果的には帝国主義国への転化の過程でもあったことを示している。

第二は、第一次世界大戦の終結から太平洋戦争における日本の敗戦にいたる期間である。世界初の国家総力戦という悲惨な戦争体験を経て、西洋国際秩序を律する基本原則が大きく転換し、それに見合う新たな国際関係の構築がはかられた時期である。

戦争の違法化や民族自決原則の提唱、相互依存的な国際経済秩序の形成、そして国際連盟の創設や海軍軍縮、さらに不戦条約の締結などに結実するそれらの動きは、一般的には「旧外交」から「新外交」への変化として認識され、日本においては、幣原喜重郎外相に代表されるいわゆる国際協調外交が展開される。しかし一九三〇年代に入ると、そうした新しい国際秩序の原理原則に対抗して、それとは異なる国際秩序の構築を求める外交路線が日本内外で台頭し、やがて世界は次の大戦へと向かうことになる。

第三は、第二次世界大戦の終結とその後の米ソを中心とする冷戦時代である。当該期の日本外交には、アメリカの強い影響下にあって、西側陣営の一員としての役割が求められる。

他方、国際連合の成立と展開に象徴されるように、第一次世界大戦後に提起された新しい国際秩序の原理原則が、さらに大規模かつ悲惨な総力戦としての第二次世界大戦を経験することによって、国際的にあらためて再確認される。そして日本もそうした秩序原理を内包する新たな平和憲法のもと、やがて国連中心主義を外交の基本路線として志向する。また一九五二年に占領状態を脱して国際社会に復帰した日本は、西洋先進諸国の仲間入りをめざし、軽武装路線の下で「経済大国」になることによって、その目的を達成することになる。

そして第四が、その冷戦構造の崩壊にともなう国際秩序の流動化が、依然として収束しない現在までの時期である。新しい国際秩序の確かな姿は、とりわけ九・一一以後混沌としてまだみえていないし、とくに東アジアには冷戦構造の残滓がいまだに存在している。

他方では、経済のグローバル化や地球環境問題の発生、民族紛争の多発や新しい戦争のかたち、そして破綻国家の存在にともなう諸問題など、地球規模もしくは各国・各機関が力を合わせて問題に対処する原理原則と枠組みとが求められている。日本では政治・経済・軍事など多くの分野における「国際化」の必要性が認識され、「一国平和主義」からの脱却と「国際貢献」が叫ばれるようになる。また国際社会からも、日本の大きな国際的役割がいっそう期待されている時代といえる。

ところで近現代日本には、そうした大きな国際環境の変動が、たんなる外交政策の変化にとどまらず、国内体制そのものの大きな変動に結びつくという歴史的特徴をみいだすことができる。それらの現象を仮に「開国」と呼ぶとするならば、これまでみてきた時期区分からも明らかなように、近現代日本には四つの「開国」期があったといえるのである。

二　第一と第三の「開国」、第二と第四の「開国」の類似性

そこで、あらためてそれら四つの「開国」期を比較してみると、明治維新と敗戦・占領改革という大きな変動を経験した第一の「開国」と第三の「開国」とが、歴史的経験としてはきわめて類似したものであったといえる。すなわち両時期には、文字通り国内体制は大転換し、国家としての新たなスタートが、いわばゼロから切られることになった。両時期の外交目標も端的にいえば、国際社会から早く一人前の国家として認められ、西洋先進諸国の仲間入りを果たすことにあった。その際、前者では「軍事」と「文明化」が、後者では「経済」と「民主化」が、そのための大きな手段であった。

他方、第二の「開国」と第四の「開国」も、きわめて似たような関係にあるといえよう。それまで支配的であった国際秩序が両時代には大きな転換を余儀なくされ、それゆえ日本外交にも、それに見合う外交構想力と新しい国際秩序形成への真摯な参画とが求められた。

しかし、そもそも新しい国際秩序をどのようなものとして構想するのか、またいかなる要件をどのように備えれば、その新しい体制への移行をスムーズにおこなうことができるのか。為政者・知識人・国民の間には、そうした基本的

課題について、必ずしも認識の一致がなされていたわけではなかった。しかも前時代に築かれた内外政の成果のすべてを否定したり、無視するわけにもいかず、それらを相応に前提にしなければならなかったのであり、前時代の原理原則や価値を良しとする認識も存在していたのである。そうした困難な状況のなかで、新たな時代にふさわしい国内体制の構築も模索されることになったのである。

しかし、国内体制の変化に大きな影響をおよぼす新しい国際秩序のあり方そのものが、第二の「開国」期には、原理原則は明確であったがいまだ定着途上にあったし、また第四の「開国」期には依然として模索中で不透明であり、その意味で、第一の「開国」と第三の「開国」の両時期に比して、基本的には、相対的に不安定な状態にあった（ある）といえる。

したがって第二の「開国」期と第四の「開国」期においては、日本外交のあり様のみならず、転換をはかった（あるいははかりつつある）新しい国内体制そのものも、きわめて困難な状況におかれることになった。国際秩序の不安定さが、確かな国内体制の再構築にも負の影を落としていたからである。また前時代の成功体験が、ある種の残滓としてまさに負の遺産となり、新たな秩序変動への適応を阻害する要因として働く側面もあったのである。

ちなみに、第二の「開国」期と第四の「開国」期における新たな国内体制構築の試みが、いかに困難であるのかに関しては、たとえば第二の「開国」期にいったんは形成された「一九二五年体制」もしくは「大正デモクラシー体制」が、それなりの強度をもちながらも最終的には崩壊し、昭和期の「一九四〇年体制」もしくはいわゆる「ファシズム体制」に移行したことにもあらわれている(1)。

三　本書の課題と分析視角──「開国」「大国」「小国」

以上述べてきたように、ペリー来航から現在にいたる近現代日本のあり様と、国際秩序と日本との関係は、おおむね四つの時期区分の下に概観することができる。そこで本書では、そうした約一六〇年におよぶ日本近現代史のなかでも、とくに歴史的に問題とされることの多い太平洋戦争終結までの時代を分析の対象として、戦前の二つの「開国」期、すなわち第一の「開国」期と第二の「開国」期における近代日本の国際認識とその対応について若干の考察を試みてみたい。

四つの「開国」のなかから戦前の二つに検討の対象を絞るのは、先にみた比較考察でも明らかなように、戦前戦後におけるそれぞれ二つずつの「開国」の組み合わせ、すなわち第一の「開国」と第二の「開国」、第三の「開国」と第四の「開国」の組み合わせが、あたかも歴史的循環を示すように類似しているため、現在の内外体制の変動状況を理解するうえでも、戦前の二つの「開国」の推移を考察することが有益だと思われるからである。

また、もちろん戦前期を分析の対象にすることは、それ自体が依然として歴史学研究上の重要な課題である。とくに第二の「開国」への対応の失敗が、太平洋戦争における日本の敗戦に結果したからである。

なおその際、それぞれの「開国」期における日本のあり様の変化にも注目することにしたい。すなわち、第一の「開国」期と第三の「開国」期の日本は、国家発展のモデルを他国に求め、国際社会における地位の上昇を追い求める、いわば発展途上の「小国」としてあったが、第二の「開国」期と第四の「開国」期には、それぞれ前期における発展の成果を受けて、すでに国際社会に一定の存在感を示し、影響をおよぼしうる「大国」として、日本はその国際的地位を占めていたのである。

そうした国際社会におけるいわば立ち位置の違いが、日本の国際認識の主たる対象と内容、そして対応にも大きな影響を与えるであろうことは、容易に推察しうるところである。したがって、そうした「開国」のそれぞれの段階における日本のあり様の違いに着目することも、戦前期日本の国際認識とその対応を考察するうえで重要なことと思われる。

また本書ではあまり言及しえなかったが、日本の立ち位置の変化は、右記の観点のみならず、逆に日本をみる諸外国の眼差しにも相応の変化をうながしたであろうし、そうした諸外国の対日認識の変化を受けて、さらに日本自身の国際認識が変化するという、国際認識上の相互作用もしくはある種の循環構造が存在したのではないかと思われる。

なお戦前の二つの「開国」期における日本のあり様の変化に注目するにあたり、さらに親西洋から反西洋への基本的な時代思潮の変化という、近代日本の「西洋」評価もしくは西洋近代との距離感の違いにも留意する必要があろう。つまり、国家発展のモデルを西洋近代にみいだしていた第一の「開国」期から、もはや西洋近代が単純にはモデルになりえず、むしろ反西洋とくに反英米（それとは対照的な親独、それゆえ単純な反西洋ではない）への思想潮流を強め、独自の国家発展モデルの追求へと傾斜していく第二の「開国」後半の昭和戦前期への変化が、近代日本の国際認識の底流（基本的枠組み）を規定するものとして、西洋の「大国」と「小国」への眼差し、そしてアジア諸国に対する眼差しにも大きな影響をおよぼしていたと思われるからである。

ところで、そもそも近代日本が国際秩序をどのように認識し、またそれにいかに対応しようとしたのかという問いかけは、もとよりそれ自体が大きなものである。そこで本書では、とくにつぎのいくつかの点を念頭におきながら、できるだけそれらの問いに応えることをとおして、大きな設問にも接近することにしたい。

まず第一に、幕末以降、日本をとりまく国際環境が大きく変動するなかで、日本は世界（西洋）とアジアをどのように認識し、日本を世界のなかで、さらにアジアのなかでいかに位置づけようとしたのであろうか。またそれらの認識と対応は、第一次世界大戦という大きな時代の転換点を経て、どのように変化したのであろうか。

第二に、そうした国際秩序認識のもとで日本が近代国家を形成するにあたり、これまで研究上さしたる関心が払われてこなかった、いわゆる西洋の「小国」に対するいかなる認識が存在したのであろうか。さらにそれは、結果としては「大国」をモデルとする近代国家形成の道程を歩んだ日本にとって、どのような意味をもっていたのであろうか。(2)

第三に、第二の問いとも密接に関係するが、日本の国際社会における「小国」もしくは「大国」としての立ち位置のあり方やその変化が、日本自身の対外認識とその対応にいかなる影響をおよぼしたのであろうか。その立ち位置の違いが、国際社会をどのように認識するかの見え方の違いや、「大国」「小国」への対応の違いにもつながるのであろうか。

第四に、西洋先進諸国の仲間入りを果たすうえで重要な意味をもったのが、「文明国」としての姿であった。その内実は法制度、政治制度、教育、経済、啓蒙思想など実に多岐にわたるものであったが、少なくともその指標のひとつとしてあげうるのが、「人道」の側面であろう。それではそうした「人道」理念が、日本においてどのように受容され、展開されたのであろうか。

たとえば、敵味方の区別なく傷病兵や捕虜を人道的に取り扱い「戦場の文明化」もしくは「戦争の文明化」を促進した赤十字運動（やがてそれは、平時の人道援助にも拡大する）はその代表的なものであるが、そうした赤十字への日本の対応は、いかなるものであったのであろうか。

この問いかけはとくに、赤十字のおこなう戦時救護が本来、陸海軍における医療救護制度の発展・充実と密接に関係するものであっただけに、軍における「文明国」標準の受容と展開、すなわち日本軍の近代軍としての形成と発展のあり方を考察するうえでも、重要な研究課題であるといえる。(3)

いずれにせよ、近代日本が参入をめざし、順応を余儀なくされた西洋国際秩序とは、歴史的には西洋「文明国」を中核とする国際秩序であったのであり、その原理原則のひとつとして「人道」理念があったのである。したがって、赤十字に代表される「人道」理念の受容と展開は、近代日本と西洋国際秩序との関係性や距離感を考察しうる、まさに格好の事例のひとつといえる。

そして第五の問いかけは、日本近代史を考察するうえで欠かすことのできない存在としての軍の対外認識が、どのようなものであったのかということである。明治以来の近代日本の歩みが、戦争や安全保障の問題と不即不離の関係にあっただけに、そうした軍の国際秩序認識を明らかにすることも重要である。

なかでも第一次世界大戦後の国際秩序原理の転換と戦争形態の変化とをいかに認識し、対応しようとしたのか。とくに昭和戦前期の歴史において、陸軍が過剰なまでの政治的影響力を行使した歴史的事実があるだけに、それによって、いささかなりともその原因を解明しうる手がかりをえることができればということでもある。もちろん、先に触れた軍における赤十字理念の受容と展開という問いかけも、そうした解明の手がかりのひとつである。

以上が、本書が念頭におく、五つの問いである。ただしこれらの問いかけそのものも、それぞれがきわめて大きなものである。したがって本書がそれらについての、十分な答えを用意できるわけではもちろんない。その意味で本書は、近代日本の国際認識を研究対象とする際に、重要と思われるいくつかの問題関心の所在を示したうえで、それらの諸点についてのささやかな考察の成果を提示するに過ぎない。

四　本書の構成

以上述べてきたような問いかけを前提にして、本書は、総説と二つの部、すなわち第一部に三章、第二部に四章という、全八章で構成されている。

まず総説の「西洋国際秩序と華夷秩序のあいだ」は、幕末のペリー来航から昭和戦前期の大東亜共栄圏構想の展開までの約九〇年にわたる近代日本と国際秩序との関係性、つまり近代日本の国際秩序認識と国際秩序への対応を概観したものである。いわば本書の導入部であると同時に、全体を鳥瞰する総論的な内容をもっている。

本総説に関連して注意しなければならないことは、近代日本が直面した国際秩序は、けっして一つではなかったということである。西洋国際秩序が圧倒的な力を背景に波及する以前の東アジアには、周知のように、「大国」中国を中心とするゆるやかな階層的秩序としての華夷秩序（中華帝国秩序）がすでに存在していた(4)。前近代の日本は、そうした東アジアの国際秩序圏に広い意味で包摂されていたのである。それゆえ明治以降にも存在しつづけた、西洋国際秩序とは異なる原理原則にたつ伝統的な東アジア国際秩序と近代日本との関係も、本書の重要な考察対象である(5)。

このように、本書が取りあげる「国際秩序」には、西洋と東アジアの二つの国際秩序があり、さらにそれらは、時代によっても変化するものであった。本書は、西洋国際秩序と日本との関係を主たる考察対象にはしているが、あくまでもそうした意味での「国際秩序」と近代日本との関係性がいかなるものであったのかという問いを、念頭におくものでもある。またそれによってこそ、とくに近代日本の国際秩序認識のあり方も、よりいっそう理解しうるものと思われる(6)。

つぎに第一部は、先に述べた第一の「開国」とそれへの日本の認識と対応に触れたものである。とくに第一章と第二章は、「小国」日本の認識と対応を考察対象としている。また第三章は、「小国」から「大国」へと変化しつつある日本の、「小国」への眼差しを扱ったものである。「小国」日本の「小国」への眼差しと「大国」日本の「小国」への眼差しとの間には、はたして違いがあるのであろうか。またそもそも「大国」日本には、どのような意味のある「小国」への眼差しが存在するのであろうか(7)。

第一章「人道主義という『文明国』標準の受容――近代日本と赤十字」は、明治初期における近代日本と赤十字との出合いを考察することによって、一九世紀後半の西洋諸国の最新の文明国標準としての赤十字の理念が、日本においてどのように受容されたのかを考察しようとするものである。それにより近代日本における赤十字のあり方、すなわち国家主義的もしくは忠君愛国主義的側面（国家・軍・天皇の側面）と国際主義的もしくは人道主義的側面（赤十字の側面）との関係性が明らかにされる。

それはまた、一九一九年の赤十字社連盟（健康増進や災害救護などの平時事業を主とする組織）の創設に日本赤十字社が主導的な役割を果たしたことに象徴されるように[8]、明治・大正期の日本が模範的な「文明国」になりえたにもかかわらず、昭和期に変転するその理由の一端を示唆するものでもある。

第二章「西洋の『小国』ベルギーへの眼差し――『模範国』としてのベルギー認識」は、明治初年から第一次世界大戦終了後までの日本のベルギー認識を取りあげ、現実には西洋の「大国」を主たるモデルとする近代国家の形成を進めた日本においても、他面、西洋の「小国」であるベルギーを「模範国」とする対外認識が存在していたことを明らかにしている。それは一面では、「小国」日本もしくは近代日本の自画像を反映したものともいえる。また日本陸軍にとってのベルギーのもつ意味についても、明らかにしている。

いずれにせよ、少なくとも第一の「開国」期の日本は、西洋諸国を認識するうえで、「大国」「小国」という視点に必ずしもこだわらない柔軟性をもちえていたといえよう。それは端的にいえば、「西洋」そのものが日本の追いつくべき姿を指し示していると思われていたからであり、その意味で「小国」への眼差しを考察することは、近代日本の国際秩序認識の幅を示すものとして重要である。

またそうした問題意識は、本書ではあまり取りあげることはできなかったが、反西洋の思潮が強まる第二の「開国」期において、いかなる「小国」への眼差しが存在し、それがどのような意味をもっていたのかという問いかけにもつながるものである。

第三章「西洋の『小国』ポーランドへの眼差し――第一次世界大戦後の人道主義の実践」は、第一次世界大戦後のシベリアに存在した多くのポーランド人孤児の救出に尽力した日本、とくに日本赤十字社の救護活動と本国送還事業、そして一九三〇年代にもつづいた交流に焦点をあてたものである。

日本にとってポーランドは、安全保障上、ソ連（ロシア）に隣接する戦略的価値をもつ国ではあったが、「小国」日本にとっての位置づけと「大国」日本にとっての戦略的価値とでは、その意味合いも微妙に異なる側面があったものと思われる。また本章では触れえなかったが、ナチス台頭後のドイツとの関係においても、「大国」日本にとって、ポーランドには独自の戦略的意味が存在したものと思われる(9)。

ただし本章そのものの考察の力点は、そうした側面よりも、むしろ日本が「小国」から「大国」へと変化しながらも、当該期の日本人にみられる人道意識のあり方の連続性と、西洋国際社会との明治期以来の良好な関係性の一端を示す事例のひとつとして考察しようとするところにある。

第二部は、第一次世界大戦を境とする西洋国際秩序の変容とそれに対する日本の認識と対応、すなわち第二の「開国」への「大国」日本の認識と対応とを明らかにしようとするものである。

第四章「西洋国際秩序の変容と『大国』日本」は、第一次世界大戦を契機とする西洋国際秩序の原理原則の大きな転換を、「大国」となった日本の指導層がどのように認識し、対応しようとしたのかを考察したものである。とくにウイルソン的国際秩序観と帝国主義的国際秩序観、そして自由貿易論と自給自足圏論という二つの分析軸を設定することによって、一九二〇年代から一九四〇年代にかけて、日英米協調から日本と英米との対立へと変化する「大国」間の国際関係を分析している。

また自由貿易論と自給自足圏論という国際経済秩序をめぐる分析軸を設定することによって、戦間期の思想潮流としてこれまでも検討されてきた、いわゆる「持てる国」と「持たざる国」とをめぐる議論の意味を、よりいっそう広く深い文脈のもとで理解しうるようになるのではないかと思われる。

なおそうした分析軸は、いうまでもなく総力戦という戦争形態の変化を受けて、第一次世界大戦後の新たな政策課題として強く意識されてきたものであるが、第五章「戦争形態変容の衝撃――日本陸軍の受容と普及・宣伝」は、そうした時代の転換点となる第一次世界大戦の衝撃を、なによりも総力戦の衝撃として受けとめた日本陸軍が、その大戦研究の成果をいかに陸軍内外に普及させようとしていたのかを、明らかにしようとしたものである。

総力戦体制を将来構築するためには、国内体制と国際関係の大きな変革をともなうことを陸軍は理解することになるが、やがて昭和戦前期の政治外交の主役に躍りでる陸軍に、そのそものきっかけを与えることになったのが、総力戦としての大戦認識であった。

また陸軍は、大戦を機に広報宣伝活動の重要性にも目覚め、総力戦に対する理解に関しても、陸軍外へ普及・浸透させようと努力したが、本章は、それが奇しくも一九二〇年代以降の、政軍および官民における総力戦をめぐる議論の共通基盤を形成することになったことを示唆するものでもある。

さらにまた、第二の「開国」後半期における内外体制のさらなる変動が、国内での国家主義・国体論・反西洋論などの高揚と、大戦を機に提起された原理原則に対抗する新たな国際秩序構想の台頭という、内外二つの側面の共振をとおして現実のものになったという歴史的理解にたつとするならば、そうした日本内外に沸き起こった思想潮流の形成に大きな役割を果たした陸軍の広報宣伝活動のまさに原点を、本章は明らかにしようとするものである。

第六章「『大国』アメリカへの新たな眼差し――日本陸軍のアメリカ認識」は、第一次世界大戦後の国際関係における主役となったアメリカに対して、やがて戦争を闘うことになる陸軍がどのような認識を抱いていたのかを明らかにしたものである。陸軍のアメリカ研究は、アメリカが大規模な兵力動員をもって大戦に参戦し、意外なまでの強さを示したことによって、それに対する驚きとともに本格化した。太平洋を挟む日本とアメリカという両「大国」の対峙が、陸軍においても明確に認識されたのである。そうした陸軍のアメリカ研究の内容と水準、そしてそれが陸軍内においてどのように生かされたのか、もしくは生かされなかったのかについて検討している。

第七章「西洋国際秩序への挑戦？――人道主義の後退」は、西洋国際社会の文明国標準であり、さらには近代軍の人道主義的側面をあらわす指標でもあった捕虜処遇問題（赤十字理念の取り扱い）をめぐる昭和期の軍の変容を追うことによって、明治・大正期（第一の「開国」期）の西洋国際秩序と近代日本との関係性が、昭和戦前期（第二の「開国」期）においていかに変化したのかを考察しようとしたものである。つまりそうした西洋国際秩序への認識の変化を象徴する事例として、捕虜処遇問題に焦点をあて論じている。

以上のように本書は、近代日本には、ペリー来航後の第一の「開国」と第一次世界大戦後の第二の「開国」の二つの「開国」が存在したという基本的理解にたって、それぞれの「開国」期における国際認識とその対応を考察したものである。その際、「小国」として第一の「開国」に直面した日本と、「大国」として第二の「開国」に直面した日本という国際社会における日本の立ち位置の変化にも着目しており、それらが、本書の特色ある視点となっている。

（1）「一九二五年体制」と「一九四〇年体制」に関しては、黒沢文貴『大戦間期の日本陸軍』（みすず書房、二〇〇〇年）、「大正デモクラシー体制」については、酒井哲哉『大正デモクラシー体制の崩壊』（東京大学出版会、一九九二年）を、それぞれ参照されたい。

（2）たとえば、磯見辰典・黒沢文貴・櫻井良樹『日本・ベルギー関係史』（白水社、一九八九年）参照。

（3）黒沢文貴・河合利修編『日本赤十字社と人道援助』（東京大学出版会、二〇〇九年）参照。

（4）茂木敏夫『変容する近代東アジアの国際秩序』（山川出版社、一九九七年）参照。

（5）山室信一『思想課題としてのアジア』（岩波書店、二〇〇一年）参照。

（6）日本の国際秩序認識を考察した近年の大きな成果として、酒井哲哉『近代日本の国際秩序論』（岩波書店、二〇〇七年）がある。

（7）昭和期における日本と「小国」との関係については、井上寿一『戦前日本の「グローバリズム」』（新潮社、二〇一一年）

参照。

（8）黒沢・河合編『日本赤十字社と人道援助』第九章参照。

（9）たとえば、阪東宏『世界のなかの日本・ポーランド関係　一九三一―一九四五』（大月書店、二〇〇四年）参照。

〔付記〕

本書中の人名や引用史料中の漢字のうち、難解な読みにルビを付した箇所がある。また本書中今日では一般に使用されていない地名等の表記があるが、歴史的事象を考察対象とする関係上、そのまま用いている場合がある。

総説　西洋国際秩序と華夷秩序のあいだ

はじめに

ペリー来航時の日本および東アジア世界の経験は、まさに「文明の衝突」と呼ぶにふさわしいものであった。東アジア世界には伝統的に、いわゆる華夷秩序と称される中国を中心とするゆるやかな階層的秩序（中華帝国秩序）が存在していた。徳川日本はそうした秩序の周辺に位置し、鎖国もしくは大君外交体制[1]と呼ばれる日本を中心とする独自の地域的国際秩序を形成していた。そうした一九世紀の東アジア世界に、ウェストファリア体制と呼称される西洋国際秩序（そこには文化体系も含む）が遭遇したのである。それは、主権国家を国際関係の基本単位とする異質の原理をもつ国際体系であり、その波及の衝撃は、国際関係のあり方のみならず、東アジア各国の国のかたちをも変えずにはおかなかった。

それでは、そうした国際環境の変化を近代日本はいかに認識し、どのように対応しようとしたのであろうか。本章では主として、政治・外交・軍事の指導者の対外認識に焦点をあて、いわば否応なしに巻き込まれたウェストファリア体制下の日本外交の、「協調」と「自立」との間で揺れ動く様を素描することにする。

一　西洋への「順応」と階層的国際秩序観

1　鎖国体制と西洋国際秩序の受容

海を自然の障壁とした徳川日本の国際関係は、形式的にも実態としても、かなり限定されたレベルの低いものであった。それは、朝鮮、琉球、オランダ、中国、そしてアイヌとの国際関係であったが、伝統的な東アジア世界の階層構造をモデルとする日本型華夷秩序といえるものであった。すなわち、あくまでも中華世界を東アジア国際関係の共有の場としつつ、しかし、それに全面的に包摂されることのない「自立」への志向をもつものであったのである。ただし、「中国」の存在が大なり小なり意識されていたように、確固たる日本独自の秩序原理を内包するものではなかった。したがって、いったん開国してしまえば、日本の対外関係構築のモデルとしての国際関係における普遍的原理の転換も、比較的容易におこなうことができたのである。

しかも荻生徂徠に代表されるように、中華文明の理念を実在の「中国」から切り離し、普遍的原理にまで高める認識も広くみられ、そうした中華文明を相対化する視点の存在は、西洋との接触が顕在化し、西洋技術への関心が急速に高まった一八世紀末以降の時代において、西洋文明への偏見を弱めることにもなった。また国学者により強調された「神国」意識も、日本が先進的な外国文化（大陸文化）を受容してきた歴史的事実がある以上、西洋文明の拒絶にただちにつながることはなかったのである(2)。

少なくとも以上の意味において、西洋列強の東アジアへの進出に対する対応として、西洋国際秩序を普遍的原理として受けいれる素地が、徳川日本にはあったのである。

2　日本の西洋国際秩序観

それでは西洋国際秩序は、幕末から明治期の日本において、どのように認識されたのであろうか。[3] それはまず、「戦国乱世」との対比で認識された。すなわち、古代中国の春秋戦国時代および室町時代末期の戦国時代の群雄割拠のイメージである。たとえば老中堀田正睦は、「当今万国之形勢一変致し、粗漢土春秋列国の時、本邦足利氏の末年に似たる有様の大なるものにして、各々其土に割拠し、帝と称し王と唱へ（中略）互に雄長たらむと志願致ざるは之無」と述べている。

それゆえ国際社会は、岩倉具視が「彼レハ固ヨリ虎狼ノ心アリ。若シ其暴威ニ畏懼《イク》スルトキハ、我ガ皇国ヲシテ彼ガ奴隷トナルニ至ラン」とみたように、「弱肉強食」の世界であり、そこにおける実際上のルールは、「徳ひとしく、力敵すれば同盟となり、和親を結び、万国一般に交際を成し、（中略）都て彼と頡頏待対午《ママ》角の勢を張り」（堀田正睦）という「勢力均衡」（バランス・オブ・パワー）として理解されていたのである。[4]

しかし、伝統的に中華帝国秩序の周辺にあった日本では、そうした国際社会はやがて徳のある指導者、国家の出現により、平和な統一的世界が形成される世界として展望されていた。同じく堀田正睦は、条約勅許奏請の上書（安政四年一一月、一八五七年）において、「現今世界の結局、大円は、何れの国に軼賢聖の君出で、徳威兼備はり、万国を撫育教化し、暴を戡《か》ち、乱を平らげ、一般其徳化に帰し、其政教を奉じ、（中略）全地球中至治統一之世」と述べている。

したがってこうした視点にたてば、幕末の開国も、日本自身が「世界万邦の大盟主と仰がれ、我国の政教を奉じ、我国之裁判を受候様」になるための可能性を開く「偉業」として正当化しえたのである。

このように階層的国際秩序（中華帝国秩序）のイメージ（戦国時代の文脈でいえば、徳川幕府による全国統一のイメージ）で、西洋国際秩序の将来が認識されていた点に、ここでは注意しなければならない。

他方、国際社会は、そうした不安定な側面だけをもつ社会ではなかった。将軍徳川慶喜が兵庫開港勅許奏請の上奏書（慶応三年三月五日、一八六七年）において「条約の儀は、各国交際の基本にて、永久不易の規則無之候而は、大は小を凌ぎ、弱は強に被制候様可相成、西洋諸国大小強弱は御座候得共、全く信義を重じ、条約を致遵守候に付、凌奪併合の患も無之、夫々立国罷在候事にて、条約の守否は、国の存亡に相拘り候」と述べているように、国際関係の安定的な側面もイメージされていたのである。弱肉強食の世界は一面、「国際法」を基礎とする対等な国家間関係の社会でもあったのである。

岩倉具視が「善哉、公法に曰く、国は大小強弱の別ありと雖ども均しく対等なり」（「外交ニ関スル上書」、一八七五年四月）と述べているように、国際法は「天地の公道」「万国の通義」であり、それを順守することが、国の独立と安全を保障すると認識されていたのである。

ただし、たとえば福沢諭吉が『時事小言』（一八八一年）のなかで、「彼の所謂万国公法、又は万国普通の権利云々と称する其万国の字も、世界万国の義に非ずして、唯耶蘇宗派の諸国に通用するのみ。苟も此宗派外の国に至ては、曾て万国公法の行はれたるを見ず」と喝破しているように、西洋諸国から対等な国家として扱われるためには、あくまでも「主権国家」および「文明国」として認められる必要があった。したがって国際的圧力のもとで、日本がその独立と安全をまっとうしようとすれば、まず西洋列強に「主権国家」「文明国」として認められることが、達成すべき第一の国家目標となったのである。

なおその際、文明化の基準により世界の諸国家をみれば、それは「野蛮」「半開」「文明」（福沢諭吉『文明論之概略』、一八七五年）という、階層的な国際秩序イメージで格づけしうるものであった。その意味で、「半開」のレベルにある日本の近代化（西欧化）は、国際社会における日本の地位上昇として理解されていたのであり、それゆえ内外体制の激変にもかかわらず、日本の伝統的な階層的秩序意識には、さほど大きな変化がみられなかったともいえるのである。

3 「場」としてのアジア

ところで、木戸孝允がその日記に「万国公法は弱国を奪ふ一道具」(『木戸孝允日記』明治元年一一月八日条、一八六八年)と記しているように、西洋流の国際社会は必ずしも国際法に全幅の信頼がおける世界ではなかった。すでに指摘したとおり、それは他面、弱肉強食の世界であり、「力の政治」(パワー・ポリティクス)の世界でもあったのである。

福沢諭吉はこの点に関して、「百巻の万国公法は数門の大砲に若かず、幾冊の和親条約は一筐の弾薬に若かず、大砲弾薬は以て有る道理を主張するの備に非ずして無き道理を造るの器械なり」(『通俗国権論』、一八七八年)と述べている。また陸奥宗光も後年『蹇蹇録』のなかで、「兵力の後援なき外交は如何なる正理に根拠するも、その終極に至りて失敗を免れざることあり」と指摘している。

明治日本は、一方ではアジアの国際秩序に属しつつ、他方では西洋国際秩序に参入するという、二つの異なる国際関係に属していたが、幕末にペリーの砲艦外交を経験したように、日本の位置するアジアそのものが、西洋列強の対外的膨脹の舞台であった。したがって主権国家の形成と同時に、国家の独立と安全を保持しなければならなかったところに、明治期の日本外交の困難さがあったのであり、それを象徴する外交課題が、条約改正問題(西洋列強との対等な国家関係の構築)と朝鮮問題(安全保障の確保)であったのである。

このように、場としてのアジアの歴史的特性の第一は、アジアが西洋列強の対外的膨脹の舞台であったという点に求めることができる。

場としてのアジアの第二の歴史的特性は、それが「国家ぬきの国際関係」であったということである(5)。これには、もともとアジアには主権平等の国家を前提とする国際関係が存在しておらず、いまだ主権国家形成の途上にあったということと、アジアが西洋列強の植民地化・半植民地化の対象であったがゆえに、主権国家として成りたちがたかったという、二つの側面が含意されている。またそうした場であればこそ、階層的国際秩序意識が色濃く残存した点にも注意しなければならない。

このように、明治期日本外交の展開地域としてのアジアは、二つの国際秩序の交錯する場であり、それを第三の歴史的特性としてあらためて指摘することができる。しかしいずれにせよ、明治日本にとってアジアは、欧米および中国との生存をかけた競争の舞台であったのである。

4　帝国主義と階層的国際秩序意識もしくはアジア主義

以上述べてきたことを前提として、東アジアにおける日本外交の展開をみれば、一方では、主権国家として自己を確立していくために、東アジアの伝統的な国際秩序と対決し、やがてそれを解体していく方向（その帰結としての日清戦争）と、西洋世界との対比のなかで内実化され、実体としての意味をもちはじめたアジアとの連帯、すなわちアジア主義による西洋への対抗という方向性（東と西の視点）の二つがあった（なお後者のアジア主義、なかでも日本を盟主とするかたちのアジア主義は、これまでの議論に即していえば、日本型華夷秩序意識の延長線上にあるものと理解することができる）。

ただし、西欧化が明治政府の至上命題であった以上、それと対立する側面を含むアジア主義が、政府の正式な外交政策として採用されることはなかった。しかしそれは、政府がアジア主義的外交政策をまったくもっていなかったということを意味するわけではない。たとえば、初めてのアジアの国との条約である日清修好条規（一八七一年）の第二条には、少なくとも文面上、日清提携への熱意が含まれていたからである。[6] もちろんこの条約には、対朝鮮外交を進めるうえでの戦略的意味があり、西洋流の条約を梃子とする日中対等の演出によって、伝統的な東アジア秩序に揺さぶりをかけていたのである。

その意味でこの条約には、前述した二つの方向性、すなわち主権国家化をとおして西洋世界に参入し帝国主義化していく道とアジア主義という、日本外交における二つの要素がはやくも混在していたといえる。しかもこの両者には、日本の対外膨張という点で重なりあうものがあったのであり、たんに対立する側面ばかりの関係ではなかった。つまり「東洋対西洋」という視点においては対立面が強調されるが、対外膨張＝帝国主義＝覇権主義という面では一致するものがあったのである。

したがって明治日本の東アジアにおけるヘゲモニーの掌握は、一面では「脱亜入欧」であったが、他面、階層的国際秩序意識という点からいえば、日本が中国にかわって東アジアにおける頂点にたったということを意味していたのである。

こうして明治日本は、少なくとも主観的には「文明国」として日清・日露の両戦争を戦い、世界七大国のひとつとして西洋列強の仲間入りを果たすことになったが、他方では、琉球と朝鮮の君主を冊封し、東アジアにおける階層的国際秩序の中心国家として君臨することにもなったのである。すなわち、日本は琉球と朝鮮を主権国家原理にもとづく国際法にしたがい完全にその主権下におくことに成功したが、それと同時に、アジア的国際秩序の原理にしたがう施策も展開していたわけである。

ちなみに、琉球と朝鮮に対しては、一八七四(明治七)年九月、明治天皇が琉球政府に維新慶賀使を派遣させ、琉球国王尚泰に「陞して琉球藩主と為し、叙して華族に列す」との冊封詔書を与える儀礼をおこなっているし、また韓国併合の際にだされた明治天皇の詔書には、「朕天壌無窮の丕基を弘くし国家非常の礼数を備へむと欲し、前韓国皇帝を冊じて王と為し」と述べられていたのである。

以上のように、西洋諸国との対等な関係にたつ主権国家化を第一の国家目標とする明治日本にとって、アジアに存在した伝統的な階層的国際秩序はたしかに原理的に対立するものであり、やがて西洋国際秩序に一元化されていくべきものであった。しかし日本がアジアの大国として上昇していく過程（すなわち帝国主義化していく過程）においては、それは必ずしもいちがいに否定されるものではなかった。とくに日本の国力不足などが意識されているときには、アジア主義的方策が西洋の侵略に対する防波堤として認識されていたことも事実であり、その点も含めて、むしろ主権国家原理と階層的秩序原理の使い分けもしくは絡み合いとして、現実の日本外交は展開していたのである(7)。

のちに日露戦争の勝利によって、日本は対等な主権国家と認められ、帝国主義国家の仲間入りを果たすことになる。中国を中心とした東アジアの階層的秩序は日清戦争により崩壊したが、しかしその秩序意識は日本を中心とするかたちで残存し、たとえば韓国併合の際には明治天皇の詔書となってあらわれる。ただし、そうした階層的秩序意識は、基本的にはさらに傍流化し、底流化する。アジア主義にみられた東と西の視点は、あるいはアジア・モンロー主義（東西対立論）の主張となり、また人種論の要素が付加されたりするが、いずれにせよ、それらが明治・大正初期の日本外交の主流となることはなかったのである。

しかし、日本と東アジアとの地理的近接性や歴史的文化的関係性などをもとに主張された東アジアにおける日本の特殊な役割や地位、特殊利益論などの言説は、帝国主義的文脈だけでなく、伝統的国際秩序意識の文脈からも、当然理解されなければならないのである。

二　戦間期の国際秩序認識と日本外交

1　ウイルソン的国際秩序観と帝国主義的国際秩序観

明治日本の外交は、前述したように、巨視的には西洋への協調をその基軸としたが、それはいわゆる古典的帝国主義時代の西洋国際秩序への順応であり、それゆえ日本は遅れてきた帝国主義国として、国際社会にその地位を占めることになった。しかし、悲惨な総力戦としての第一次世界大戦が、そうした西洋国際秩序のあり方に大きな変化をもたらし、さらに日本外交の方向性にも多大の影響をおよぼすことになった。

では、第一次世界大戦を境として、西洋国際秩序にどのような変化がみられたのであろうか。そして日本外交は、そうした変化にいかに対応しようとしたのであろうか。この点について詳しくは、第四章でみることにするが、近代日本外交の軌跡を概観する本章でも、必要な範囲で触れることにしたい。

第一次世界大戦後の日本をとりまく新しい国際環境を規定したのは、パリ講和会議とワシントン会議であったが、それらをとおして提起された新たな国際秩序の姿とは、つぎのような特徴をもっていた。第一に、「旧外交」から「新外交」へといういい方であらわされるような外交姿勢と国際関係の変化である。つまり同盟・協商関係に代表される帝国主義的な二国間協調から、「公明正大」や「正義人道」を重視する多国間協調への変化である。国際機関としての国際連盟の創設は、そうした側面を象徴するものであったが、その背後にはさらに「世界ヲ一大経済組織」(8)とする主張、すなわち相互依存的な国際経済秩序の形成が意図されていたことにも留意しなければならず、その点を第二の特徴としてあげることができる。

特徴の第三は、国際連盟規約や不戦条約、そして軍縮の推進にみられるように、戦争を違法化し、国際紛争を平和的に解決する努力が真摯に模索されたということである。すなわち、「武力の行使」を前提とする国際社会から、「武力の抑止」をめざす国際社会への道が模索されたのであり、いわば帝国主義的国際関係から平和共存的国際関係への変化がめざされたということである(9)。

ところで第一次世界大戦後、世界の五大国に列するようになった日本の指導層には、戦後世界を英米支配の国際社会と認識する者が多かったが、では前述のような特徴をもつ国際秩序の変化について、どのような認識を抱いていたのであろうか。

それは大別すると、二つに分けることができる。第一は、そうした新しい国際秩序への志向を積極的に評価する流れである。たとえば、パリ講和会議全権を務めた牧野伸顕は、一九一八（大正七）年一二月八日の臨時外交調査委員会の席上、「旧式外交」の廃止は「今回欧州大戦ノ賜」であり、「今日ノ新式外交」は「正大公明」を旨とし、「正義人道」を重んずるものであると述べ、「侵略主義」「威圧主義」「軍人ノ外交」的であったこれまでの日本の帝国主義的外交を批判している。(10)

またワシントン会議全権であった幣原喜重郎外相も、「今や権謀術数的の政略乃至侵略的の時代は全く去り、外交は正義平和の大道を履みて進むにあり」「共存共栄の主義」(11)が必要であると述べるとともに、「合理主義的」な経済外交の重要性を説いている。

こうした理念にもとづく体制をウイルソン的国際秩序と呼ぶことができるが、東アジアにおいてそれを体現したのが、いわゆるワシントン体制と呼ばれるものであった。ワシントン体制は、中国に関する九か国条約、海軍軍縮条約、そして太平洋に関する四か国条約などにより構成されるものであるが、その重要な中核は個々の条約にあるというよりも、日英米三国間の友好協力関係や相互信頼に根ざす「新しい雰囲気」、すなわち日英米の国際協調の精神を生みだしたことにある。(12)これを「ワシントン会議の精神」もしくは「ワシントン協調の精神」と呼ぶことができる。

こうして「正義人道」や「平和共存」などの価値や目標を共有する新しい普遍的な国際秩序の形成に共鳴し、その実現をめざす流れが第一の流れとして存在したのである。

それに対して、そうした国際秩序の変化を過小視し、ワシントン体制の画期性に疑問を呈する見方が、第二の流れとして存在する。これは、大戦後の国際関係を依然として、戦前と変わらぬ「弱肉強食」の世界、つまり帝国主義的国際関係としてみる見方であり、そうした国際政治認識を代表するのが、幣原外相の同僚となる宇垣一成陸軍大臣である。(13)

彼は、戦後世界を英米の支配する国際秩序であり、日本のような新興国の成長・膨脹を阻むものであり、国際連盟も実質的には英米に都合のよい平和、すなわち現状維持をはかるためのものであると認識する。しかし、そうした英米支配の国際秩序が日本にとって不利だとしても、実際の力の関係上、真正面からそれに挑戦することは無謀であり、それゆえ現実の施策としては英米との対立回避、すなわち英米との協調、国際連盟の是認が選びとられた点に、ここでは注意しなければならない。いわば国際社会を力の支配する社会と認識するがゆえの国際協調であり、ここでは「帝国主義的国際協調」と呼ぶことにする。

なかでもイギリスは、中国におけるともに重要な特殊権益をもつ帝国主義国として、競争相手であると同時に提携のパートナーとしても認識されており、それゆえ日英同盟の終結後もいわば「日英同盟の精神」が残存することになったのである。したがって「日英同盟の精神」とは、いいかえれば「帝国主義的二国間協調の精神」ということができる。

以上のように、大戦後の日本には、大別すると「ワシントン協調の精神」と「日英同盟の精神」をみいだすことができるのであるが、ここではさらに注意すべき二つの点を指摘しておきたい。第一は、大戦後の国際関係が英米支配の、彼らに都合のいい現状維持の秩序ではないかという、前述した宇垣の国際認識が、当時の支配層に広くみられるものであり、けっして特異なものではなかったということである。

たとえば原敬首相は、「恒久平和の先決考案（華盛頓会議に際して日本国民の世界観を陳ぶ）」（『外交時報』第三四号、一九二一年九月一五日）と題する論文のなかで、先進大国の英米が地球上の資源の巨大な部分を占めているのに比べて、日本は「厖大なる人口と物資」の「欠乏」に苦悩している、こうした「世界の物資」「各国間の国力国勢」の「不衡平、不平均」を是正し、各国間の「人為的」な経済・通商障壁や民族の差別待遇を撤廃することこそ、きたるべきワシントン会議の「急務」であると説いている。

新しい国際秩序への志向を積極的に評価する原首相でさえも、英米先進国に対する「持たざる国」日本の苦悩を述べ、「世界の開放」を訴えているわけであるが、同じような認識を示すおそらくもっとも有名な論文が、若き日の近衛文麿が執筆した「英米本位の平和主義を排す」(『日本及日本人』一九一八年一二月一五日号)である。

この論文は、「現状維持を便利とする国」(持てる国)と「現状破壊を便利とする国」(持たざる国)との対立軸をもとに、英米を「現状維持勢力として対立視し、不正の内在する既成秩序を打破[14]」しようとする論旨を含むものであり、後年首相として日独伊三国同盟を締結し、大東亜共栄圏の樹立をめざした近衛の思想の原点として、よく引き合いにだされるものである。

しかし、こうしたこれまでの解釈は、やや後年の近衛首相の行動にひきつけて解釈され過ぎてきたように思われる。なぜなら近衛は、基本的にはウイルソン的国際秩序、アメリカの「理想主義」に理解を示しており、それとの対比で「経済的帝国主義の排斥」を訴え、そうした文脈のなかで「帝国主義国」イギリスに対する批判を展開していたからである。したがって近衛の主張は、通商の自由の実現による「世界の開放」を訴える原敬首相の考えと、軌を一にするものであった。

その意味で、経済関係の密接化が国際関係を安定化させるという信念にもとづく、新しい相互依存的国際経済秩序形成への期待の裏面には、経済障壁の撤廃・通商の自由実現への期待があったのであり、その成否が新しい国際秩序に対する評価にも結びついていたといえる。

それゆえ一九二九(昭和四)年の世界恐慌を克服する過程で、イギリスなどの諸国がブロック経済への傾斜を強め、「経済的帝国主義」が「跋扈」するとき、満州事変前からほころびはじめていた「ワシントン協調の精神」は、さらに大きく後退することになったのである。

注意点の第二は、日本の満蒙特殊権益に対する認識である。ワシントン会議は、中国の領土的・行政的保全の尊重や門戸開放・機会均等を謳うと同時に、各国のもつ既得権益の擁護をも謳っていた。したがって満州における日本の地位は、ワシントン体制の成立にもかかわらず、実際上はなんらの変更もなかったのであり、それゆえ日本側の観点からすれば、「ワシントン協調の精神」とはそもそも、満蒙特殊権益の維持と表裏一体のものとしてあったのである。

そこで、日本の満蒙特殊権益が危機に瀕すると認識されるとき、「ワシントン協調の精神」は大きく損なわれる可能性があった。北伐が進行するさなかの一九二七年四月に内閣を組閣した田中義一首相兼外相のもとで「日英同盟の精神」がクローズアップされる理由も、ここにあったといえる。

2　自由貿易論と自給自足圏論

以上のように、第一次世界大戦後の日本指導層の国際秩序認識は、ウイルソン的国際秩序観と帝国主義的国際秩序観、あるいは「ワシントン協調の精神」と「日英同盟の精神」とを両極とする軸を中心にして理解することができる。しかし、そこにおけるひとつの重要な論点が、相互依存的国際経済秩序の形成、そして経済障壁の撤廃・通商の自由にあったように、さらに国際経済秩序をめぐる新たな視点をもうひとつの軸として設定することによって、大戦後の日本外交に対する理解もよりえやすくなるのではないかと思われる。それは、大戦が史上初の国家総力戦となったことに起因するものであり、自由貿易への志向と自給自足圏（アウタルキー）形成への志向とを両極とするものである。(15)

大戦の総力戦としての様相は、将来の戦争に備え、それに勝ち抜くためには、国家総力戦体制を作らなければならないという認識を、日本の各界に植えつけた。そのためには、とくに経済的側面からは、大量生産と大量消費に耐えられる経済力の育成を可能にする国内体制の抜本的変革が必要であり、他方では、不足資源をどのように獲得し、自給自足圏をいかに形成するのかという、国際関係の再編成を必須とする問題が強く意識されるようになった。

そこで戦間期の国際秩序の変遷を、自由貿易と自給自足圏の観点からあらかじめまとめてみれば、英米との自由貿易中心の普遍的国際秩序（ワシントン体制）から、アジア・太平洋における自給自足圏の形成、すなわち英米依存からの脱却をめざす大東亜共栄圏という地域主義的国際秩序への変化として理解することができよう。その点について、以下陸軍の認識を例にして、自由貿易と自給自足圏の関係をみておくことにする。

第一次世界大戦後、日本経済の発展を支える不足資源の補塡先は、一般にアジア・太平洋方面において広範囲に想定されていたが、大戦の衝撃を受けてその重要性がとくに認識されたのが、満蒙を含む中国であった。しかし仮に、中国資源を必要不可欠と位置づけたとしても、その利用は簡単ではなかった。それは、日本経済の英米への高い依存性が、中国が列強利害の錯綜の場であるという現実とも相まって、日本の自由な行動を拘束していたからである。

つまり、のちに陸軍の総力戦体制構築の青写真になる『国家総動員に関する意見』（臨時軍事調査委員、一九二〇年）が、とくに考慮すべきは「富の増進」に欠かすことのできない「国際分業の流通経済策」と「国防充実」の見地にたつ「自給自足経済策」とをいかにして、またどの程度に按配調節するかにあると述べているように[16]、日中を中心とした自給自足圏の構築をめざす方向と、欧米との自由貿易を維持発展させようとする方向との調整が、外交政策上新たな重要問題として浮上してきたのである。

そしてこの問題の解決策は、大別して二つの流れを生みだしたといえる。第一は、自給自足圏の観点をより強く志向する流れである。

たとえば、参謀本部のある若手将校は、つぎのように述べている。日本は人口が年々六〇万人増殖し、「内ニ物資ニ欠乏」し、国民の日常生活はすでに不安の状態にある。一朝有事の日に「海上ノ封鎖」にあうとき、中国大陸と確実に連絡し、「物資ノ供給」を仰がなければ、一日といえども「自給自足」することができない。したがって、日本が中国大陸に発展し、「資源ヲ需ムヘキ利権」を獲得するのは「国家自立上必然ノ要求」である。その際、国際分業（自由貿易）の危険性は第一次世界大戦で立証されたのであるから、日本と中国との連合をはかり、「長短相補」い、それによって「白人ノ侵略」を避け、「黄人百年ノ大計」を確立すべきである。それゆえ「極東ノ盟主」である「帝国ノ政策」と「英米ノ政策」との「衝突」は避けられないのであり、日本が「絶大ナル力」をもち、彼らを「極東」から「駆逐」することができれば、「極東ノ平和」は「保全」しうるのである。

ただし、現実の日本経済が欧米との経済関係に大きく依存している状況下では、自給自足圏の形成は一種の理想論であり、それゆえこの種の議論を唱える論者においても、欧米との国際協調がまったく顧慮されていなかったわけではない。その際注意すべきは、そうした国際協調の一応の是認が、国力不足の現実認識もさることながら、国際関係の弱肉強食観にもとづく「国際的孤立」への危惧に根ざしていたということである。すなわち、「国際的孤立」はその国がいかに強くても、ついには「屈伏」しなければならないということは、「本大戦」において「独逸カ好模範ヲ示セリ」という認識である。(17) したがって孤立への危惧が、自給自足圏論の極端化に対する歯止めになっていたのであり、その意味で後年、「孤立は却て動作の自由を獲得する所以なり」(18)という認識から、自主外交を提唱する論者があらわれたことは、注目に値しよう。

他方、これに対して、自由貿易と自給自足の両者に配慮する流れが存在していた。たとえば、参謀本部の小磯国昭少佐の議論は、その代表的なもののひとつである。彼はそれまでの議論を批判し、平戦両時にわたる経済政策を提唱する。

すなわち彼によれば、「長期戦争最終ノ勝利」は「戦時自足経済ヲ経営シ得ル者」の「掌裡ニ帰スル」ことは明らかであり、そのために「戦時経済ノ独立」を平時から準備し、「平戦両時経済策ノ転換ノ方法」を整備することが必要になる。しかし、自給自足はあくまで戦時の経済政策であり、「平時経済策ノ最良ナルモノ」ではない。「平時経済ノ要訣」は「国際分業有無流通」にあるのである。なぜなら、平時流通経済を人為的に抑圧するのは到底不可能であり、帝国があえてこの自然に逆行しようとすれば、「戦時独立経済経営ノ資源タル支那ノ原料」を、すでに「平時ニ亡失スル所以」にほかならないからである。

そこで、およそ「平時」における「国富増加ノ最良策案」は「国際分業経済ノ要則」にもとづき、「盛大ナル国産輸出ノ利益」によって「不足原料ノ輸入」をはかり、戦時の自給自足体制を準備するとともに、「国際分業経済界」に「猛進」して「勝者タルノ地位」を勝ち得ることになるのである(19)。

以上のように、自由貿易と自給自足圏の関係をめぐっては、現実の英米依存の国際経済関係のなかで、自給自足の観点をより強く志向する流れと、自由貿易と自給自足との両立に腐心する流れの、二つの存在を指摘しうる。したがって一方では、英米依存の国際経済関係が現実にどの程度機能しているのか、またそれをどの程度重視するのかによって、他方では、日中関係および満蒙特殊権益のあり方に応じて、自由貿易論と自給自足圏論への力点のおき方の変化が、生じることになったのである。

3　戦間期日本外交の二つの軸と主権概念批判

これまでみてきたように、戦間期の日本の対外政策は、二つの軸をもとにして考察することができる。ひとつの軸は、ウイルソン的国際秩序観（ワシントン協調の精神）と帝国主義的国際秩序観（日英同盟の精神）であり、他の軸は、自由貿易論（普遍主義的国際秩序論）と自給自足圏論（アウタルキー論、地域主義的国際秩序論）である。とくに前節とのつながりであらかじめ指摘しておけば、一九三〇年代以降に大きな意味をもつことになる自給自足圏論が、階層的国際秩序意識もしくはアジア主義ときわめて親和的な関係にある点が重要である。

ただし、これらの軸をもとにして、戦間期の日本外交を詳述することは第四章に譲る。第一次世界大戦後の西洋国際秩序の変容を受けて、一九二〇年代にはウイルソン的国際秩序観——自由貿易論を基調としていた日本外交が、やがて一九三〇年代には帝国主義的国際秩序観——自給自足圏論への方向性を強めていったことだけをここでは指摘し

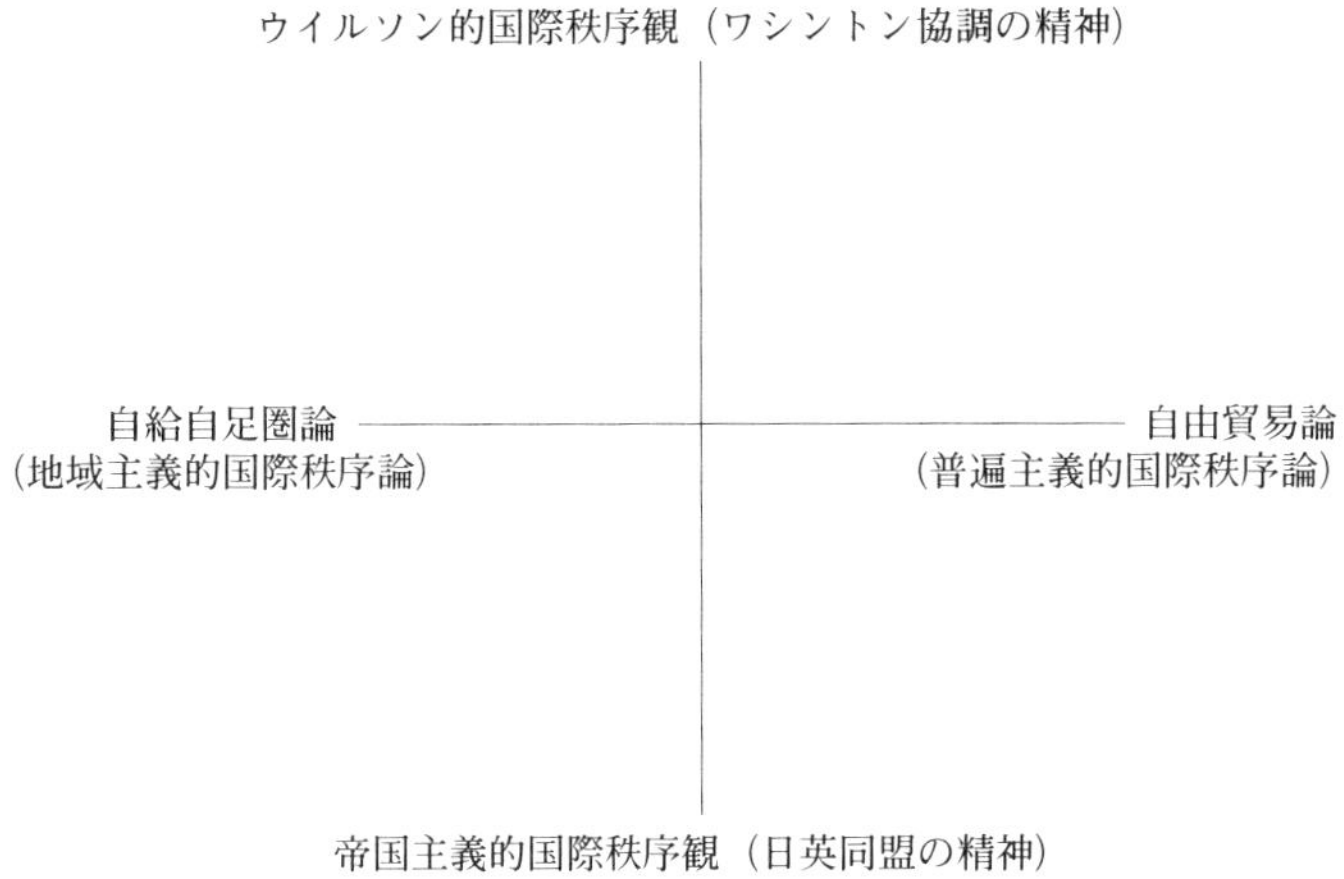

図1

ておくが、とりあえずそれらを簡単にイメージすれば、図1のようになる。

戦間期の日本外交の大枠は、こうした視点から理解することができるが、もちろんそれですべてを説明しうるわけではない。ここではとくに、つぎの点を補足しておきたい。

それは、第一次世界大戦後のヨーロッパにおいて、主権概念批判がいっせいに噴出したという事実である。これはすでに述べたように、勢力均衡原理にもとづく古典的帝国主義の国際秩序観が、大戦の勃発によって根底から揺さぶられたことのあらわれでもある。それゆえ国際連盟の設立も、そうした主権概念批判の文脈で理解することができる。つまり、国家主権の管轄領域をなんらかのかたちでより上位の国際機構に吸収していこうとする流れの実践として、国際連盟を位置づけることができるのである。

しかもこうした主権概念批判は、ヨーロッパにのみとどまるものではなかった。たとえば、植民政策学の立場から国家主権を相対化した矢内原忠雄は、その著書『植民及植民政策』（一九二六年）のなかで、国際連盟とイギリス帝国の両者の比較検討をおこない、後者をより高次の世界秩序として高く評価している。このようにコモンウェルス的国際関係への着目も、当該期の国際秩序観の重要な要素である。ただし、そうした国家主権に対する批判・懐疑（相対化）は、主権国家（国民国家）のいまだ未形成な東アジア世界においては、伝統的な階層的国際秩序意識もしくはアジア主義的言説とかなりの親和性をもち、やがてそれに包摂されることになる点にも注意しなければならない[20]。

おわりに

以上述べてきたように、明治日本の外交は、西洋国際秩序への参入を基調とし、それにうまく順応することによって、日本の独立と安全をまっとうすることに成功した。しかしそれは必ずしも、日本が属していた東アジアの伝統的国際秩序観を完全に捨て去ることを意味したわけではなかった。場としてのアジアの歴史的特性が、明治期日本外交の拘束要因としても働いていたのであり、むしろ主権国家原理と階層的国際秩序原理の使い分けもしくは絡み合いとして、現実の日本外交が展開していたからである。

このように西洋国際秩序の仲間入りを果たしたにもかかわらず、伝統的な東アジアの国際秩序観を常にかかえこんでいたところに、ある意味では、日本外交の独自性があったといえよう。

さらに、そうした東アジアの伝統的国際秩序に関して補足すれば、東アジアに波及した西洋国際秩序が地球大化し普遍化していく過程で、元来、東アジアの普遍的国際秩序原理であった華夷秩序は、実態としてはいわば地域秩序化し、やがて日清戦争における中国の敗北で崩壊することになる。

しかし、その伝統的秩序意識は、中国にかわって東アジアの盟主となった日本のなかに泰然として息づくことになる。明治日本が、中国の華夷秩序のような独自の地域秩序の構築を現実にめざすことはなかったが、階層的国際秩序意識もしくはアジア主義は、日本外交の底流として脈々と流れていたのである。東アジアにおける日本の特殊な地位や役割を、日本外交はことあるごとに強調したが、それはそうした伝統的秩序意識のあらわれでもあったのである。

ところで、明治日本が順応した古典的帝国主義時代の西洋国際秩序は、第一次世界大戦の衝撃により、大きな変容を迫られることになった。たとえば、かつての「万国公法」では戦争は合法的な政治手段であったが、大戦後それは違法化される。また国際連盟にみられるように、二国間協調から多国間協調への変化も生まれる。さらに総力戦という戦争形態の変化が、外交政策に資源の獲得と自給自足圏の形成という新たな要素を付加することにもなった。

結論的にいえば、そうした西洋国際秩序の変容に、大戦後の日本は相応の努力はしたもののうまく適応できず、最後には太平洋戦争に突入することになったといえよう。

それはもちろん、日本だけの責めに帰せられるべき問題ではなかった。とくに昭和初年の北伐・革命外交にみられる中国情勢の混乱や世界恐慌の発生、その後の国際的な自由貿易体制の動揺（イギリス帝国のブロック経済への移行に象徴される）など、日本だけでは解決困難な諸問題が、西洋国際秩序の新しい原理や仕組みの定着を妨げたからである。その意味で、戦間期の西洋国際秩序は、まさに旧来の秩序原理から新しい秩序原理へと移行する過渡期にあったのである。

結局、そうしたある種相対的に不安定な国際環境のなかで、昭和期の日本外交は、大東亜共栄圏の形成に行き着く帝国主義的国際秩序観――自給自足圏論の方向性を強めることになるが、そこにおいて一貫してめざされたものは、中国における日本の優越的地位の確保であり、日満ブロックや日満中ブロックの構築であった。

とくに満州事変後にアジア・モンロー主義が再び声高に叫ばれるようになり、さらに日本の国際連盟脱退の前後から「地域主義」という用語が生みだされ、さまざまな地域主義的な国際秩序論が提唱されたように、階層的国際秩序意識もしくはアジア主義的要素が急速に浮上してきたのである。

しかし、そうした言説の裏面には、軍部を中心とする総力戦体制の構築をめざす自給自足圏形成への強い願望があったのであり、それこそが、昭和期の日本外交の第一の拘束要因であったのである。

いずれにせよ、日本を域内の指導国とする大東亜共栄圏の形成は、帝国主義的国際秩序観――自給自足圏論の到達点であったが、最後に二つの点にあらためて注意を喚起して、本章をしめくくることにしたい。

第一は、大東亜共栄圏と伝統的な階層的秩序観との親和性である。多くの論策によれば、大東亜共栄圏は、域内の独立国家に西洋流の国家主権の絶対性と対等性を認めず、あくまでも指導国としての日本といくつかの階層に属する国家が個別的につながり、統合されるというヒエラルキー構造としての国際秩序であった。すなわち域内独立国の主権国家原理を否定し、日本（徳治主義の国）を宗主国とする階層的国際秩序として大東亜共栄圏は構想されていたのである。

さらに付言すれば、伝統的な華夷秩序においては「藩臣、外交の義なし」がその外交原理であったが、そこにはまさしく域内に独立国家を含むにもかかわらず「外交」の存在しなかった、大東亜共栄圏内の外交関係と共通するものがあったのである(21)。

第二は、その主導国原理と主権国家原理との関係である。大東亜共栄圏は、昭和期に新たに脚光を浴びた地政学的な広域圏論の系譜にあり、主導国の自存自衛の論理が地域秩序に優先することになっていた。それゆえ主導国は絶対主権をもつものの、域内独立国の主権は否定されたのであり、それが前述のように、東アジアの伝統的秩序観と親和性をもつことにもなったのである。

しかし、「大東亜共同宣言」（一九四三年一一月）にみられるように、太平洋戦争の戦局の悪化にともない、主導国原理をどこまで貫くのか、域内諸国の独立と国家平等をどこまで認めるのかが、重要な争点として浮上したのである(22)。第一次世界大戦後に確立した「民族自決」の原則は無視しえないものとなっており、植民地主義的な占領地統治に正当性を付与するのが困難な国際情勢でもあったのである。

以上の意味において、大東亜共栄圏という独自の国際秩序を追求した太平洋戦争下の日本外交といえども、西洋流の国家主権原理の呪縛から最後まで解き放たれることはなかったのである。(23)

(1)　信夫清三郎編『日本外交史　一八五三―一九七二』Ⅰ（毎日新聞社、一九七四年）二三―三一頁（藤村道生氏執筆分）参照。
(2)　佐藤誠三郎『「死の跳躍」を越えて』（都市出版、一九九二年）五九―六〇頁。
(3)　以下の記述に関しては、主として佐藤『「死の跳躍」を越えて』、渡辺昭夫「近代日本における対外関係の諸特徴」（中村隆英・伊藤隆編『近代日本研究入門』東京大学出版会、一九七七年）、三谷博・山口輝臣『一九世紀日本の歴史』（放送大学教育振興会、二〇〇〇年）参照。
(4)　西洋国際社会が、「大国間の勢力均衡によって支えられた階統的国際秩序のイメージ」（佐藤『「死の跳躍」を越えて』三二頁）で理解されていた点にも注意する必要がある。
(5)　アジアの特性の第一と第二に関しては、渡辺「近代日本における対外関係の諸特徴」一二六頁参照。
(6)　佐藤『「死の跳躍」を越えて』三七頁。
(7)　山室信一「日本外交とアジア主義の交錯」（日本政治学会編『日本外交におけるアジア主義』岩波書店、一九九九年）参照。
(8)　一九一八年一二月八日の臨時外交調査委員会における牧野伸顕の発言（小林龍夫編『翠雨荘日記』原書房、一九六六年、三三五頁）。
(9)　入江昭「総論　戦間期の歴史的意義」（入江昭・有賀貞編『戦間期の日本外交』東京大学出版会、一九八四年）参照。
(10)　小林編『翠雨荘日記』三三四―三三五、三三六、三三七頁。
(11)　幣原平和財団編著『幣原喜重郎』（幣原平和財団、一九五五年）二五九、二六三頁。
(12)　細谷千博「ワシントン体制の特質と変容」（細谷千博・斎藤真編『ワシントン体制と日米関係』東京大学出版会、一九七八年）参照。
(13)　戸部良一「宇垣一成のアメリカ認識」（長谷川雄一編『大正期日本のアメリカ認識』慶應義塾大学出版会、二〇〇一年）参照。

(14) 細谷千博「日本の英米観と戦間期の東アジア」(細谷千博編『日英関係史　一九一七―一九四九』東京大学出版会、一九八二年) 五頁。

(15) 詳しくは、黒沢文貴『大戦間期の日本陸軍』(みすず書房、二〇〇〇年) 参照。

(16) 臨時軍事調査委員『国家総動員に関する意見』(一九二〇年) 五五―五六頁。臨時軍事調査委員は、陸軍が第一次世界大戦を調査・研究するために設置した機関。詳しくは、黒沢『大戦間期の日本陸軍』参照。

(17) 田中久一 (陸軍中尉)「太平洋ニ於ケル帝国ノ将来」(『偕行社記事』第五四六号付録、一九二〇年二月) 二、四二―四三頁。なお『偕行社記事』は、陸軍将校・同相当官の親睦・共済・学術研究の団体である偕行社の発行していた機関誌。具体的な政治過程を直接的に論証しうるものではないが、陸軍の政策決定や政策形成に影響をおよぼす環境としての軍内の空気 (陸軍将校の関心の所在や考え方など) や思想的背景の一端をうかがい知ることのできる史料である。

(18) 香椎浩平 (陸軍大佐)「日独国情の比較」(『偕行社記事』第六〇五号付録、一九二五年二月) 九頁。

(19) 参謀本部 (小磯国昭編)『帝国国防資源』(一九一七年) 二六九、九、九四、二一四、九三、一二、一九、二一四、二〇九、二七一頁。

(20) 以上の記述に関しては、酒井哲哉「国際関係論と『忘れられた社会主義』」(『思想』第九四五号、岩波書店、二〇〇三年一月) 参照。

(21) 山室「日本外交とアジア主義の交錯」二〇―二一頁。

(22) 酒井「国際関係論と『忘れられた社会主義』」一三三頁。

(23) 当該期の支配的国際秩序原理を原則的に受容しながらも、それに全面的に包摂されない「自立」性を保とうとするところに、前近代および近代の日本外交の基本的特徴のひとつをみいだすことができる。これは、ナショナル・アイデンティティに関わる問題であり、とくに近代においては、後発諸国に共通してみられる現象でもあるが、日本外交におけるナショナル・アイデンティティの問題に関する先駆的業績としては、馬場伸也『満州事変への道』(中公新書、一九七二年) を参照。

第一部　第一の「開国」と日本

第一章　人道主義という「文明国」標準の受容
――近代日本と赤十字

はじめに

本章では、まず赤十字誕生の歴史を概観したうえで、西洋国際社会における新たな「文明国」標準としての人道援助の潮流の一翼を担うかたちで構想された、博愛社・日本赤十字社の創設とその組織のあり方を検討し、その国際性・普遍性と国家主義的・忠君愛国主義的側面との関係性を明らかにすることによって、その後の日本における人道主義の展開を考察するための導入部とすることにしたい。

一　赤十字の誕生

一八六三年の赤十字の誕生に大きな役割を果たしたのが、スイスの実業家アンリ・デュナン（一八二八―一九一〇年）である。一八五九年の初夏、アルジェリア事業への援助をナポレオン三世に直訴するため、フランス・サルジニア連合軍とオーストリア軍との間で戦われていたイタリア統一戦争の戦地に赴いた彼は、たまたまイタリア北部ロンバルディア平原で繰り広げられたソルフェリーノの戦いに遭遇した。両軍合わせて三〇万以上の兵のうち、一日の戦闘で四万人を超える死傷者をだしたこの戦いは、一九世紀最大の悲劇ともいわれている。

デュナンはその地で、軍医たちの十分な手当てを受けられず、放置されたままにある多数の戦傷者の惨状を目撃し、不眠不休で看護にあたった。彼はその衝撃的な体験を忘れることができず、そのときの状況を克明に描いた書物を、三年後の一八六二年に自費出版し、ヨーロッパ各国の有力者に送った。それが『ソルフェリーノの思い出』(1)である。

しかしその本は、たんに戦場の負傷者の悲惨な状況を生々しく描写しただけのものではなかった。末尾で二つの重要な提案をしていたのである。すなわち第一に、今後も避けがたいと思われる戦争において傷病兵の救護にあたる民間組織を、平穏と平和な時代に各国に設立すること（のちの赤十字の萌芽）、第二に、そうした傷病兵の救護活動に関する法的拘束力をもち、普遍的に尊重される国際的合意を取り決めること（のちの国際人道法の萌芽）。

そして彼は、「戦闘が一度勃発してしまってからでは、交戦者はこの問題を自国と自国の兵士以外の観点から考察しにくくなるため、このような決まりに関して事前に取り決めを結ぶことはますますもって重要となる。人道と文明を有する私たちは、ここで概略を示したような活動に着手するほかはないのだ(2)」と力説した。

このようなデュナンの主張、つまり傷病兵はもはや兵士ではなく、敵味方の区別なく一人の人間として収容し、その苦痛を和らげるために看護しなければならない、そのための救護機関を平時に組織し、その活動を国際条約で保障しようという提案は、ヨーロッパ各国の王室・指導者や軍人、博愛思想家などに幅広い共感を呼んだ。

そのなかから、デュナンの構想を実現するための小グループが、スイスのジュネーブで生まれた。それが、ジュネーブ公益協会会長で法律家のギュスターブ・モワニエ（のちの赤十字国際委員会第二代委員長）、スイス陸軍の父と呼ばれ、戦場の人道化を実践していたギヨーム＝アンリ・デュフール将軍、外科医のテオドール・モノワール、戦傷外科の権威ルイ・アッピアの四人の協会員が、デュナンとともに組織した「負傷軍人救護国際委員会」（通称五人委員会）である。その初会合は、一八六三（文久三）年二月一七日のことであったが、この組織が一八七五（明治八）年に赤十字国際委員会と改称したため、先の初会合日が国際赤十字の創立日とされている。

こうして五人委員会の強いリーダーシップのもと、その呼びかけに応じて、一八六三年一〇月に一六か国および四つの博愛団体の代表が参加して開かれたジュネーブ国際会議において赤十字規約（戦時に軍の衛生活動を援助する救護組織を各国に設立し、救護員の腕章を「白地に赤十字」とすること等）が採択され、それを受けてベルギー、プロイセンなどで救護団体が設立されることになったのである。

そして翌一八六四（元治元）年八月、一六か国の政府代表が集まり「戦地にある軍の衛生要員の中立に関する国際会議」が開かれ（議長はスイス政府代表のデュフール将軍）、その最終日に締結されたのが、「戦地軍隊ニ於ケル傷者及病者ノ状態改善ニ関スル条約（一八六四年八月二二日のジュネーブ条約）」（赤十字条約）である。(3) その第六条では「負傷シ又ハ疾病ニ罹リタル軍人ハ、何国ノ属籍タルヲ論セス之ヲ接受シ看護スヘシ」（史料引用の際の読点は筆者による、以下同様）と明記され、ここに初めて戦争における傷病兵の保護を謳った国際条約が誕生したのである。また軍の衛生部隊における赤十字標章の使用が決められたのも、この条約であった。

ただし、この条約の主眼は、軍の衛生活動の中立・保護にあり、民間救護社（赤十字社）の役割と保護については直接的には触れられておらず、たんに住民が救護活動をおこなう権利に簡単に言及しているだけであった。それは、戦場での民間人による救護活動が軍事作戦の障害になるのではないかという、各国の軍関係者の懸念に配慮したものであったが、その後一九〇六（明治三九）年に締結された新しいジュネーブ条約（「戦地軍隊ニ於ケル傷者及病者ノ状態改善ニ関スル条約（一九〇六年七月六日のジュネーブ条約）」）によって、「篤志救恤《きゅうじゅつ》協会」（赤十字社）の役割が初めて明記されることになったのである。

このように戦地における傷病兵の救護という人道理念は、多くの政府の共感をえ、共有されることになったものの、戦場において軍隊と非軍事の民間団体が共存するという実際上の困難さについては、赤十字の発足当初から認識されていたことであった。それゆえ赤十字は、あくまでも「軍隊ノ衛生勤務ニ幇助ヲ与フル」機関と位置づけられたのであり、それは「本国政府カ適法ニ認可」したものでなければならなかったのである（一九〇六年七月六日のジュネーブ条約第一〇条）。(4)

一九世紀後半のヨーロッパ社会において、赤十字の掲げた戦時救護の人道理念は、国境と国益、政治的立場を超える普遍的な理念として承認されたものの、他方では、政府と軍との関係なしには成立しえないというジレンマのなかでしか現実のものとはならなかったのであり、またそうでなければ赤十字社は存立しえなかったのである。

しかし、逆の立場からいえば、各国政府と軍は懸念や異論を抱えながらも、デュナンが提唱し五人委員会がその具体化に邁進した、民間団体による戦時救護という新しい人道的仕組みを、結局は承認せざるをえなかったといえるのであり（各国政府のジュネーブ条約への加入と各国赤十字社の設立認可）、そこにはそうせざるをえなかった時代の流れがあったというべきであろう。

では、その時代の流れとは、どのようなものであったのであろうか。それは第一に、傷病兵はもはや兵士ではなく、一人の人間として尊重され、保護されるべきであるというデュナンの考え方自体は、一八世紀のヨーロッパに生まれた啓蒙思想にもとづく人道主義思想を底流とするものであり、(5)したがってデュナンと類似の考えは、同時代にはすでに表面化していたということである。

たとえば、デュナンの『ソルフェリーノの思い出』のちょうど一〇〇年前に出版された『社会契約論』のなかで、ジュネーブ生まれの啓蒙思想家ジャン・ジャック・ルソーはすでに、「戦争の目的は敵国の撃破であるから、その防衛者が武器を手にしているかぎり、これを殺す権利がある。しかし武器をすてて降伏するやいなや、敵または敵の道具であることをやめたのであり、ふたたび単なる人間にかえったのであるから、もはやその生命をうばう権利はない」(6)と述べている。

さらに多くの犠牲者をだした内戦として知られるアメリカの南北戦争（一八六一―一八六五年）では、国内にのみ適用されるものではあったが、野戦病院とその要員を局外中立とみなして保護し捕虜としないこと、傷病兵に対して人道的処遇をおこなうこと等を定めた「リーバー法」と呼ばれる近代初の戦争法が、一八六三年四月に公布されている。また傷病兵救護のための軍の衛生活動の局外中立を求める提案も、イタリアとフランスの医師からだされていたし、民間人による傷病兵への看護活動という点からいえば、もちろんクリミア戦争（一八五三―一八五六年）におけるフローレンス・ナイチンゲールの活動もあったのである。(7)

このように徴兵制を導入したナポレオン戦争以来、多くの国民の戦争参加が常態化した一九世紀においては、傷病兵の増加と人道主義とが相まって、デュナンの赤十字思想を生みだし、育む土壌が形成されていたのである。

時代の流れの第二は、西洋諸国が近代的な国民国家となり、国家間の戦争が絶対君主時代の傭兵や常備軍ではなく、国民軍同士の戦いとなるにつれて、増大する戦死者や傷病兵に対して、政府としても大きな顧慮を払わざるをえなくなっていたということである。

すなわち国民軍の兵士が、殺傷力を増した新兵器の登場とも相まって、多数の死傷者をだすなかで、きわめて貧弱な軍の衛生看護制度のせいで、戦場でいかに悲惨な状態におかれているのか、それが通信手段の発達によって国内に伝えられると、本国の家族はきわめて強い衝撃を受けた。イギリスの新聞『タイムス』が世界で初めて戦場特派員を送ったのは、クリミア戦争のときであるが、その生々しい戦場の惨状を伝える報道が、兵士の家族に強い驚きと悲しみ、そして深い嘆きを与え、それがイギリス陸軍大臣の依頼を受けたナイチンゲールの看護活動につながったことは、よく知られている事実である。このように傷病兵の救護は、兵士の士気と国民の士気にかかわる問題であったのであり、また当然のことながら、軍隊の戦闘力の低下にもつながる問題であったのである。(8)

以上のように、一九世紀の西洋諸国においては、総じていえば、やがて赤十字とジュネーブ条約に結実する「戦争と戦場の人道化」もしくは「戦争の文明化」[9]が、大きな流れとしてあったのである。その意味で、赤十字の誕生は、西洋近代のキリスト教圏（西洋文明国）の産物であったといえよう。しかし、その掲げた人道理念は、他の文化圏にもみられる普遍性をもつものであったのであり、それゆえ赤十字運動は、その出自のいかんにかかわらず、イスラム圏やアジア諸国をも含めた全世界に拡大することになったのである。近代日本も、そうしたなかで、赤十字と出合うのであった。

二　近代日本と赤十字との出合い

1　博愛社創設の主旋律としての佐野常民

博愛社、そして日本赤十字社の設立と運営に中心的役割を果たしたのが、佐賀藩出身の佐野常民（一八二二―一九〇二年、のち博愛社副総長、初代日赤社長）である。一八六七（慶応三）年にパリで開かれた万国博覧会に佐賀藩から派遣された佐野は、そこで「負傷軍人救護国際委員会」（赤十字国際委員会）の展示館を訪れ、負傷兵を敵味方の区別なく、一人の人間として救護するという赤十字の思想と出合い、強い感銘を受けた。

佐野はもともと外科医となるべく修業を積み、いくつかの蘭学塾で学んだ俊才であった。なかでも緒方洪庵の適塾では、日本の蘭方医に強い影響を与えたドイツの医学者フーフェランドの著した「医師の義務」（『扶氏医戒之略』）が説くところの、医の倫理を学んだ。それは、「不治の病者であってもその苦痛を和らげ、その命を保つよう努力することは、医の職務である。棄てて省みないのは人道に反する。たとえ救うことができなくても、これを慰するのが仁術である」という、人命尊重の精神であった[10]。おそらく、そうした教えを受けてきたからこそ、赤十字思想にもただちに、そして深く共鳴しうるところがあったのであろう。

さらに彼は一八七三(明治六)年のウイーン万国博覧会に、現地の責任者である博覧会事務副総裁（オーストリアとイタリアの弁理公使も兼務、総裁は大隈重信）として派遣され、そこで各国赤十字社の出品物の盛大さを知り、普仏戦争（一八七〇―一八七一年）を経たヨーロッパにおける赤十字事業の広がりを、肌でもって感じることになった。

彼は後年（一八八二年六月二六日）、博愛社の社員総会で「博愛社ノ主旨ハ人ノ至性ニ基クノ説」と題する講義をおこなっているが、そのなかで大要つぎのように当時のことを語っている。すなわち、パリ万博からウイーン万博にかけて、赤十字が「数年ヲ出スシテ異常ノ盛大ヲ致シタ」のは、政府の慫慂によるのではなく、赤十字社が各国の有志により設立され、政府がそれを認めてジュネーブ条約に加入したことによるのであり、こうして政府と国民とが相応じるよりも早く国を越えて同じ考えをもち、万国が連合して敵味方を問わずに負傷者を救護するという「美事」が起こったのである。そして、そうした赤十字社の盛大さの原因は「人ノ至性」（至誠）にもとづくものであり、それゆえ赤十字社の隆盛こそが「文明」の「証憑」（証し）なのである。

とくに最後の部分を彼は、「当時余ハ以為ク文明ト云ヒ開化ト云ヘハ、人皆直ニ法律ノ完備、若クハ器械ノ精良等ヲ以テ之ヲ証憑ト為スト雖モ、余ハ独該社（赤十字社のこと―筆者注）ノ此ノ如ク忽チ盛大ニ至リシヲ以テ、之カ証憑トナサントス」と回顧している(11)。

こうして帰国後に佐野は、日本においても赤十字組織が必要なことを陸軍省に提案し、明治天皇にも赤十字の概況を説明したといわれている。しかし、博愛社が実際に成立するためには、明治日本の最大の内乱である西南戦争（一八七七年）まで待たなければならなかったのである。そもそも救護団体は、悲惨な戦時にこそその関心が高まり、必要とされるものであったからである。

2　博愛社創設の直接的副旋律――岩倉具視と大給恒

ところで、佐野常民の存在が、博愛社（日本赤十字社）成立史の主旋律であるとするならば、さらにいくつかの副旋律があったことにも触れておかなければならない。それは第一に、明治政府の実力者である右大臣岩倉具視の動向である。

一八七一（明治四）年に日本を出発した岩倉使節団の一行は、ウイーン万国博覧会を見学している。そこで佐野の案内も受けたと思われるが、つづいてスイスに入った岩倉たちは、実はジュネーブで負傷軍人救護国際委員会（赤十字国際委員会）のギュスターブ・モワニエたちと面会している。佐野がおこなったであろう赤十字に関する説明に、岩倉たちが興味を抱いたためかもしれない。

ただし、このときの面会の実現にあたっては、実は負傷軍人救護国際委員会側からの積極的な働きかけがあったのである。というのも、赤十字活動の詳細を岩倉たちに知ってもらいたいと考えたモワニエたちが、スイス大統領セレソルにそうした委員会の意向を岩倉たちに伝えることを依頼し、大統領がそれを承諾していたからである。その結果、ジュネーブにおける使節団の滞在が延期され、モワニエたちが直接岩倉たちと会える絶好の機会が訪れたのであった。

いずれにせよモワニエ側の記録によれば、彼らを訪れた使節団のメンバーのなかには「とくに近代ヨーロッパ文明に理解があり、かつこれ以上好意的であることを望めないような人物」がいたのであり、「我々の努力に対して共感を示してくれた」。なかでも岩倉大使と伊藤博文副使とは、数回にわたり相次いでおこなわれた会談において「我々の説明に真剣に耳を傾けるとともに、我々の出版物に対して賛辞を呈してくださった」。彼らからの質問は、「少なくとも赤十字の芽生えを日本にもたらすことができたらという、彼らの強い意欲を物語っていた」。

とはいえ、彼ら二人は、「日本の国民自らがジュネーブ条約を遵守することにまず慣れない限りは、日本が同条約に加入するには時期尚早であること、さらに日本軍の正規の衛生部隊を幇助するための自発的な協力を呼びかける以前に、そうした軍の衛生部隊をきちんとした組織として整備するために、まだやるべきことが多く残っているということ」を、日本人として初めて認識したのであった。それでも彼らは帰国後、「そうした改革に努めることを約束されるとともに、この件について、これからも我々が彼らと継続的に連絡をとることを認めてくださった」(12)。

こうして岩倉たちとの出合いは、「赤十字にとって実りあるものとなった」が、モワニエたちの岩倉らに対する好印象は、会談直後の同年八月一六日付で、幕末の修好通商条約締結のために日本に派遣されたことのあるスイス連邦議会議員エメ・アンベールに対して、日本に関する情報を求めていることからも確認することができる。

九月二〇日、アンベールはモワニエたちに返書を送り、そのなかでつぎのように述べている。日本人はモンゴルの襲来以外に外国からの侵略を受けたことがないので、戦争の実態を知らない、そのためモンゴル襲来のときや一六世紀の戦国時代に、捕虜虐殺など敵に対するいっさい容赦のない態度をとることがあった。しかし中国人の場合と違い、それを日本人の民族的特徴とみることはできない。「日本人は総体的には、温和で人間的で、平和的な民族」である。幕末の内戦においても「非人道的な汚点を残すことはいっさいなかった」。捕虜の大量虐殺も軍法会議による処刑もなく、将軍は天皇にその地位を譲ったのちは市井の民として隠棲生活を送り、将軍の側近たちも財産を失っただけで済んだからである。

それゆえ、赤十字がおこなっているような活動についても、日本には受け入れる準備ができていると私は確信している。もっとも赤十字のような救恤組織については、実際上はすべてを最初から作りはじめなければならないであろう。しかし、日本の軍隊がヨーロッパ式（プロイセン式ではなくフランス式）に組織されていくにつれて、今後各連隊には、外科専門軍医と移動野戦病院が配置されるであろう。衛生部隊も現在、徐々に編成されつつある。

アンベールは手紙を結ぶにあたり、明治天皇がアメリカ大統領に宛てた一八七二年三月四日付の書簡の一節を、モワニエたちへの激励の意味を込めて、もう一度想起すべきであると説いている。そこには、条約改正により日本が世界の最先進諸国と同列にたち、国民の繁栄と権利の発達が十分に獲得される希望と意志を抱いていること、現在の日本の文明と諸制度がそれらの国々と非常に異なっている以上、我々が所期の目的に即座に到達することは不可能であること、我々はもっとも先進的な国々で確立されたさまざまな制度のなかから、日本の現況にもっとも適したものを選び採用することによって、日本の制度と慣習を徐々に改革、改良し、先進諸国と対等になることを望んでいることなどの、天皇の強い思いが記されていたのである。(13)アンベールはこのように、日本にきわめて好意的な内容を認《したた》めていたのである。

のちに西南戦争に際して岩倉は、明治天皇が政府軍の負傷者をお見舞いし、皇太后と皇后が傷病者にお見舞い品を贈ったことに感激し、国民の上にたち天皇のお側近くにいる上流階級の華族も徒食に甘んずることなく、つまり何もしないでただ暮らしているだけではなく、率先して「報効ヲ図ル」(14)べきであると、太政大臣三条実美とともに、華族が傷病者の救護に尽力することを訴えている。

こうして西南戦争時の政府中枢には、西洋文明国から生まれた赤十字運動と戦時救護の重要性をよく知り、華族の立場からもその必要性を認識していた岩倉具視右大臣がいたのである。

第二の副旋律は、博愛社の設立願出書と社則とを、佐野常民との連名で岩倉に提出することになる、大給恒《おぎゅうゆずる》（一八三九―一九一〇年、のち博愛社副総長、初代日赤副社長）の存在である。西南戦争当時、佐野と同じ元老院議官を務めていた大給は、元三河奥殿藩の藩主で、かつ幕府陸軍総裁も務めたことのある松平乗謨《のりかた》の改名であり、松平一三家の長として重きをなしていた。

彼は、華族がヨーロッパの王室や貴族のように救護社（貴族の篤志的会社）を設けて傷病兵の救護にあたることが「貴族ノ本分」(15)であるとして、そうした会社の創設を、華族会館を設立した岩倉に訴えていた。それに対して岩倉は、同様の志を自分に伝えていた佐野との会談を求めたのであり、こうして岩倉の仲介によって、佐野と大給の考えがひとつとなり、それが博愛社として結実することになったのである。

なお博愛社の最初の東京仮事務所が、松平一族の合意のもと、麴町区富士見町（現在の千代田区富士見）にあった一族の桜井忠興邸におかれたことからもわかるように、博愛社の成立と西南戦争時の活動における大給ならびに松平一族の存在には、きわめて大きなものがあったのである。(16)

3　博愛社創設の間接的副旋律

以上二つの副旋律が、博愛社の設立に直接的にかかわるものであるとするならば、より間接的ながらも博愛社の成立を考えるに際し、逸することのできない副旋律がいくつか存在する。そうした間接的な副旋律の第一は、日本に派遣されてきたオランダ海軍軍医から西洋医学の薫陶を受けた陸軍軍医たちの存在である。

一八五七（安政四）年に江戸幕府の招聘を受けて派遣され、長崎出島で西洋医学を教えた二等軍医ポンペ・ファン・メールデルフォールト、一八七〇（明治三）年に設立された大阪軍事病院内の軍医学校でその後任として教育を担当した一等軍医アントニウス・F・ボードウィン、さらにその翌年に後任となったブッケマンなどから教育を受けた軍医たちのことである。たとえば、松本良順（明治四年に順と名乗る、のち陸軍軍医総監、陸軍軍医本部長）、林紀（のち陸軍軍医総監、陸軍軍医本部長）、石黒忠悳《ただのり》（のち陸軍軍医総監、陸軍省医務局長、第四代日赤社長）、橋本綱常（のち陸軍軍医総監、陸軍省医務局長、初代日赤病院長）などの名前をあげることができる。

とくにここで注目すべきは、ボードウィンが赤十字社規則などの赤十字に関する講義をおこない、ブッケマンもそれを引き継いだことである。軍医にとってもっとも重要な戦時救護活動についての最新事情として教えられたと思われるが、これが、日本人が赤十字の教育を受けた最初の例といわれている。(17)

また一八七一年には、東京に新設された医学寮（もしくは陸軍衛生部）で赤十字標章を使用したい旨の願いが兵部省にだされたが、それを考えたのは、松本、林、石黒の三人であったといわれている。その願いは却下されたが、それは赤十字がキリスト教の印であるという理由からであった。そこで当面、衛生部隊では「朱色の横一文字」の標章を使用することになったが、それは近い将来日本がジュネーブ条約に加入し、赤十字標章の使用が認められた際に、赤の縦線を加えるだけでよいとの考えからであったといわれている(18)。

このように西南戦争に従軍した政府軍の軍医たちの多くが、すでに赤十字活動に対する相応の知識をもっていたものと思われる。その意味で、西南戦争時の衛生部隊においては、博愛社の救護活動を受け入れる素地が、戦前からすでに醸成されていたといえよう。軍の衛生部隊、とくに軍医との関係が非常に大事になる博愛社の活動は、そうしたなかで受容され、展開されることになったのである。

間接的な副旋律の第二は、当時の陸軍内には、ある意味では当然のことながら、軍医だけでなく一般兵科の将校のなかにも、赤十字とジュネーブ条約の知識をもつ軍人たちがいたということである。それは近代的な西洋軍制の導入にともなうものであり、とくにヨーロッパにおける近年の戦争にかかわる動向として、大きな関心が寄せられたものと思われる。

たとえば、その代表的人物として、大山巌（のちの陸軍大臣、日露戦争時の満州軍総司令官）をあげることができよう。彼は一八七〇年、ドイツ統一をめざすプロイセンとそれを阻止しようとするフランスとの間で繰り広げられた普仏戦争の観戦武官として、プロイセンに派遣された。両国はともに一八六四年のジュネーブ条約に加入しており、国内には救護社（赤十字社）が設立されていた。それゆえこの戦争は、ジュネーブ条約と救護社の有効性と力量とが、大いに試される戦争でもあったのである。

とくにプロイセンでは、一八六六年のオーストリアとの間の普墺戦争以来、軍の衛生部隊の急速な改善が進むとともに、救護社の活動に対する高い評価と信頼とが寄せられていた。当時プロイセン救護社は、皇帝と軍の理解に支えられながら、二五万人の動員力を誇る世界最大の救護組織に成長していたのである。またジュネーブ条約の普及と教育にもっとも熱心に取り組んでいたのが、皇帝ヴィルヘルム一世であった。

他方、フランスの事情は異なっていた。ジュネーブ条約への理解の乏しいフランス軍は、戦争で条約違反を数多く引き起こし、衛生部隊も一般には赤十字腕章を着用していなかった。一八六四年に設立された救護社も形式的組織にとどまり、救護員も器材も未整備のままの状態であった。

こうした両国の違いは、結局、戦死者数がプロイセン軍の四万四〇〇〇人に対してフランス軍一四万人という、大きな差を生みだす重要な一因となったのである。戦死者のなかには、戦場の劣悪な衛生環境に起因する多くの疾病死者、傷病死者が含まれていたのである(19)。

大山はその後、一八七一年から七四年までフランス（実質的にはスイス）に留学している。その間、山県有朋陸軍大輔の命によりウイーン万国博覧会を二か月にわたり見学したが、博覧会事務副総裁の佐野常民とも会っており、赤十字関係の事項も当然話題にのぼったものと思われる。

また七三年六月末にジュネーブに来着した岩倉使節団一行とも会い、七月一日には岩倉とともに軍医の集会に臨席し、負傷軍人救護国際委員会（赤十字国際委員会）のデュフール将軍とも会談、「頗る愉快を極めた(20)」。大山は帰国後、政府にジュネーブ条約への加入を積極的に働きかけたといわれている。なお彼は、西南戦争時には旅団司令長官として従軍している。

さらに、それ以後にも話を進めれば、一八八四(明治一七)年、陸軍卿となっていた大山は三度フランスにわたり、各国兵制を研究するかたわら、同行した橋本綱常陸軍軍医監とともにジュネーブ条約の加入手続きを調査する。同年九月にジュネーブで開催された第三回赤十字国際会議には、その橋本とアレキサンダー・シーボルト（博愛社社員）のオブザーバー参加が認められたが、会議への招待状はそもそもは、大山に宛てられたものであった(21)。こうして帰国後大山は、新しい内閣制度のもとでも陸軍大臣となり、山県有朋などの協力もえながらジュネーブ条約への加入に尽力したのである。

なお一八八六(明治一九)年六月に日本のジュネーブ条約加入が実現したが、それを受けて条約の内容を軍内に普及させるべく尽力したのも、大山陸相であった。翌年シーボルトの協力もえて、条約の注釈書である『赤十字条約解釈』を作成し、それを全将兵に頒布し普及に努めたのである。ちなみに、八七年四月二三日付の陸軍訓令としてだされた『赤十字条約解釈』の冒頭の大山陸相の訓示は、「赤十字条約ノ儀ハ軍人軍属ニ在テ最緊要ノモノニ付、解釈ヲ容易ナラシムル為メ注釈ヲ加ヘ別冊頒布候条、遍ク熟読格守ス可シ[22]」と謳っていたのである。

間接的な副旋律の第三は、国際法の受容に熱心であった当時の政府内においても、赤十字とジュネーブ条約のことは知られていたということである。

たとえば、岩倉右大臣のことはすでに触れたとおりであるが、ほかにもつぎのような例をあげることができる。一八七二(明治五)年に陸軍大輔山県有朋が、太政官正院に「世界普通ノ赤十字相用申度」という伺書を提出したことがあるが(前述の軍医療での赤十字標章使用の願いを受けたものかもしれない)、太政官左院はそれに対してデュナンや赤十字のいわれを記し、赤十字は「同盟ノ記号」であり、ジュネーブ条約の未加入国がみだりに使用すると不都合が生じる恐れがあるとの意見書をだしている[23](伺書は結局却下されている)。

間接的な副旋律の第四は、負傷兵を敵味方の区別なく救護するという人道的行為は、西南戦争で初めておこなわれたわけではなく、それ以前の戊辰戦争の際にもみられていたということである。

たとえば戊辰戦争最後の五稜郭の戦い(函館戦争)において、榎本武揚の軍に属した高松凌雲は、榎本軍・政府軍双方の負傷者を病院に収容し、手当てを施している[24]。幕府の奥詰医師で適塾の出身者であった高松は、一八六七年のパリ万国博覧会に派遣され、そこで同じ適塾出身の佐野常民とも交流を深めているが、五稜郭での救護活動は、まさにパリ万博で出合った赤十字精神の実践であったといえよう。

さらに日本人ではないが、当時北陸地方や会津の戦いに従軍したウィリアム・ウィリスというイギリス人の医師が、やはり敵味方の区別なく救護したことも知られている。なお、そのウィリスのもとで治療経験をもつ熊本の医師鳩野宗巴《そうは》も、西南戦争時に地元熊本において、薩摩軍・政府軍双方の負傷者の治療にあたっている[25]。

このように明治初年の日本には、すでに赤十字思想の実践例があったのであり、博愛社の設立も、そうした系譜のなかに位置づけることができよう[26]。

間接的な副旋律の最後、五番目は、日本における赤十字組織の成立とジュネーブ条約加入の背後には、アレキサンダー・シーボルトと弟のハインリッヒ・シーボルトという外国人の存在があったということである[27]。

彼ら兄弟は、幕末の長崎にオランダ商館の医師として来日したフィリップ・フランツ・フォン・シーボルトの息子たちである。彼らは、佐野常民がウイーン万国博覧会に赴いた際にも同行している。また岩倉具視は、西南戦争時に華族による戦時救護を構想した際に、アレキサンダー・シーボルトにヨーロッパにおける貴族救護会社の制度を諮問し、あらためてそうした「貴族会社」は「帝国ノ難ニ際シ戦争アルニ方テ、其死傷将卒ヲ救助看護スル」ことを目的とし、社員は戦地または病院で救護に従事するとの説明を受けている。

シーボルト兄弟は、博愛社規則の草案作りにも関与し、弟は一八八〇(明治一三)年一月一七日に、兄は三月二八日に社員となっている。同年五月の社員総会では、ハインリッヒが外国の救護団体の状況、とくに婦人の救護活動を紹介し、その後の博愛社の事業にひとつの指針を与えている。

またジュネーブ条約への加入に関しては、一八八三年五月にベルリンで開催された衛生および救難法についての博覧会に、政府から派遣された内務省御用掛の柴田承桂(同年四月一二日博愛社社員)に、ヨーロッパにおける赤十字事業とジュネーブ条約加入手続きの調査が博愛社から依頼されたが、その際当時ベルリンに在住していたアレキサンダーにも、柴田と密接な連絡を取りながら、同条約の加入手続きと加入後の「権義」に関する調査をするよう依頼がなされている。

さらに翌年、すでに触れたように、大山巌陸軍卿の渡欧に同行した橋本綱常陸軍軍医監にも、博愛社はジュネーブ条約加入手続きの調査を依頼したが、その関係で、アレキサンダーは赤十字国際委員会に書簡と書類を送り、それに対してモワニエは、二月一八日にアレキサンダー宛ての返書を送っている。それには、日本政府が条約に加入すれば、博愛社が赤十字に加入するのは差し支えないこと、九月にジュネーブで第三回赤十字国際会議が開かれるので、博愛社代表の出席も許可されることなどが記されていた。

なおモワニエはその書簡のなかで、「千八百七十七年貴下〔アレキサンダーのこと─筆者注、以下同様〕ヨリ右ノ義〔博愛社の設立〕御発議相成候ハ、恰モ其前千八百七十三年当府〔ジュネーブ〕ニ於テ我輩ヨリ日本使節〔岩倉具視と伊藤博文〕ニ勧告致シ候ヲ賛成シテ、大ニ其力ヲ添ラレ候姿ニテ、殊ニ感謝致シ候」とも述べている。

結局、第三回赤十字国際会議には、橋本とアレキサンダーがオブザーバーとして参加した。こうして柴田の報告やシーボルトからの報告をもとに、一八八四年一一月二五日の博愛社社員総会で、政府に対してジュネーブ条約への加入を建議することになり、一二月一〇日博愛社総長小松宮彰仁親王〔前の東伏見宮嘉彰親王のこと〕名で建議書が政府に提出された。そして日本が加入手続きを開始すると、条約改正の件で井上馨外務卿に呼ばれて一八八五年四月に来日していたアレキサンダーも、井上外務卿のモワニエへの働きかけに助力したが、佐野と大給たちも彼の助力を大いに求めたのであった。

このように、博愛社の設立とジュネーブ条約への加入に際しては、シーボルト兄弟のきわめて大きな貢献があったのである。

以上みてきたように、日本初の民間人による戦時救護組織としての博愛社は、佐野常民という主旋律を軸にしながらも、岩倉具視と大給恒という二つの直接的な副旋律と、さらには五つの間接的な副旋律とがうまく紡ぎ合うことによって誕生したのであった。それは、明治日本が近代的な国民国家を形成し、西洋文明国の仲間入りをめざすなかでの大きな「出合い」であったのであり、その意味で、博愛社（日本赤十字社）の設立と発展は、近代日本が人道援助という国際的な新しい潮流の一翼を担いうる「文明国」であることの、きわめて重要な証しとなったのである。

三　博愛社・日本赤十字社の創設と展開――「報国恤兵」と「博愛慈善」

1　赤十字の国際標準と博愛社の創設

他方、博愛社・日本赤十字社の誕生と発展、そして国際赤十字への加盟（一八八七年九月）は、赤十字国際委員会と西洋諸国の赤十字社にとっても、イスラム教国であるトルコの加盟（一八六七年）とも相まって、赤十字運動が西洋近代のキリスト教圏（西洋文明国）という枠を越えて世界に拡大し、真の意味で国際社会における普遍的な正当性を獲得するうえでの、きわめて重要な出来事であった。

そして各国の赤十字社は、戦時に敵味方の区別なく傷病兵を救護するという普遍的な人道理念と、政府に認可され、戦時には軍衛生部隊の補助機関として活動するという、国家・軍との密接な関係性をそもそもが不可欠とする組織原理とを、共有することになったのである。またドイツやオーストリア、そしてロシアに代表されるように、君主制の国家においては、赤十字の掲げる人道理念に共鳴する王室とのきわめて密接な関係も、組織上の共通する特色であった。

したがって博愛社・日本赤十字社も、当然のことながら、そうした国際標準を意識して設立されることになった。ただし各国赤十字社が、それらの共通性を有しながらも、平時から一定の編制をもつ社（ドイツやフランス、日本など）

とそうでないもの（イギリスやアメリカなど、本来は平戦両時を通じて実質的に常設でなければならないのであるが）とに実際上分類しえたように[28]、そのあり方は必ずしも一様ではなく、各国にはそれぞれの個性ともいうべきものがあった。いわば赤十字社という組織が元来内包する、国際性と国家性もしくは普遍的側面と個別的側面の共存のあり方には、各国の政治・文化や歴史にもとづく違いが、一方ではみられたのである。

それでは、博愛社・日本赤十字社は、赤十字の人道理念をどのようなかたちで受け入れ、展開させようとしたのであろうか。それはまた、国家・軍との関係や皇室との関係を、実際上いかなるかたちで構築することにつながったのであろうか。紙幅の関係上、結論をあらかじめ先取りするかたちで述べれば、それは、「報国恤兵《じゅつぺい》」と「博愛慈善」（もしくは「博愛人道」）との絡み合いを軸として展開されたのであった。

一八七七（明治一〇）年四月六日、先述したように、元老院議官の佐野常民と大給恒が連名で、「博愛社設立願出書」ならびに「博愛社社則（全五条）」を、岩倉具視右大臣に提出した。同年二月に勃発した西南戦争の戦場の悲惨さ、とくに三月の田原坂《たばるざか》での激戦の報道が、傷病者救護の機運を皇室や華族たちの間に醸成させることになったのである。博愛社という名称は、中国唐代の詩文家韓愈（韓退之）の『原道』の冒頭「博愛之謂仁」（博く愛する、之を仁という）からとったものであった。すなわち赤十字の人道理念は、日本においてはまず、「博愛」「仁」という言葉で表現され、理解されることになったのである。

佐野らの「願出書」は、「国恩」に報いるため「海陸軍医長官ノ指揮ヲ奉」じて、政府軍・薩摩軍（「暴徒」）の区別なく負傷者を救護したいとの願い出を述べ、敵兵は「大義ヲ誤リ王師ニ敵スト雖モ亦皇国ノ人民タリ、皇家ノ赤子《セキシ》タリ、負傷坐シテ死ヲ待ツ者モ捨テ顧ミサルハ人情ノ忍ヒサル所」と、その救護の必要性を「皇国ノ人民」「皇家ノ赤子」という国家・皇室との関係と「人情」という東洋的文脈から説明するとともに、さらに「欧米文明ノ国ハ戦争アル毎」に「彼是ノ別ナク救済ヲ為スコト甚タ勤ムルノ慣習」という、文明国の慣習として説いたものであった[29]。

しかし、博愛社設立の願いは、すんなりと実現したわけではなかった。実は四月二三日に、いったん願出書は却下されたのである。薩摩軍との激戦がつづく状況下においては、敵兵を救護するという趣旨が仮に理解されたとしても、現実にはそれをためらい、忌避する理屈や感情のほうが、往々にしてまさっていたからである。

また戦地から遠く離れた東京にいる軍上層部にとっては、政府軍の衛生部隊が機能しているという自負があったうえに、民間救護員の派遣は戦地での混乱を招く恐れがあるということ（この危惧は、かつての西洋諸国の軍と共通する認識）、さらに赤十字活動は承知しているが、それは他国との戦争に適用されるものであり、内戦にまでおよぶのかわからないということ（赤十字国際委員会は一八六四年三月の五人委員会会合で、内戦を活動対象としないことを決めていたが、一八七一年のパリ・コミューンに直面して方針転換し、翌年のスペインの第二次カルロス党員の内戦で、初めて内戦時の救護活動をおこなっている。[30]しかしそうした情報が当時の日本、少なくとも軍には伝わっていなかったのかもしれない）、そして結社の儀は善良であっても、救護活動は平時に準備をしておかなければ実現しがたい、などさまざまな消極的意見がだされたのであった。[31]

そこで佐野は、岩倉具視の示唆があったともいわれているが、戦地の九州熊本に赴き、征討総督有栖川宮熾仁《たるひと》親王（のち第二代博愛社総長、初代日赤総裁）に博愛社の設立を願いでることになった。戦場の惨状をよく知る有栖川宮の決断に、期待することになったのである。その結果五月三日、有栖川宮から正式な設立許可がおり（三条実美太政大臣にも通知）、ここに博愛社の戦地での救護活動がはじまることになった（標章には「朱色の丸に横一文字」を使用）。なお佐野の願い出に賛意を示し、有栖川宮への取り次ぎをおこなったのは、参軍山県有朋と高級参謀小沢武雄（のち第三代日赤副社長）であった。

2　博愛社から日本赤十字社へ――「国家」「天皇」「人道」

ところで、博愛社という救護社の設立が、西洋諸国のような対外戦争ではなく、西南戦争という内戦をきっかけにしてなされたことは、日本における赤十字のあり方を、その出発点から大きく規定することになった。なぜなら、博愛社設立に対する政府部内の消極論や反対論を説得するために、そして反政府軍であり、天皇にたてつく賊軍である薩摩軍負傷者の救護を実現させるために、博愛社の活動がいかに国家・政府と天皇のためであるかという点を、ことさらに強調せざるをえなかったからである。

もとより佐野と大給が訴えた博愛社設立の理由は、第一に、国恩に報いるためであること、第二に、敵兵とはいえ負傷者を放置することは野蛮であり、人情としても忍びがたいこと、第三に、敵負傷者も同じ日本国の国民であり、天皇の赤子であること、第四に、敵味方を区別しない戦時救護が、文明国の人道的慣習であること、の四点にあった。つまり、「文明の証しとしての人道」という理由だけでなく、「国家」と「天皇」という二つの観点が、当初より相対的に色濃く打ちだされていたのである。後二者は、対外戦争であればいわずもがなの、自明なものであった。

こうして「国家」「天皇」「人道」という三要素によって、博愛社の設立は意義づけられることになった。そしてそれらの三要素は、博愛社が政府による正式認可を受けた八月一日に、その創業同志者の会合で決定された「社則附言」では、「該社ノ主旨ハ〔中略〕此惨烈ナル戦時ニ方リ、報国慈愛ノ赤心ヲ以テ軍医部ヲ補助シ、博ク創者患者ヲ救済スルニ在リ」(32)（第一項）と、「報国慈愛ノ赤心」と表現されることになった。ここでは「慈愛」が、人道理念を示している。

それと同時に、のちに「主意」「主旨」「経」という表現でもっとも重要なものとして位置づけられることになる「報国恤兵ノ義務」（第九項）が、ここで早くも登場している点に注意しなければならない。ただし「恤兵」とは兵士をいたわり慰めることを指しており、もともとは人道的意味を含むものである。

したがって、のちに一二月三日の博愛社社員総会において、総長東伏見宮嘉彰親王が「諸君恤兵ノ慈心ヲ発シ報国ノ義務ヲ執リ、奮起此ニ博愛社設立ノ挙アリ」と述べているとおり、この段階ではのちのように、博愛社の国家主義的側面を強調する意味合いとしてだけではなく、「慈心」という言葉をともなった人道主義的側面をも含む使い方をしていたものと思われる。その東伏見宮の言葉に対しては、大給恒も「報国ノ義務ヲ拡メ、恤兵ノ慈心ヲ厚クシ殿下ノ高諭ニ副ハントス」と答えていたのである[33]。

それゆえこの時期には、「国家」「天皇」「人道」の三要素がいまだ十分には整理されていない、未分化の状態にあったといえよう。

しかし、西南戦争が九月に終息した後も、博愛社を戦時の臨時的組織としてだけではなく、デュナンが提唱したような平時にも活動する常設組織とすることを目論んでいた佐野たちは、そのために皇室・国家との結びつきをさらに強めようとしたのである。創設時三八人から出発した博愛社の社員数が、当初なかなか増えずに数十人から数百人規模で推移したように（明治一〇年代）、それは一面、社員や賛同者を拡大し、組織を確固たるものにする有効な手段であったのであり、またたんに「博愛」を叫ぶだけでは国民の反響が乏しいという[34]、現実の反映でもあったのである。

そこで、まず皇室との関係でいえば、社則附言を決定した八月一日に、博愛社の総長に西南戦争に従軍中の東伏見宮を推戴することとし（九月一三日に承諾）、それ以降歴代の総長と総裁（日本赤十字社）には皇族を戴くことになったが、そうした皇室との結びつきは、やがて一八八七年の日本赤十字社への改称にともない「本社ハ皇帝陛下、皇后陛下ノ至貴至尊ナル保護ヲ受クルモノトス」[35]（新社則第二条、傍点筆者）と、天皇・皇后による保護が明示されるまで強められることになったのである（ただしこの条項は、オーストリア赤十字社社則の引き写しであり[36]、その意味でこうした君主との関係は日赤特有のものではない）。

他方、国家との関係でいえば、一八八一（明治一四）年に社業拡張のために新たに議定された「博愛社規則」（全八一条)」の冒頭で、「博愛社ハ報国恤兵ノ義心ヲ以テ戦場ノ負傷者疾病者ヲ看護シ、力《ツト》メテ其苦患ヲ減スルヲ主意トス[37]」(総則第一条)と謳われたように、「報国恤兵」が前面にでるとともに、それが「義心」と結びつくことによって、「忠君愛国にもとづく、国家に報いるための正しいおこないとしての救護」、いいかえれば「忠君愛国にもとづく恤兵＝救護」もしくは「忠君愛国のための恤兵＝救護」という国家主義的意味合いを強めることになったのである。また陸海軍省をはじめとする各省高等官以上の高級官僚を、博愛社・日赤社員とするための勧誘も積極的におこなわれたのであった[38]。

ところで日本のジュネーブ条約加入(一八八六年)と日本赤十字社への改称、そして国際赤十字への加盟(一八八七年)という、博愛社をとりまく大きな環境の変化は、博愛社が元来もっていた人道機関としての側面を、あらためて顕在化させる契機となった。なぜなら、日本赤十字社が「万国共同ノ目的事業ニ連合」する以上、「万国共同ノ通規ニ従ハサル」をえず、また「万国普通ノ実例ニ準拠シテ本社ノ性質ヲ表白スル」ことになったからである[39]。その「性質」とはいうまでもなく、「博愛慈善」のことであり、それはさらに「一視同仁、四海兄弟の人道[40]」「人類共愛の至道[41]」「人類相憐ノ至情」「世界的仁愛事業」「卓絶ナル一大文明事業[42]」などと認識されるものであったのである。

また、そうした赤十字のもつ普遍的側面の強調は、「基督教ヲ宣布スル為メノ赤十字事業ニアラズシテ[43]」という、博愛社から日本赤十字社への改称にともない噴出した赤十字とキリスト教との結びつきに対する疑念を払拭し(標章の問題)、日赤の存在を日本社会に確実に定着させるためにも、必要なことであったのである。

その結果、一八八七(明治二〇)年に新しく定められた日本赤十字社社則(全一九条)においては、「国家」「天皇」「人道」の三要素が、ある種整合的に共存し、盛り込まれることになった。すなわち、第一条で「本社ハ戦時ノ傷者病者ヲ救療愛護シ、力メテ其苦患ヲ軽減スルヲ目的トス」と、それまで使われていた「報国恤兵」という表現をここであえて欠落させるとともに、第三条で赤十字規約とジュネーブ条約の主義に従うことを明記する一方(「人道」の側面)、

第二条において天皇・皇后の保護を受ける組織であることを高らかに謳うと同時に、第六条で皇族を総裁とすることを規定し（「天皇」の側面）、さらに第四条で戦時救護に際し日赤が軍医部に付随し、それを幇助する組織であることを定めたうえで、第七条で宮内省と陸海軍省による監督下にあることを明記したのであった（「国家」の側面）[44]。

このように、博愛社・日本赤十字社を意義づけた「国家」「天皇」「人道」の三要素は、博愛社から日本赤十字社への転換をきっかけとしてその相互関係が整理され、「忠君愛国ノ観念ヲ基礎トシテ報国恤兵ヲ主旨トシ、博愛ヲ従ト為ス」[45]もしくは「報国恤兵を経とし、博愛慈善を緯とする」[46]という語り口に、やがて定式化されることになったのである。

こうして「報国恤兵」と「博愛慈善」が、日本赤十字社のあり方を特徴づける二本柱として定着することになった。前者を日本赤十字社の「主旨」とし、後者をその事業の「精神」とするという[47]、日赤の目的と精神をあらわすそれら両者の関係には、定式上ある種の濃淡がつけられたものの、実際には日赤をとりまく国内外の状況が、そうした国家主義的もしくは忠君愛国主義的側面と国際主義的もしくは人道主義的側面のあらわれ方に大きな影響をおよぼすことになったといえよう。

たとえば、平和が回復した第一次世界大戦後の赤十字社連盟の創設を主導した大正期と、戦時救護に全精力を費やすこととなった太平洋戦争期とでは、「報国恤兵」（目的）と「博愛慈善」（精神）のどちらに力点をおくかについては、自ずと異ならざるをえなかったからである。

ただし、その点に関してさらに指摘しなければならないのは、「報国恤兵」が基本的には日本赤十字社の「天皇」と「国家」の側面を、「博愛慈善」が「人道」の側面を意味するものとして整理されたとはいえ、両者はけっして対立するものではなく、密接なつながりをもつものとして関係づけられたということである。たとえば、赤十字社の戦時救護活動は、そもそもが「自国ノ名誉」であり、「国家ノ仁愛ノ最大ナルモノ」と位置づけられ、それゆえ赤十字事業は「国家ニ対スル国民ノ義務」であり、その発達は「実ニ国家ノ一大幸福」とさえ認識された[48]。

またジュネーブ条約加入後、全陸軍将兵に配布された『赤十字条約解釈』においては、「已ニ我皇帝陛下ノ加盟アラセラレタレハ即チ我全国ノ人民皆之ニ加盟セシモノナリ、然レハ一人モ此盟ニ背クヲ得ス」と、天皇がジュネーブ条約に加盟したことを理由に、軍人のみならず全国民に対しても条約を順守することが説かれている。したがって、万一条約に違反する行為があったとするならば、それは「畏クモ皇帝陛下ノ至仁至慈ナル聖慮ニ乖キ、国ノ品位ヲ墜ス」ことを意味するものとして認識されることになったのである[49]。

このように日本赤十字社の人道活動は、そもそも天皇の「至仁至慈ナル聖慮」にもとづくものであり、「国家ノ仁愛ノ最大ナルモノ」と位置づけられた。いいかえれば、赤十字の活動と精神は、まさに忠君愛国を体現するものとしてとらえられていたのである。

「報国恤兵」と「博愛慈善」の基礎をなす「国家」「天皇」「人道」の三要素は、基本的には以上のようにその関係性が整理され、緊密なつながりをもつものとして語られることになった。それゆえ博愛社から日本赤十字社への転換は、たんなる組織替えにとどまらない、近代日本における「人道」が、「天皇」および「国家」との明確かつ強固な関係をとり結ぶ、大きな結節点としての意味を有していたのである。

さらにそうした三者の関係は、近代日本が実際に対外戦争を積み重ねていくなかで、ますます強いものとなっていった。たとえば日赤と「国家」との関係を、『日本赤十字社沿革史』は、つぎのように記している[50]。

我が赤十字事業が過去に於て、如何に国運の発展に貢献せしかを視よ、日清戦争及び北清事件に際して、如何に我が文明を発揮し、我が国威を宣揚し、我が地位を進むる功績を顕したるか、而して我が国が欧米各国と対等の条約を締結するに到りしに、直接間接の力ありしことは、いふまでもなからむ。

すなわち日赤の活動が、いかに国運の発展に貢献し、戦時には文明の発揮と国威の宣揚をもたらし、さらに日本の国際的地位の向上に役立ち、ひいては不平等条約の改正に結びついたのかが、強調されているのである。

なお、右記引用文中の最後にある条約締結云々に関していえば、ジュネーブ条約は、近代日本が欧米先進国と取り交わした、初めての対等関係にたつ多国間条約であった。したがって、そうした記念すべき意味合いをもつジュネーブ条約への加入には、近代日本を文明国として欧米諸国に認知させるという、日本政府の大きな国家目標が内包されていたのであり、またそれにより日本が長年追い求めてきた欧米諸国との不平等条約の改正に役立てたいという外交的思惑があったのである(51)。

このようにジュネーブ条約への加入と日本赤十字社誕生の背景には、一面国家の政治的思惑があったのであり、それも日赤の位置づけを考えるうえで見過ごすことのできない重要な要素であったのである。

3　日本的普遍主義としての「博愛慈善」

ところで、「博愛慈善」の語り口については、日本赤十字社の歴史的なあり方を考えるうえでも、あらためて触れておく必要があろう。たとえば『日本赤十字社沿革史』によれば(52)、そもそも「博愛主義」は、「耶蘇基督ガ初メテ発明」したものではない、という。すでに東洋においては、それに「先チテ孔孟ハ仁義ヲ主張」し、「釈迦牟尼仏」は「耶蘇以前」において「切ニ慈愛ヲ説」いており、それゆえ「是レ洵《マコト》ニ人道ノ然ルベキ所以」として、まず東洋的文脈から「博愛慈善」の普遍性と必然性が説かれている。

そのうえで、日本における「傷病兵救護事業」も「遠ク神功皇后三韓御征服ノ当時、既ニ此ノ挙アリシコトハ日本紀ニヨリテ伝ヘラレタリ」と、少なくとも神功皇后にまでさかのぼる天皇家の事績として位置づけられ、つぎのように語られている[53]。

神功皇后カ遠ク海ヲ渡リテ三韓ヲ征セラル、ヤ、其軍令中ニ於テ自ラ服スル殺ス勿レト宣告シ給ヘリ、自服ハ抗敵セサルモノ、謂ニシテ、二千余年前既ニ近世文明ノ戦律ヲ実行シ給ヘルニ非スヤ

また戦時救護という「戦争道徳」は、「武士道の精華」を発揮したものであり、それゆえ「博愛慈善一視同仁」は「大和民族の先天的品性」という語り口さえみることができるのである[54]。

このように「博愛慈善」は、西洋的文脈だけでなく、東洋的文脈と日本的文脈からもその意味づけがなされたが、とくに「天皇」の文脈から語られることによって、いわば日本的普遍性が付加されることになったといえよう。近代日本における「人道」は、こうして西洋的普遍主義の文脈のみならず、日本的普遍主義の文脈で語られることになったのである。

なおそうした西洋的普遍主義と日本的普遍主義の文脈の対比という点からいえば、欧米と日本の赤十字事業は、「博愛慈善」を精神とする戦時救護活動ということでは同じであるが、しかし「彼我ハ根本ヨリ国体ヲ異ニシ国民ノ思想感情モ異ナレバ、自ラ一致」しない部分があることは「自然」である、すなわちその事業を「経営施行スル主意ニ到リテハ、彼レト我レトハ大ニ其ノ趣意ヲ異ニスルアルヲ視ル」ということであり、それが先述した「忠君愛国ノ観念ヲ基礎トシテ報国恤兵ヲ主旨トシ、博愛ヲ従ト為ス」という語りに、定式化することになったのである[55]。いいかえれば、その語り口によって、「欧米ノ赤十字事業」が「博愛ヲ旨トスル」ので「勢ヒ人ヲ主トシテ国ヲ客」とするのに対して、日本ではあくまでも「国」が主であるということが、鮮明に表現されているのである[56]。

それゆえそうした語りの背後には、実は本来「報国」＝国家主義と「博愛」＝国際主義とが対立する側面をもつとい

う認識があったのであり、(57)そこで日本的普遍主義の文脈においては、それら両者を主・従というかたちで関係づけることによって、整合的に安定化させせようとしたといえるのである。

ところで、日本的普遍主義の中核をなす「天皇」の文脈、つまり天皇・皇室との強い結びつきは、日本赤十字社のあり方にどのような特色をもたらしたのであろうか。ここではとくに、つぎの二つの点について簡単に言及しておきたい。まず第一は、それが災害救護や看護婦養成など日赤の平時事業の活発さ、とりわけ世界的にももっとも早い取り組みといえる平時の災害救護活動を可能にした、大きな要因となったのではないかということである（日本が地震や台風など天然災害のきわめて多い国であるという要因も、もちろん重要であるが）。

すなわち、皇室の慈愛・慈善という日本的普遍主義の観点からいえば、そもそも天皇・皇后の慈愛に戦時・平時の区別はなく、それゆえそれが、一八八八（明治二一）年の日赤による初めての災害救護活動である磐梯山噴火時の救護につながったといえよう。大噴火による多数の死傷者や家屋倒壊の報に接した皇后の思召しを、佐野社長が受けて日赤の救護活動がはじまったという巷間伝えられるエピソードこそ、(58)まさにその間の事情を物語る象徴的な語りである。ちなみに災害救護が戦時救護と並ぶ日赤の事業として、正式に社則に掲げられるようになったのは、一八九二（明治二五）年のことである。

特色の第二は、天皇・皇室との結びつきが、日本赤十字社の人道活動のもつ慈善＝施し的な色彩を、より強めることになったのではないかということである。もともと赤十字社は各国ともに、上流階級の篤志家の慈善活動としてはじまっており、その点では日本の赤十字社（救護社）も例外ではない。社員となるための会費（三円以上一二円以下と定められた「年醵金」「保続金」と呼ばれたもの）や有志者からの寄付金（二百円以上）、そして皇室からの御下賜金などにより活動資金はまかなわれていたが、その拠出金の金額からすると、上流階級や富裕者層を対象とした高額の設定になっており、一般国民の参加は少なくとも当初、実際にはさして想定されていなかったものと思われる。(59)

しかし、日本赤十字社誕生後の全国組織網の整備とその地方支部長への各道府県知事の就任、そして日本経済そのものの発展などもあり、明治二〇年代以降社員数は爆発的に増大することになる（日清戦争時に一〇万人を超え、日露戦争時に一〇〇万人を突破、第一次世界大戦後の一九二〇年には二〇〇万人を超え、太平洋戦争の終戦時には約一五〇〇万人）[60]。したがって日赤は、やがて世界有数の社員数を誇る一大「国民的機関」へと成長していったのである。

ただし、天皇・皇室との直結という組織そのものの特徴的なあり方が変わらない以上、そうした天皇との距離の近さから来るある種の優越感や、上流階級がもつようなある種高貴な使命感や責任意識を、一般の社員（国民）にももたせることになったのではないかと思われる。その意味で、組織の国民化・大衆化にもかかわらず、日赤本来の体質に大きな変化はなかったのであり、それゆえ「博愛慈善」にもとづく人道活動には、依然として施し的眼差しが色濃く反映されていたものと思われる。

そうした施し的眼差しは、もちろん日赤だけのことではなく、戦前各国の赤十字社には大なり小なり共通してみられたものである。その意味で、戦前の赤十字活動は、たとえばかつて国連難民高等弁務官を務められた緒方貞子氏の「難民は可哀相だから施しをあげるのではなくて、尊敬すべき人間だから、人間としての尊厳をまっとうさせるために援助する」[61]という発言のような、施しではなくて人間の尊厳を守るための人道活動という認識とは、基本的に異なるものであったといえよう。それは端的にいえば、戦前から戦後における「博愛主義」から「人道主義」への変化を意味していたのである[62]。

したがって、そうした人道意識の変化には、少なくとも第二次世界大戦後の世界人権宣言（一九四八年）をはじめとする、人権意識の高まり（主として国連に主導された）を待たなければならなかったのである。

4　現実主義としての赤十字

最後に本章を終えるにあたり、日本赤十字社を含む赤十字活動そのものの基本的特質についても触れておかなければならない。それは、赤十字とは本来、戦争自体の根絶をめざすものではなく、あくまでも戦争のもたらす災禍を軽減し、その犠牲者を保護することを目的とする組織・運動である、ということである。

そもそもデュナンは、「これほど進歩とか文明が口にされる時代でありながら、残念ながら戦争は必ずしも常に避けることはできない。それだからこそ人道と真の文明の精神をもって、戦争を予防し、少なくともその恐ろしさを和らげようと根気よく努力することが急務ではないだろうか[63]」(『ソルフェリーノの思い出』)という思いをもって、救護社による戦時救護活動を提唱した。赤十字国際委員会のデュフール将軍は、さらにその思いを端的に「戦争を消滅させる夢を追いかけるよりも、私たちは戦争の悲惨な結果を少しでも軽くするために努力するべきである[64]」と表現している。

さらに、同じく赤十字国際委員会の第二代委員長を務めたモワニエは、つぎのように説いている[65]。

戦争の惨禍を軽減する代わりに、ただちにその根本に立ち入り、永久的世界平和を策する方が優れているという者がいる。これらの人々は、私たちが戦争を必要な悪と見て、それを是認するよりも、一層有益なことができるだろうと言っている。人類が互いに殺しあうことをやめて、祖先から受け継いだ野蛮な災禍から脱しようとすることは、私たちも人一倍希望するところである。しかし、人間はなお長い間、人間らしい欲望にとらわれて不幸な結果に甘んじなければならないだろう。だからこそ、その禍を即時に、また絶対的に防止できないのならば、それを軽減するように努力するのは間違ったことだろうか。いや、人道は私たちにそれを要求しているのである。

これら一連の発言にみられるように、赤十字の直接的な目的は、戦争反対や戦争廃絶にあるのではない。その意味でその基本的な立ち位置は、いわば方法としての現実主義にあり、むしろその点にこそ大きな特色があるといえるのである。

またその点に関しては、日本赤十字社ももちろん例外ではない。したがってそうした現実主義が、これまで述べてきた戦前期の日赤における国家主義的もしくは忠君愛国主義的側面と国際主義的もしくは人道主義的側面との関係性にも色濃く反映されていたのである。

ただし、赤十字のそうした現実主義こそが、歴史的にみれば国際社会における人道活動の発展を促進し、他方、それにより国家の行動に相応の制約を加えた側面があることも、あらためて指摘しておく必要があろう。そしてそれが、平和を希求しながらも現実主義にたつ赤十字という組織・運動の、まさに歴史的役割といえるのである。(66)

(1) 日本で初めての完訳は、アンリー・デュナン（木内利三郎訳）『ソルフェリーノの思い出』（白水社、一九四九年）。これを、現代かなづかい、当用漢字を用いて読みやすくした改訂版が、一九五九年に出版されている。なお戦前の一八九四年には、兵事新報社から桃源仙史（本名は寺家村《じけむら》和介）訳の版（顕理儒南『朔爾弗里諾之紀念』）が刊行されている。

(2) アンリ・デュナン「ソルフェリーノの思い出」（H・M・エンツェンスベルガー編、小山千早訳『武器を持たない戦士たち──国際赤十字』新評論、二〇〇三年）三七頁。

(3) 日本赤十字社事業局国際部編『赤十字条約集』改訂版（日本赤十字社、二〇〇五年）二頁。

(4) 同右、五頁。

(5) 井上忠男『戦争と救済の文明史』（PHP新書、二〇〇三年）三五─三六頁。

(6) ジャン・ジャック・ルソー（桑原武夫・前川貞次郎訳）『社会契約論』（岩波文庫、一九五四年）二五頁。

(7) 井上『戦争と救済の文明史』三九─四一頁、藤田久一『戦争犯罪とは何か』（岩波新書、一九九五年）九─一二頁、桝居孝『世界と日本の赤十字』（タイムス、一九九九年）三─五頁。

(8) 小菅信子「〈戦死体〉の発見――人道主義と愛国主義を抱擁させた身体」(石塚久郎・鈴木晃仁編『身体医文化論――感覚と欲望』慶應義塾大学出版会、二〇〇二年)参照。
(9) 小菅信子「赤十字標章、赤十字社、植民地」(河合利修編『赤十字史料による人道活動の展開に関する研究報告書』日本赤十字豊田看護大学、二〇〇七年)三八頁。
(10) 桝居『世界と日本の赤十字』二一頁、吉川龍子『日赤の創始者　佐野常民』(吉川弘文館、二〇〇一年)一二―一三頁。
(11) 吉川『日赤の創始者　佐野常民』一〇六―一〇七頁。
(12) *Bulletin International*, No. 17, Octobre, 1873, pp. 12-13. なお、この『国際紀要』に掲載された「日本使節団」と題する記事については、黒沢文貴「赤十字国際委員会と岩倉使節団の邂逅」(『軍事史学』第三八巻第一号、二〇〇二年六月)で全文を翻訳したほか、同「岩倉具視、伊藤博文と赤十字との出会い」(『日本歴史』第七六八号、二〇一二年五月号)においても概略を紹介している。併せて参照されたい。
(13) Ibid., pp. 14-16.
(14) 『岩倉公実記』下巻(岩倉公旧蹟保存会、一九二七年再版)四四三頁。
(15) 日本赤十字社編『日本赤十字社史稿』(日本赤十字社、一九一一年、以下『社史稿』と略記)九〇頁。
(16) 吉川『日赤の創始者　佐野常民』九二―九八頁。
(17) 井上『戦争と救済の文明史』一五八―一五九頁。
(18) 同右、一五九―一六一頁、吉川『日赤の創始者　佐野常民』九一頁。なお博愛社が使用した標章は、「朱色の丸に横一文字」(「朱色の日の丸、下横一文字」)である。
(19) 井上『戦争と救済の文明史』一二二―一二九頁。
(20) 大山元帥伝編集委員会編『元帥公爵大山巌』(大山元帥伝刊行所、一九三五年)三五五頁。
(21) 吉川『日赤の創始者　佐野常民』一一〇頁、井上『戦争と救済の文明史』一六一―一六二頁。
(22) 喜多義人「日本によるジュネーヴ条約の普及と適用」(『日本法学』第七四巻第二号、二〇〇八年)六六頁。
(23) 吉川『日赤の創始者　佐野常民』九一―九二頁。
(24) 桝居『世界と日本の赤十字』二三―二四頁。
(25) 吉川『日赤の創始者　佐野常民』九九頁。ウィリスについては、西野香織「日本陸軍における軍医制度の成立」(『軍事史

学』第二六巻第一号、一九九〇年）、吹浦忠正『捕虜の文明史』（新潮社、一九九〇年）八九—九二頁を参照。

(26) 戊辰戦争という内戦の悲惨な戦争体験とその記憶が、負傷者を敵味方の区別なく救護するという人道的行為をもたらす大きな伏線になっていたと、一面ではいえるのかもしれない。したがって日本における赤十字の展開を考察するにあたっては、それが対外戦争ではなく、内戦を契機としているという点に着目する必要があり、その意味では、同じく南北戦争という大きな内戦を経験したアメリカとの対比も必要かつ有益だと思われる。なお博愛社編（神部務著）『日本赤十字社沿革史』（博愛社、一九〇三年、以下『沿革史』と略記）は、日本の「戦事救護法」は「明治維新ト共ニ胚胎」したが、「現実」には、明治七年の台湾出兵に際して西郷従道征討都督が「従軍ノ軍医ニ命ジテ敵ノ負傷臥倒シタルモノヲモ救護セシメタルコトアリキ之ヲ実施ノ嚆矢トナサム」と記している（八頁）。

(27) 以下のシーボルトに関する記述については、吉川『日赤の創始者　佐野常民』七八、一〇二—一〇三、一〇七—一一二頁を参照。

(28) 日本と各国の赤十字社の比較については、川俣馨一（日本赤十字社校訂）『日本赤十字社発達史』（日本赤十字社発達史発行所、一九一一年、以下『発達史』と略記）六—八、一七—一八、四一—六〇頁を参照。

(29)『社史稿』九五頁。『沿革史』は、「博愛を標榜する赤十字事業が、今日其の国、文明の進歩を測るべき唯一の標準たるべきは、何人と雖も首肯すべきことにて、〔中略〕真の文明は必ず人道の進歩に副ふべきなり。故を以て日本赤十字事業発達の奈何は、直に我等国民の道義の消長をトすべき一大試金石たるべからむ」（「発行の要旨」二頁）と述べている。

(30) 井上『戦争と救済の文明史』一三八頁。

(31) 吉川『日赤の創始者　佐野常民』八四、八二頁、桝居『世界と日本の赤十字』三三頁。

(32)『社史稿』一〇七頁。

(33) 同右、一一六—一一七頁。

(34)『沿革史』九頁。

(35)『社史稿』一六〇頁。

(36) 吉川『日赤の創始者　佐野常民』一二一頁。

(37)『社史稿』一二五頁。

(38)『社史稿』は、日本赤十字固有の特質として、「国民尚武ノ気ニ富ムコト」「国民仁愛ノ徳ニ厚キコト」「皇室ノ余沢」「組織ノ利便」の四点をあげているが、とくに最後の点に関しては、「欧米ニ在テ全ク其類ヲ見サル所又殆ト驚歎セラル、所」である。なぜなら「日本赤十字ノ地方機関ハ官ノ行政区画ト其揆ヲ一ニスルト同時ニ支部ノ組織ハ同一ノ行政官吏ニ依テ形成」されているからであると指摘している（二五―二六、二七頁）。

(39) 同右、一五四、一五五頁。さらに日本赤十字社への改称についても、「世界文明国ニ伍シテ同一事業ニ従ハントセハ世界共通ノ名ヲ用キルノ便益ナルニ如カサルナリ」、それは名ばかりではなく、人道を訴えるにも役立つと述べている（同書、一五六頁）。

(40) 『発達史』一頁。

(41) 『沿革史』中の「発行の要旨」三頁。

(42) 『社史稿』四、一、二頁。

(43) 『沿革史』三頁。『社史稿』では、「欧州赤十字社ハ耶蘇教国人ノ手ニ成ル其主義彼我ノ別ヲ捨テ国ナルモノ、外ニ立チ偏ニ人類相憐ノ至情ヲ達スヘキ大慈善ノ結社」（一五六―一五七頁）と記されている。なお小菅信子「赤い十字と異教国――近代日本の〈非宗教〉とナショナリズムについて」（木畑洋一、小菅信子、フィリップ・トウル編『戦争の記憶と捕虜問題』東京大学出版会、二〇〇三年）も参照。

(44) 『社史稿』一五九―一六二頁。

(45) 『沿革史』三頁。

(46) 『発達史』九頁。

(47) 同右、六頁。

(48) 『社史稿』六、五頁。さらに赤十字社の戦時救護活動を結節点とする「国家」「軍」「国民」との関係も、「国民トシテ其国家ヲ愛セサル者アランヤ、国家ノ尊栄ヲ欲セハ国家ノ富強ヲ計リ国家ノ仁愛ヲ明カニセサル可ラス、平時ニ於テ軍人ヲ愛シ戦時ニ際シテ其傷病者ヲ救護スルハ即チ兵ヲ強クスル所以ニシテ又仁愛ノ大ナルモノナリ、国民ノ後援愈々盛ニシテ軍気益々奮ヒ勝ツ可ラサルニ勝チ敗ルヘキニモ敗レサルハ軍気ノ勇怯如何ニアリ、国民後援ノ最大ナルハ戦場痛苦中ノ痛苦ニ沈メル最モ不幸ナル傷病軍人ヲ慰安救護スル赤十字事業タラスンハアラス、国家ニ対スル国民ノ義務トシテ赤十字ナル事業ノ発達ヲ見ルハ実ニ国家ノ一大幸福ナラスヤ」と、一体のものとしてとらえられていたのである（同書、五頁）。

(49) 喜多「日本によるジュネーヴ条約の普及と適用」六六―六七頁。

(50)『沿革史』中の「発行の要旨」二―三頁。また『発達史』一二頁にも、同様の記述がみられる。なお『社史稿』には、「要スルニ赤十字事業ハ必要ノ点ヨリスルモ徳義ノ点ヨリスルモ其存在ハ社会ニ欠ク可ラサルモノトナレリ、而シテ其淵源ハ人情ノ至誠ニ発シ又国家存立ノ一要件トナルニ至レリ」(六頁)という記述もみられる。

また第一次世界大戦後の国際連盟条規第二五条の存在と赤十字社連盟の創設が、戦時救護を主としてきた赤十字における平時事業の比重を高める重要な契機となるが、その点を自覚的にとらえた日赤外事顧問蜷川新が、国家との関係を含めてつぎのような語りをしている点に着目すべきである(蜷川新「新赤十字事業の重要点」『博愛』第四〇一号、一九二〇年九月一〇日、二―三頁、なお第四〇三号の二頁も参照)。

従来の赤十字観念よりせば、法理上及事実上戦時事業を重しとし、平時を軽しとする事が出来たのであるが、向後は、平戦何れも重く、何れを軽し何れを重しとする事は出来ない事となつた。〔中略〕平戦両時共に条約の義務に基き均等に働くのである。平戦両時共に人道の為めに尽すのである。平戦両時共に国民の為め又他国人の為めに、尽瘁する事となつたのである。従来の如くに戦時を重しと云ふ如きは、理に於て認む可らざる事となつたのである。〔中略〕赤十字事業は、其の性質上、純博愛であつて、愛国即ち自国民に対する偏愛ではない事何等の疑はない。乍併平時に赤十字事業を行ふ事が、国家の為めに幸福有益であるかと云ふ事を一考するも亦必要である。若し赤十字の活動に依つて、国民の健康増進せられ、疾病予防せられたならば、日本には之れが為めに有為の青年を増加し、強健の兵士も労働者も大いに得られ、学術の上にも、産業の上にも、軍事の上にも、非常なる利益が得らるゝのである。此点の如きは、戦時に於て、傷病者を救治(但し一部分)する事に比して、其の国家に利益ある事、到底其の大小軽重比較にはならないのである。然らば、愛国論より考へて見ても、如何に平時に赤十字事業を大々的に且つ真面目に行ふ事の必要なるかを知る可く、何人も双手を挙げて賛成す可き事であるを覚る可きではないか。

(51) 喜多「日本によるジュネーヴ条約の普及と適用」六四頁。
(52)『沿革史』四―五頁。
(53)『社史稿』四四―四五頁。同書は、「日本帝国ノ赤十字ハ赤十字トシテノ建設ハ近ク明治ノ聖代ニ在リト雖トモ、其要素ハ遠ク日本建国以来国内ニ充溢セルモノナリ」「日本ニ於ケル赤十字ノ要素ハ皇室ノ余沢ニ出テ、其発達ハ特ニ天皇陛下皇后陛下ノ盛徳ニ率ヒタルニ外ナラス、即チ日本赤十字ノ終始ハ皇室ノ余沢ヲ離レテ其成立ヲ見ル可ラス、忠愛報国ノ精神ヲ外ニシテ其発達ヲ期ス可ラサルナリ」（二六―二七頁）とも指摘している。

(54)『発達史』一―二頁。新渡戸稲造は『武士道』（矢内原忠雄訳、岩波書店、一九三八年）のなかで、「優しさ、憐れみ、愛が武士の最も惨慄なる武功を美化する特質なりしことを、この物語が示すことには変りがない。『窮鳥懐に入る時は、猟夫もこれを殺さず』と言う古い格言がある。特にキリスト教的であると考えられた赤十字運動が、あんなにたやすく我が国民の間に堅き地歩を占めたる理由の説明は、おおむねこの辺に存するのである。吾人はジュネーヴ条約〔万国赤十字条約〕を耳にするに先だつ数十年、我が国最大の小説家馬琴の筆により、敵の傷者に医療を加える物語に親しんだ」と述べている（五四―五五頁）。

(55)『沿革史』三頁。なお同書は、「日本ニハ日本ノ国体アリ、西洋ニハ西洋ノ国体アリテ其ノ根本ニ到リテハ到底動カスベキモノニアラズ」（四頁）とも述べている。

(56)同右、一頁。

(57)『発達史』は、「殊に其の内容の点よりして、各国と異なれる所を一言せむに、外国の赤十字社は、宗教の観念よりして、博愛慈善を主とすれども、我が赤十字社は、全く忠君愛国の観念より根帯して、報国恤兵を主旨とするなり。博愛と報国とは、其の実似寄りたるにあらずして、反対の現象を呈すべし。博愛といへば、報国にあらず。報国といへば、博愛にあらず。欧米の諸国とて、報国の主旨たるべけれど、形式には博愛を標榜し、日本は最初よりして、報国恤兵を主旨とし、其の結果として、博愛慈善を施行しつゝあり」（九頁）と述べている。

西洋的文脈であろうと日本的文脈であろうと、「博愛」「人道」が普遍主義として語られる以上、それは国を越える国際性をもつわけであり、それゆえ「報国」と「博愛」には対立せざるをえない側面がある。その関係性をいかに整合的に定式化するかに、当時の関係者の苦心があったのである。

(58)吉川『日赤の創始者　佐野常民』一六二頁、桝居『世界と日本の赤十字』四六―四七頁。

(59)川口啓子・黒川章子編『従軍看護婦と日本赤十字社』（文理閣、二〇〇八年）二七五、二七九頁。

(60)同右、三六―三七頁。

(61)ＮＨＫ教育テレビ「ＥＴＶ二〇〇二　シリーズ緒方貞子の仕事」（二〇〇二年二月一一日放送）。この発言については、すでに黒沢文貴「はじめに」（黒沢文貴・河合利修編『日本赤十字社と人道援助』東京大学出版会、二〇〇九年）ⅰ頁で紹介している。

(62) 戦前戦後における「博愛」「人道」という語の使用頻度の差の背景のひとつには、そうした認識の変化があるといえよう。

(63) 井上『戦争と救済の文明史』二六―二七頁。

(64) 同右、二八頁。

(65) 同右、二七頁。

(66) 本章の議論に関連するものとして、黒沢文貴「近代日本と赤十字」(『UP』第四四五号、東京大学出版会、二〇〇九年)も参照されたい。

第二章　西洋の「小国」ベルギーへの眼差し
――「模範国」としてのベルギー認識

はじめに

日本とベルギーとの関係は、一五八八年に日本の土を踏んだ、ひとりのイエズス会宣教師からはじまる。(1) もちろん当時のベルギーとは、スペイン支配下の南ネーデルラントのことである。しかしその前年には、すでに豊臣秀吉によるキリスト教に対する禁令がだされており、それを引き継いだ徳川幕府の、対外関係を大幅に縮小しかつ限定する政策のもとで、両国の人的交流も自然と途絶えることとなった。

日本とベルギーとの新たな関係のはじまりは、幕末の一八六六年八月一日に締結された、修好通商航海条約による。これは、一八五八年の日米修好通商条約をはじめとするいわゆる安政の五か国条約以来、幕府が欧米諸国と結んだ九番目の条約であった。

その後、両国間の関係は、太平洋戦争の勃発にともなう国交の断絶期間（一九四一―五二年）はあったものの、主として経済面や文化面を中心として順調に推移し、今日にいたっている。また一九七一（昭和四六）年に実現した昭和天皇の戦後初めての訪欧のきっかけが、ベルギー国王からの招待であったように、両国の皇室と王室の親密な関係もよく知られているところである。

こうした両国の良好な関係の底流に一貫してみられるのが、それぞれの国民がもちつづけてきた相手国への親愛感や好意である。もとよりそれは、深刻な具体的争点が両国間にあまり存在しなかったという歴史的事実を抜きにして語ることはできない。しかし、日中戦争の開始を受けて開催された中国に関する九か国条約調印国の会議で、議長国のベルギーが巧みに会議をリードしたことによって、両国関係への悪影響が避けられたといわれているように[2]、政治外交上の紛争が起こった場合でも、両国にはその関係を悪化させないように努力する多くの人々がいたことも忘れてはならない事実である。

では、そうした関係者、ひいては両国民の基底には、そもそも相手国に対するどのような認識があり、イメージが形成されていたのであろうか。その一端を、明治・大正期の日本側から考察することが、本章の目的である。

一　明治前半期の知識人等のベルギー認識

西洋諸国を近代国家建設の「模範国」[3]とした明治時代には、数多くの海外見聞録が出版されている。政府関係の視察記もあれば、個人的な漫遊録もありさまざまであるが、いずれにせよ、それぞれの立場に応じた各自の「模範国」イメージを反映するものとなっている。ここでは、それらの刊行物のなかから、日本人のベルギー認識の形成に影響をおよぼしたと思われる、いくつかの代表的著作の一部を紹介してみたい。

まずはじめに紹介するのが、周布公平の『白耳義国志』（一八七七年）である。太政大臣三条実美の題字と木戸孝允、伊藤博文の序文を巻頭に掲げる同書は、管見のかぎり、明治初年におけるもっとも早いベルギー専門の紹介書である。なお周布は長州出身者で、ベルギー留学から帰国後官界に入り、その後貴族院議員、枢密顧問官を歴任している。

彼は大要、つぎのように述べている。近年日本人が西洋諸国の政治風俗について論じる場合、イギリス、フランス、プロイセン、ロシア、アメリカなどが主であり、ベルギーのことはほとんど問題にしていない。たしかにベルギーは英仏諸大国の間にある最小国で、大国に対抗しうる「勢力」もないが、「其民聡敏にして材芸に富む四隣殆其比を覩ない国であり、「世の制作生産を称する者大率白耳義を推さゞるなし、是其政法の完備を徴するに足る」国でもある。それゆえ読者は本書によって、「其治化の存する所、民俗の原づく所を察」することができよう。そして「国の文野〔文明と野蛮─筆者注〕は地の広狭に関せず、人の賢愚は土の大小に係らざるを知」ることができれば、それこそが「我邦の開明を助くるに足るもの」であり、それは英仏諸大国を知ることにも劣らない、日本の助力となるのである。[4]

このように周布は、極東の小国日本が近代化を進めていくうえでの「模範国」のひとつとして、欧州の小国ベルギーを措定していたのである。

つぎに紹介するのが、明治初年の海外見聞録中もっとも重要な位置を占める久米邦武編『特命全権大使米欧回覧実記』（一八七八年）である。これは、太政官記録掛が刊行した岩倉使節団（一八七一─一八七三年）の国民向けの公式報告書であり、市販され多くの読者をえたものである。[5]

同書は、つぎのように記している。「欧州の開拓地」アメリカ、「世界の貿易場」イギリス、「欧州の大市場」フランスの「三大国」が、「地広く民多く、其営業の力は、常に満地球に管係を及ぼす雄国」である。他方、ベルギー、オランダの両国は、「其地の広さと、其民の衆きとを語れば、我筑紫一島に較すべし、其土は瘠薄の湿野」であるが、「能く大国の間に介し、自主の権利を全くし、其営業の力は、反て大国の上に超越して、自ら欧州に管係を有するのみならず、世界貿易に於ても影響をなす」のであり、それは「其人民の勉励和協による」。それゆえ「其我に感触を与ふること、反て三大国より切なるものある」のである。

では、なぜベルギーは弱肉強食のヨーロッパ国際政治のなかにあって、独立を保ち中立を全うしえているのであろうか。さらに、なぜベルギーは「大国」をもしのぐ「営業の力」「国勢」をもっているのであろうか。

ベルギーの独立・中立の維持は、たんにその表面上の軍事力のみによるのではなく、国民の自主・独立の気概、それを含む国民の総力によるのであり、それこそが「強健非常」な兵を作りだすもとにもなっている、というのが、前者の疑問に対する答えである。

さらに、第二の疑問についても、「白耳義人は、又みな謂ふ、国に自主の民乏しければ、国力衰弱し、国を保存し難しと、政体法規、みな自主力を養ふを目的となして協定し、上下心を合せ、互に粋励風をなして、自主の業を植え」と、ベルギーが「大国」をもしのぐ内実をもちうる基底には、国民の「自主」の精神があると述べている。それゆえウイーン万国博覧会を見学した箇所では、ロシアやオーストリアという「大国」の出品物がベルギーに劣るのは、「民に自主の精神乏しきによる」ためとも記している。

このように同書は、ベルギー国民の「自主の精神」に着目し、「国勢富強は民の精神にかゝる」という視点を提示しており、それこそがまさに先に述べた、岩倉使節団のベルギーから受けた切なる「感触」であったといえる。

したがって、ベルギー国民の「自主の精神」とその政治との関係についても、つぎのように述べている点に注意しなければならない。

此国の定律王国政治は、他の帝王国とは、大に其趣きを異にして、国民の自主に於ては、反て共和国に優る、欧州中に於て、此国の選挙王と、瑞士の共和政治と、薩撒の旧王国は、其政教風俗、互に相同じからざれども、共に最も繁昌富有の国にて、文明の最上等に位す、然則国の盛衰は、政治の影響にあらずして、国民の和協せる影響を、政治に著すのみ、諺に曰く、政府は人民の影なりと、旨哉言と謂ふべし。

以上、簡単にみてきたように、ベルギーは国民の「自主の精神」にあふれる、ヨーロッパ文明の「最上等」国として、岩倉使節団にきわめて高く評価されていたのである。明治の日本がいっきにイギリスやフランスという「大国」をモデルとする近代化をおこなえない以上、次善の策として漸進的な近代化のための「模範国」が必要であったが、その意味で「小国」ベルギーは、同じく極東の小国日本にとって「模範国」のひとつたりうる国として認識されていたのである。

なおこれに関連して、明治憲法や教育勅語の起草に携わった法制官僚の井上毅が、一八七五(明治八)年にプロイセンとベルギー両国の憲法を訳出した『王国建国法』のなかで、ベルギーはヨーロッパ各国のなかの「最も新なるの国」ながら「尽善尽美」の国であると、高く評価していることを忘れてはならない(6)。そこには、「小国」ベルギーを「道義国」「善国」としてとらえる視点があり、その点こそが、大国間にあってベルギーが独立を維持しうる所以としても認識されていたのである。日本における「小国」模範国論の重要な意味が、ここにあるといえよう。

三番めに紹介するのは、矢野龍溪『周遊雑記(7)』(一八八六年)である。矢野は、大隈重信と福沢諭吉に近しい人物で、立憲改進党の結成に参加し、郵便報知新聞社の社長にもなっている。彼はベルギー産業の隆盛を高く評価し、その主因のひとつを「立憲政治」に求めている。また「衆議政体」「自由政体」の国々が「専制政体」の国々にもいい影響を与えているとし、アジアのなかでは日本だけが近々この「仕組を用ふるの栄誉を世界に博」することができると述べている。

最後に紹介するのは、依光方成の『三円五十銭世界周遊実記(8)』(一八九一年)である。依光は土佐出身で自由民権家とも交際があり、それゆえ植木枝盛、栗原亮一、島田三郎ら三人の衆議院議員が序文を寄せている。彼は、ベルギーの産業、貿易、立憲政治と、それらを支える国民の質、教育、義勇兵制度など、多方面にわたる分野の実態を記述し、高く評価している。そしてベルギーが強国の間にあって、なぜ独立を維持しえているのかが、同書の「ベルギー篇」をしめくくる問題である。

依光によれば、弱小国ベルギーが独立を維持できる理由は、なによりも国民の「自立の性尚淳如たるに因」るのであるが、そうした国民の性情は、つぎの二つの点によってもたらされているという。第一は、ヨーロッパ国際関係におけるバランス・オブ・パワーであり、第二は、「普通教育の力」である。

すなわち、国民が一生懸命に仕事に励み、生活が安定し、安心して生きていけるようになっているからこそ、国民は自国の独立を保持しようと強く念じるのであり、それを生みだす根底に「普通教育の力」があるというのである。したがって、独立を維持し、国民の独立を求める心情をさかんにするために「国家兵力の強盛を俟たんとするは抑も其道」ではないのであり、「最大緊要の途」はなによりも「国民教育」にあるのである。これが、ベルギー独立保持の原因を探求してえた依光の結論であった。

以上、簡単に紹介してきたように、当該期の刊行物をとおしてみられる、日本人の最大公約数的ベルギー・イメージは、小国、文明国、大国の狭間にありよく独立を維持している国、国民が「勉励和協」で自主の精神に富んだ国、産業の発達した国、立憲君主国、道義国、教育国などである。なお最後に、主たる訪問地としては、ブリュッセル、アントワープ（アントウェルペン、アンベルス）、リエージュ、ワーテルローの古戦場などをあげることができる。

二　明治期日本陸軍のベルギー認識

明治政府による近代陸軍の創出とその育成は、初期においてはフランスに、一八八〇年代後半以降は、主としてドイツに範をとりおこなわれた。しかし、ほかの欧米諸国の軍事制度や軍事技術・知識などにまったく関心が払われなかったわけではなく、仏独以外の諸国の軍事関係情報もさかんに入手されていたのである。では、明治期の日本陸軍にとって、ベルギーはどのような意味をもつ国として認識されていたのであろうか。

1　日本陸軍将校のベルギー視察

一八六九（明治二）年から翌年にかけてヨーロッパ各国の軍制を視察して帰国した山県有朋兵部大輔（のちの陸軍卿、首相、元老）は、一八七二年二月二日、川村純義兵部少輔、西郷従道兵部少輔らとの連名で「軍備意見書」を提出した。そのなかで彼は、ベルギーに関してつぎのように述べている。(9)

和蘭、比利時の如き蕞爾の小国なり、大国の間に間まり、その軽侮凌駕を免れんと欲し、日夜孜々勉励守備怠らず、故にその土地人口皇国の三分の一に過ぎざるも、尚ほ能く常備を置くこと四、五万に下らず、今我朝を以て之を考ふるに、彼唯兵事のみ之れ主とし他の事務に於て敢て顧みざる者の如し。

すなわち、オランダやベルギーは大国に挟まれている小国であり、その土地人口は日本の三分の一に過ぎないが、大国からの軽侮や侵略を免れようとして、日頃から軍備の充実、国防に専心努力しており、ほかの事業を顧みないほどである、と述べている。

このように、山県の目には、ベルギーは産業の国としてよりも、むしろ軍事の国として映っていたのである。なお同じ頃、大山巌陸軍少佐（のちの陸軍大臣、参謀総長）も普仏戦争視察のために渡欧し、ベルギーを訪問している。

彼らの少し後、一八七二年三月には、山田顕義陸軍少将が岩倉使節団の一員として、パリを本拠地にベルギー、オランダ、スイスなどの軍事諸制度を調査研究している。しかし、残念ながら、ベルギーに関する報告書は現存していない。

つぎにベルギーを訪れた陸軍関係者は、有栖川宮熾仁大将である。彼はロシア皇帝即位典礼に出席したのち欧米各国をまわり、一八八二年一〇月にベルギーを訪問、アントワープ砲台、リエージュ製鉄所、各兵営などの軍事施設を視察している。そのときの記録が、有栖川二品親王『欧米巡遊日記』[10]（一八八三年）である。

さらに一八八四年七月、軍制改革調査のためヨーロッパに派遣された大山巌陸軍卿に、随員として同行した野津道貫陸軍少将が、ベルギーを訪問している。各兵営、アントワープ要塞、砲工廠、火薬工場、リエージュ銃製造廠などを巡視した野津は、その様子とともに、陸軍予算、兵員数、編成、徴兵法、徴馬法、動員、将校の俸給、戦時の各兵種編成表など、ベルギーの軍事制度について詳しく調査し、のちに『欧米巡回日誌』[11]（一八八六年）に、それらを書き残している。

それによれば、「白耳義の軍隊は局外中立に於て自国の防御に供する為め設くるもの」であり、その根幹をなす徴兵法は、一八七三年九月一八日の法令に従えば、「壮兵と募兵とを以て之を行ふ、蓋し代人は法律に於て認可す」というものであった。

またアントワープ要塞を視察した野津は、接伴員のエルボールド砲兵少佐から、「『アンウエルス』は白耳義国軍事の要衝なる点にして直に国家の鎖鑰なり、故に動員に方りては全国の兵を該府の周囲（五ケ所の集合所なり）に徴集し敵兵の侵入することあれば進で之を防御し、力支ふる能はざるときは『アンウエルス』に退き必死防戦をなし、時機によりては英国に応援を乞ふ」という、国防方針の説明を受けている。

それに対して野津は、つぎのような感想を記している。

今や該地方を一見するに要塞に製造廠に聚集し、仏独の如き大国に対向するも到底及ばざるにより兵を此地に移して防戦是勉むるの策をなすのみ、然ども白耳義は小国人口僅に五百五十万人我邦人口の七分の一弱に当る此国にして此設けあるのみならず、年々八百九十四万七百二十円の巨額を以て常備軍四万六千二百七十二人を保育し尚ほ六十九万八千三百二十円を以て憲兵を備へ、又戦時に方りては十万三千六百八十三人を挙ぐるを得べくす、是小国を以て独仏大国の間に介然国を立つるの故に因ると雖ども其建つ所の道は兵力に因るの理人民夙に之を知り、該国人の護国に汲々たる心情も又可想なり。

すなわち野津は視察をとおして、ドイツとフランスという大国の間に介在する小国ベルギーが、国をあげて鋭意国防に努力する姿をそこにみいだしていたのであり、それは先に紹介した山県有朋の認識と同様のものであったのである。

なおベルギーにおける日本軍将校の主な視察先として、アントワープ要塞やリエージュ製造所など、砲兵、工兵関係の施設が多いことも注目に値しよう。またそれに関連して、日清戦争直前の一八九〇年には、佐藤忠義陸軍砲兵中尉と土方久明（一八八四年の大山陸軍卿に随行）が、翌一八九一年には、青木宣純陸軍砲兵大尉、天野富太郎陸軍砲兵大尉、福原信蔵陸軍工兵大尉（のちに陸軍省軍務局工兵課長、陸軍砲工学校長、陸軍築城本部長）、島川文八郎陸軍砲兵大尉（のちに東京砲兵工廠板橋火薬製造所長、陸軍省軍務局砲兵課長、陸軍省兵器局長、陸軍技術本部長）ら、砲兵科・工兵科出身の将校がベルギーに留学し、軍事研修していることも、特記すべきことである。

とくに島川は、陸軍砲兵射撃学校の教官であり、無煙火薬研究のために留学している。ちなみに彼がのちに所長を務める東京砲兵工廠板橋火薬製造所は、元来、徳川幕府派遣オランダ留学生のひとりとして一八六七年に帰国した沢太郎左衛門の、ベルギーにおける火薬製造研究の所産であった。沢は、軍の機密に属するため研究がきわめて困難であった火薬製造を学ぶため、一八六五年から六六年にかけてベルギーのコーバル火薬製造所に土工として働き、技術を修得するとともに、火薬製造機械の購入にも成功したのであった。その機械がのちに明治新政府によって陸軍火薬製造所に据えつけられ、日本で初めての近代的黒色火薬の生産がおこなわれるようになったのである。(12)

2　陸軍関係の雑誌にみるベルギー

つぎに、明治期に発行された陸軍関係の雑誌を取りあげ、どのようなベルギー関係の記事が掲載されていたのかについてみることにする。

まず『月曜会記事』である。月曜会とは、一八八一（明治一四）年に結成された陸軍将校の自主的兵学研究団体で、一八八九年二月に大山巌陸軍大臣の命令により解散し、後述の偕行社に吸収された団体である。『月曜会記事』は一八八五年七月に創刊された月刊誌で、解散時まで発行されている。

今日、そのすべてをみることはできないが、確認できる範囲におけるベルギー関係の記事は、ベルギー陸軍将校の著作の五回にわたる翻訳である。ペー・アンラール砲兵中佐、アッシュ・ウクウェールマン工兵大佐「伯耳義軍事一覧抜萃」であり、『月曜会記事』第一二号（一八八六年六月）から第一六号（同年一〇月）にかけて掲載されている。内容は主として、普仏戦争の際に注目を集めた軍の「動員」がテーマであるが、これを読んだ日本軍将校の脳裏には、仏独両国から脅威をうけるベルギーの位置と、それに対抗する軍事的努力の構図が焼きついたのではないかと思われる。

なお『月曜会記事』の論題傾向を分析してみると、外国関係が五五・五パーセントを占めるが、その内訳は、フランスとドイツがそれぞれ一九・二パーセントと一八・二パーセント、ロシア五・一パーセント、ベルギー四・四パーセント、イタリア三パーセント、イギリス二・二パーセントとなっており、小国にもかかわらず、ベルギーに対する注目度が相対的に高いことがわかる。

つぎにとりあげる雑誌は、『偕行社記事』である。偕行社は、一八七七年に創立された陸軍将校の親睦・共済・学術研究の団体で、月曜会などの陸軍関係諸団体が解散して以降、陸軍将校の唯一の団体となった。その機関誌が月刊の『偕行社記事』で、一八八八年七月に創刊第一号が発行されている。
やはり現在確認できる範囲でのベルギー関係の記事は、『偕行社記事』第一号から第四三五号（一九一一年一二月）の間に、二八本掲載されている。その大半が翻訳で占められているが、注目すべき点はつぎの二つである。
第一に、ドイツ駐在日本軍将校自身のベルギー国防論である「白耳義国防略」が『偕行社記事』第二号（一八八八年八月）に掲載されていることである。明治期の『偕行社記事』には、近代軍の形成途上という日本陸軍のおかれた状況を反映して、翻訳記事がきわめて多い。また当時はまだベルギーに常駐する武官も派遣されておらず、そうした状況下での日本軍将校による論説には、ベルギーの国防に対する関心の高さをうかがい知ることができる。そこで少し長くなるが、以下に紹介することにする。
まずベルギー軍の編制と徴兵にかかわる問題について、つぎのように記している。(13)

常備軍は義務兵役と希望兵役との混成にして、義務兵役の法律によれば凡そ白耳義の男子満十九歳に至れば都て徴兵簿に登録し当籤の番号に従ふて現役に必要の人員を取り、又十九歳より三十歳の男子一たび兵役に服するか或は法律を以て免役となりたる者に非れば結婚するを許さゞる者とす〔中略〕然ども白耳義は尚ほ代役の弊習を因襲するの国にして未だ之を改革するに至らず、故に良家の子弟有識の少年は兵役に服するを好まず無業無頼の徒が自然軍隊に混入して動もすれば軍紀を擾さんとするは勢ひの免かれざる所なり。

さらにベルギー軍の実力と徴兵の関係についても、つぎのように述べている。(14)

予算にては拾三万人を挙ぐべしと雖ども、稍や密に其実力を研究する時は啻に拾壱万人を挙るに足らざるのみならず、到底代役の旧慣を存する以上は頗る軍隊の精神を害し堂々たる強固の精兵に対して数歩を譲るの憾あり、是れ最も憂国慷慨の人士が議員の夢想を破りて早く之を改正し国防の実力をして確然たらしめんとするに苦慮する所なり。

ちょうどこの記事のでた一八八八年に、日本では徴兵令が全面改正されて、国民皆兵の原則に近づいており、いまだに代人を認めるベルギーの徴兵制度に、とくに関心を向けたものと思われる。

つぎにベルギーの国防に関しては、以下のように述べている。最初に国防計画とその欠点についてである。(15)

数年以来白耳義国防の計画たるや法蘭西或は独逸の侵襲を受る場合に於ては先づ精兵二軍団を以て之に抗し、衆寡若し敵せざれば退て Antwerp に籠城し、水路の便利を英国に依頼し全力を尽して之を防御し、旷日彌久戦況の変遷を窺ふを以て目的とせり、而して此目的によれば第一に国都、第二に国内四分の三を敵手に要するの弱点あり。

さらに仏独両国の脅威をうけ「欧州小国の形勢実に痛歎に堪へざる」という、ベルギーをとりまくきびしい国際情勢が指摘されている。しかし、ベルギーは「弾丸黒子の地を以て敢て屈せず、常に隣邦の情勢天下の大局に注目して之に応ずるの規画を為し、確然動かざるの目的を以て国家を経営するに汲々たる」というように、国際情勢に対応する国防努力をつづけていた。そしてそれは、「実に敬服に堪ざる」ものであると同時に、「否な苟も忠君愛国の精神を以て断然独立を維持せんと欲する者は正に斯くあるべき筈」のものなのであった。(16)

こうして結論的部分は、つぎのように記されている。(17)

熟々独法両国の兵力を察するに、互に寸分の長短を争ひ国力智力の限りを尽して互に相ひ譲らざんことに汲々たり、豈に軽しく之が優劣を論ずるを得ん、故に白耳義仮令小国と雖ども既に拾余万の精兵あり、国家富饒にして鉄路の利便欧州に冠たり、加るに堅固の要塞を以てす、独法両国の一にして若し之を敵とせば、忽ち実力の平均を失ひ利害の関する所固より尠少に非るは深く両国の熟知する所なれば、容易に白耳義の中立を辱しむることなきを信ずるなり、嗚呼若し白耳義にして此兵備なしとせば如何ん、容易に強隣の蹂躙する所となりて中立を維持すること能はず、実に独立を維持すること能はざるなり、夫れ通商貿易を以て国家を経営するの本源と為すの小国と雖ども尚ほ実力の養成を先にせざる可らざること斯の如し、況んや国威を伸張せんとする者に於てをや。

すなわち、ベルギーの独立は大国間の勢力均衡と、ベルギー自身の軍備、国防努力によって維持されており、したがって「国家の為め彼我の実力を詳らかにし、断然として独立を維持するの兵備を検討するの必要なるは欧亜東西何ぞ異なる所あらん」[18]ということなのであった。

以上のように、「白耳義国防略」という記事は、大国間の狭間にある小国ベルギーの軍隊と国防について論じるとともに、とくにその国防努力の姿をとおして、ベルギーと同様、中国やロシアという大国の脅威をうけている極東の小国日本のあるべき国防努力、軍備充実の必要性を説いたものといえる。ちなみに一八八〇年代後半は、日清戦争（一八九四―九五年）に向けて軍備充実の必要性が叫ばれていた時期でもあった。

さて、『偕行社記事』掲載論稿の注目すべき第二の点は、砲兵と騎兵、とくに前者にかかわる記事が圧倒的に多いことである。

そもそも日本とベルギーの軍事的関係は、前述したように、幕末期にベルギーの技術と機械を導入することによって、近代火薬の製造を開始したことにはじまる。ついで明治初年、フィリップ・ジョリーとピロネーという二人のベルギー人がそれぞれ兵部省、陸軍造兵司と陸軍省に雇われ、小銃製造と機械取建方とに従事している。

さらにまた、日本軍将校のベルギー視察に際して、アントワープ要塞やリエージュ製造所などが主たる対象となっていたことや、日清戦争直前の時期にベルギーに派遣された留学生の兵科が砲兵と工兵、とくに砲兵に力点がおかれていたことも、すでに述べたとおりである。

このように、日本陸軍のベルギー軍事界に対する大きな関心は、砲兵と工兵、とくに前者にあったのである。また明治期には、陸軍乗馬学校の翻訳で、『白耳義国乗馬学校調場索作業』（一八九一年）、『白耳義国隊馬調教書』（一八九二年）、『白耳義国騎兵操典』（一八九二、九三年）などが出版されており、その点も含めて騎兵に対する関心も相対的に高かったものと思われる。

以上みてきたように、明治期の日本陸軍のベルギーに対する関心は、おそらくつぎの二点に集約することができるであろう。第一は、大国の狭間にある小国というベルギーの国際政治上の位置とその国防努力に対する関心であり、それは日本の現状に対比しうるひとつの参考例としての意味合いをもっていたのである。

第二は、砲兵、工兵、騎兵、とくに砲兵関係の技術的先進国としてのベルギーに対する着目である。この点に関しては、一般の官費留学生の派遣先としてのベルギーが、工業や機械技術などの点から、その価値を認識されていたことにも通じるところであるといえる。

こうして明治期の日本陸軍にとっても、ベルギーは相応の関心と意味をもつ国として認識されていたのである。

三　明治後半期のベルギー認識

1　ベルギーへの関心の変化

ところで、すでに述べたように、明治期に刊行された海外見聞録は数多くあるが、ここでは国立国会図書館と国立公文書館内閣文庫などに所蔵されている主要な見聞録を網羅した、朝倉治彦編『明治欧米見聞録集成』(19)収録本をてがかりとして、日本人のベルギーに対する関心にどのような傾向性がみられるのかについて、これまでとは若干異なる角度から考察してみたい。

対象とした海外見聞録をまず刊行順に示せば、以下のとおりである（ベルギーに言及している著作には＊印を付す）。

（1）村田文夫『西洋見聞録』（明治二年四月）＊
（2）有栖川二品親王『欧米巡遊日記』（明治一六年五月）＊
（3）師岡国『板垣君欧米漫遊日記』（明治一六年六月）
（4）清水益次郎『板垣君欧米漫遊録』（明治一六年七月）
（5）山下雄太郎『海外見聞録』（明治一九年三月）＊
（6）矢野龍溪『周遊雑記』（明治一九年四月）＊
（7）野津道貫『欧米巡回日誌』（明治一九年六月）＊
（8）黒田清隆『環遊日記』（明治二〇年一一月）＊
（9）農商務省『欧米巡回取調書』全七巻（明治二一年二月）＊
（10）鳥尾小弥太『洋行日記』（明治二一年九月）
（11）石井研堂『十日間世界一周』（明治二二年七月）＊

(12) 井上円了『欧米各国政教日記』(明治二二年一二月)＊
(13) 永山武四郎『周遊日記』(明治二二年)＊
(14) 山辺権六郎『外航見聞誌』(明治二三年七月)
(15) 依光方成『三円五十銭世界周遊実記』(明治二四年一月)＊
(16) 高田善治郎『出洋日記』(明治二四年三月)
(17) 末広鉄腸『啞之旅行』(明治二四年)
(18) 渡辺熊四郎『欧米旅行日記』(明治二七年三月)＊
(19) 鎌田栄吉『欧米漫遊雑記』(明治三二年六月)＊
(20) 大谷嘉兵衛『欧米漫遊日誌』(明治三三年九月)＊
(21) 仲小路廉(長谷川友次郎編)『欧米巡遊雑記』(明治三三年九月)
(22) 大橋乙羽『欧米小観』(明治三四年七月)＊
(23) 大岡硯海(育造)『欧米管見』(明治三四年一〇月)＊
(24) 長田秋濤『洋行奇談新赤毛布』(明治三五年五月)
(25) 建部遯吾『西遊漫筆』(明治三六年一月)
(26) 渋沢栄一『欧米紀行』(明治三六年六月)＊
(27) 森次太郎『欧米書生旅行』(明治三九年一〇月)
(28) 長谷場純孝『欧米歴遊日誌』(明治四〇年二月)
(29) 萩野萬之助『外遊三年』(明治四〇年四月)
(30) 戸川秋骨『欧米記遊二萬三千哩』(明治四一年三月)

(31)石川周行『世界一周画報』(明治四一年九月)
(32)巌谷小波『新洋行土産(上)』(明治四三年四月)
(33)中村吉蔵『欧米印象記』(明治四三年六月)
(34)巌谷小波『新洋行土産(下)』(明治四三年九月)
(35)黒板勝美『西遊二年欧米文明記』(明治四四年九月)＊
(36)中島力造『欧米感想録』(明治四四年一一月)

以上のように、執筆者は政治家をはじめ、ジャーナリスト、経済人、文人、学者、軍人など多彩である。これらすべての見聞録が、ベルギーに言及しているわけではないが、このうちベルギーに関する記述を含むものをみてみると、一八六九(明治二)年から一八九〇(明治二三)年までに出版された一四冊中の一〇冊、つまり約七一パーセントの著作においてなんらかの言及がなされている。

当該期は日本においては、一八八九年に帝国憲法の制定、一八九〇年に帝国議会が開設され、西洋を模範とする近代国家の姿がまがりなりにも整った時期にあたる。一八三〇年に独立宣言をしたベルギーは、ヨーロッパでは比較的新しい国家であり、その多くの法律が、各国法の良いところを参照して作られている。それゆえ日本がイギリス法、フランス法、プロイセン法などの原理を学ぶ過程で、ベルギーのいわば学習成果を参考にすることができたことは、日本の近代化のあり方を考えるうえでも大きな意味をもつものであった。

たとえばそれは、ベルギー国立銀行を手本とした日本銀行の創設、また元老院の「日本国憲按」や私擬憲法、そして帝国憲法の草案作成過程におけるベルギー憲法の影響(帝国憲法に大きな影響を与えたプロイセン憲法そのものが、ベルギー憲法を模範としたものである)などに、[20]みてとることができる。

このように当該期の日本にとって、ベルギーが「模範国」としての実際上の大きな意味をもっていたことを、前述の海外見聞録における言及の多さのひとつの背景として考えることができよう（なお前述した周布公平や井上毅などの専門書や翻訳書を含めれば、ベルギー関連の著作物は、さらにかなりの数にのぼると思われる）。

ちなみに一八六九（明治二）年から一九〇三（明治三六）年までに出版期間を広げて検討してみると、二六冊中の一七冊、約六五パーセントの見聞録において、ベルギーに触れた箇所をみいだすことができる。

ところが、日露戦争に勝利して日本が欧米諸国と肩を並べられるようになる前後あたりの時期、たとえば一九〇一（明治三四）年から一九一一（明治四四）年までの期間の見聞録をみてみると、ベルギーに触れている著作は、一五冊中の四冊に減少する。一九〇一（明治三四）年から一九〇三（明治三六）年までの間では、五冊中の三冊であるが、日露戦争後の一九〇六（明治三九）年から一九一一（明治四四）年までをみると、一〇冊中の一冊、しかもその一冊は一九一一年出版ということになっている。

こうしてみると、一九〇四（明治三七）年から一九〇五（明治三八）年の日露戦争を境にして、ベルギーに対する関心が急速に低下していったといえるのかもしれない。この点に関しては、さらに検討を加える必要があるが、たとえば一九〇八年に朝日新聞社が世界一周を企画した際に、その訪問国は米英仏伊スイス独露の各国となっており、ベルギーは含まれていない[21]。なぜベルギーが含まれなかったのかに関しては詳らかではないが、あるいはそうした訪問国の選定にも、ベルギーへの関心の低下をみてとることができるのかもしれない。

2　明治後期のベルギー認識

一九〇一年から一九一一年までの間に、ベルギーに言及している見聞録は、四冊ある。大橋乙羽『欧米小観』[22]（一九〇一年）、大岡硯海（育造）『欧米管見』[23]（一九〇一年）、渋沢栄一『欧米紀行』[24]（一九〇三年）、黒板勝美『西遊二年欧米文明記』[25]（一九一一年）の各冊である。

それらの内容を簡単に紹介すると、大橋『欧米小観』はワーテルローの古戦場の詳しい案内、政治家である大岡育造の『欧米管見』は、ベルギー議会総選挙の投票検査の様子とブリュッセル市庁舎を結婚式など市民の公の式場として用いていること（「市税を負担す市民は是位の便利を得のは当然でせう」）の紹介、『欧米紀行』は全国商業会議所連合会の代表として米英独仏白伊の各国を巡覧した渋沢栄一のブリュッセル商業会議所およびアントワープ商業会議所との交歓、アントワープ港、リエージュ製鉄会社、板ガラス製造工場などの視察見聞録である。

さらに『西遊二年欧米文明記』は、歴史家の黒板勝美が「欧米諸国に遊んでもまづ痛切に感じたのは猶ほ多く彼に学ぶべきものがあること」であり、「我が国の精華を保存し助長すると同時に、彼の特長にして採るべきもの、更に少からざるを信じた」という点から、「過去数十年間に輸入された文明は多く物質的に偏し僅にその皮相を得たるに過ぎなかつたではあるまいか、光明ある精神的方面に至つては今後欧米に遊ぶものが一層注意すべきことではなからうか」との立場にたち、欧米各国の美術館や博物館、図書館、また自然、古跡などを多くの挿入画とともに紹介したものである。ベルギー関係としては、「小仏国」としてのベルギー、「小英国」としてのオランダという二国の対比にはじまり、ルーベンスとレンブラントという両国を代表する画家の詳細な紹介がおこなわれている。

このように、当該期のベルギー見聞録には、特定の分野の問題関心にそったある種趣味的な記述が多くみられ、それ以前の広範かつ多様な関心にもとづく紹介とは、多少趣を異にするようになっている。それは、すでにみてきたように、ベルギーに関する基礎的な知識が相応に蓄積されてきたなかで、一般的な紹介の必要性が少なくなってきたことと、ベルギーに対する一般的関心の低下と表裏の関係にある特定分野への関心の高まりとを反映したものともみることができよう。

四　第一次世界大戦期のベルギー認識

以上のように、「模範国」としてのベルギーを追い求めていた時代の関心が、日露戦争を境に相対的に低下していくなかで、第一次世界大戦の勃発を機に、再びベルギーへの関心が大きく高まることとなった(26)。一九一四(大正三)年八月一日にロシアに宣戦布告したドイツ軍が、直後にベルギー領に侵入し、八月七日にリエージュが、二〇日には首都ブリュッセルが占領され、多数の難民が隣国のフランス、オランダ、イギリスなどに流出することになったからである。アルベール国王は、フランスとの国境にあるフェルヌという町に近い寒村に踏みとどまり抵抗をつづけたが、政府はフランスのハーブルへの亡命を余儀なくされることとなった。

1　大戦下のベルギーへの援助

こうした「欧州大戦」の戦況は、日本でも連日のように新聞で伝えられ、ベルギー国内の戦闘の様子やドイツ軍占領下の悲惨な状況に関する記事も少なくなかった。たとえば、「陣頭に起る白国皇帝」(『報知新聞』一九一四年八月八日)、「白軍首府撤退」「独軍白国首府に入る」(『東京朝日新聞』八月二三日)、「白国政府移庁」「虐げられし白国婦人、独軍の暴状甚し」(『東京朝日新聞』一〇月一五日)などと伝えられている。

日本国民はこうしたベルギーの惨状にすこぶる同情的であり、東京・大阪の両朝日新聞社などは、勇敢に戦いつづけるベルギー国民を励ますために、ベルギー国王に日本刀を献上することを計画し、一一月一五日、国王の誕生日にあわせて祝辞と献納伺いとを亡命政府に提出した。そして翌年一月三〇日、使者に選ばれた特派員の杉村楚人冠が国王に拝謁し、太刀の献上がついに実現したのであった。さらにこの件が、杉村に同行していたイギリスのタイムズ記者によって広く世界に報道されたため、ベルギー国民の日本に対する好感情をもたらすことにもなったのである。

帰国した杉村はその後、そのときの様子を中心に『戦に使して』（至誠堂、一九一五年）と題する著作をまとめ、朝日新聞社もさらに、国王から送られた献上への謝辞に対してベルギーの惨状を伝える幻灯講演会を企画し、義捐金募集のキャンペーンをおこなったのであった。

たとえば『大阪朝日新聞』（一九一五年二月一〇、一一日）は「白耳義国民に同情せよ」と題する記事を掲載し、「吾人は今次世界戦乱の当初、白耳義が正当の理由なくして国家を蹂躙されんとし、遂に国を賭にして戦ふの已むべからざるに至るや、私かに重商重工の白耳義が忽ちにして猛悪なる独軍の馬蹄に一蹴されんかを危みたり。然るに挙国の力戦奮闘能く独逸の大軍を悩まし、国土の半ばを失ふに至りしも尚屈せず、其の勇敢義烈、懦夫も亦起つの概あり」とベルギーの奮戦を称え、「第一に此の悪魔の剣に触れしものは白耳義にして、此の悪魔に対して第一に正義の剣を揮ひしも亦白耳義なりき」として、ベルギーへの同情を喚起しなければならないと、日本国民に訴えたのであった。

さらにデラ・ファイユ駐日公使も、『時事新報』（一九一五年一〇月八日）に「白耳義国民の惨状に付き日本国民の義心に訴ふ」と題する記事を寄せ、さらなる義捐金を募ったのであった。

2　大戦下の出版物にみるベルギー認識

第一次世界大戦期には、こうした新聞記事のほかにも、ベルギー関係の著作物が数多くだされている。ドイツに侵略されたベルギーに対する日本国民の関心の高さをあらわしていると思われるが、それらは大別すると二種類に分けることができる。第一は、ドイツにより侵犯されたベルギーの永世中立をめぐる問題に関してであり、第二は、ベルギーの惨状を広く知らしめ、同情を喚起しようとするベルギー人の手になる著作物である。

前者については、たとえば外務省参事官の長岡春一が大戦勃発直後に著した『白耳義及白耳義人』（冨山房時事叢書、一九一四年）、国際法学者の立作太郎の「白耳義ノ中立」（『穂積先生還暦祝賀論文集』有斐閣、一九一五年）、民本主義の代表的理論家で政治学者の吉野作造の『欧州動乱史論』（警醒社、一九一五年）、内藤民治編『世界実観』シリーズの「白耳義・和蘭」篇（日本風俗図絵刊行会、一九一六年）などをあげることができる。

それらはおおむね、ベルギーの永世中立が、ベルギーの利益のために宣言されたものというよりは、ヨーロッパ国際関係の大国間の均衡と利益にもとづくものであり、それゆえ永世中立がもともと実効性の薄いものであったことを指摘している。

こうした視点からのベルギーの永世中立に対する関心は、明治期の日本人にはあまりみられなかったものであり、たんにベルギーが大国の狭間に位置し、国防に努力する国というこれまでの認識からさらに一歩進めて、ヨーロッパ国際政治における枢要な「緩衝国家」として強く意識されるようになったのである。

つぎに、後者のベルギー人の著作物としては、シャルル・バスタン横浜駐在ベルギー総領事の『白耳義人の観たる欧州戦争』（早稲田大学出版部、一九一五年七月）、ベルギー司法大臣の提唱にもとづき設置されたドイツ軍の暴虐行為を調査する委員会の報告をもとにピエール・ノトンが執筆した『鮮血の白耳義』（横浜ベルギー総領事館、一九一五年七月）、ベルギー公使デラ・ファイユの『白耳義と欧羅巴戦乱』（ベルギー公使館、一九一五年一二月）、ベルギー外務大臣（前ドイツ駐在大使）ベーエンス『独逸戦前の真相』（早稲田大学出版部、一九一六年六月）、そして『白国の義戦』（丁未出版社、一九一八年一一月）などがある。

最後の『白国の義戦』は、ベルギー陸軍将校ヴュッファン男爵編纂の『武士の物語』（もしくは『戦闘員の物語』）を原著とするもので、「欧州読書界の大歓迎を博したるもの」であった。なおこれらの著作物の翻訳は、いずれも横浜ベルギー総領事館の翻訳官である町田梓楼によるものであった。

ここではとくに紙幅の関係から、英露伊米仏、シャム（現在のタイ）、ブラジル、中国、ベルギーの各国大公使が「序」を寄せ、さらに大隈重信元首相、内田康哉外相、加藤友三郎海相、田中義一陸相、後藤新平前外相、島村速雄海軍軍令部長、渋沢栄一、島田三郎衆議院議員、『肉弾』の著者である桜井忠温陸軍歩兵大佐など錚々たる人物が一文を草している『白国の義戦』をとりあげることにしたい。

まず翻訳者の町田梓楼は、本書訳出の目的を、つぎのように記している。

余は本書に依つて国民尚武の精神を鼓舞せんなどとは毛頭考へぬ所である。外国軍人の武勇談によつて士気を鼓舞せねばならぬ程、我が国民精神が沈衰して居るとは、到底想像だも及ばぬ所である。国家存亡の危機に際会して、白耳義国民の選んだ道は、民族の興亡は物質を超越した崇高なる国家的大精神に存する所以を示したものであつて、余が本書を公にする目的も亦実に此所に存するのである。

しかし、こうした視点はなにも町田にのみ限られるものではなく、当時の有識者にみられるベルギー認識の一典型でもあった。たとえば本訳書に一文を寄せている島田三郎、内田康哉、加藤友三郎、田中義一、後藤新平、島村速雄、渋沢栄一らの認識は、つぎのようであった。

すなわち、「独人の暴戻と白人の義憤」（島田三郎）という、悪のドイツと善のベルギーとの対比構図のもとで、ベルギーの「崇高なる国家的大精神」は、つぎのように語られている。

「嗚呼夫の蕞爾たる小国を以て強大なる敵国に対抗し其奴隷的恥辱を甘受せむよりは寧ろ死に就くの潔きに如かずとなせる白耳義国の勇気と愛国心とは、洵に近世史を飾るに足一大美談なりとす」「更に吾儕をして感情措く能はざらしむるものは白国国王陛下及其の軍隊の勇悍竝戦争の大義に対する白国国民の不動の信念にして〔後略〕」「今此書を閲読するに蘊蓄豊富にして興味津々たり殊に国民の道義、勇気及愛国心を鼓励するに最も適当なるものと認む」（内田康哉）

「此書原本を繙き白国民の忠勇義烈祖先を辱かしめず艱苦に処して意気益々昂るの状を審にして〔後略〕」（加藤友三郎）「公義を無して中立を強破せむとする独軍の兇暴に抗し眇小の軍敢て之と奮闘力戦安んじて義に殉ぜしもの是れ実に白軍健闘の状にして万邦の斉しく嘆賞措かざる所以なり」（田中義一）「名誉と正義の為に憤起したる白耳義国を擁護せんがため全世界は起てり」「此の書によりて白耳義国民の勇敢なる資性と熾烈なる愛国心とを了得し裨益する所鮮なからざるを確信するものなり」（後藤新平）「建国以来未曾有の大国難に当り上下一心奮然として起ち強暴無道言語に絶せる大敵に対し堅忍不抜百折不抜の大勇猛心を発揮し祖国を擁護せんとする白国皇室は国民の凜乎たる精神気魄躍如として本書の文章に現はれ人をして一読血湧き肉躍るの感を生ぜしむ」（島村速雄）「蓋し衆寡敵せず敗戦を予知して尚奮起干戈を執りしは真に義を重むずる武士道の精華と称すべくして」「想ふに名節の人道に於て重きを為す固より其成敗を以て論ずべからず我が楠廷尉の湊川の如き千古日月と其明を同うす嗚呼白国の行動の如き俯仰天地に愧ぢざるものと謂ふべし」（渋沢栄一）

また町田梓楼自身は、さらに「白耳義の処決は痛快であつたが国家の運命は悲痛を極めた。然しながら、国家の前途に赫々たる光明の輝くものあるは、必竟、白国民が国家存亡の前に身を以て斃れた崇高なる犠牲的精神が、翕然として全世界の同情を集め、国際的公正の精神を喚起した為に外ならぬ」と記している。

以上のように、国家存亡の危機に際して、敗戦を予期しながらも「義に殉ずる」犠牲的精神、勇気や愛国心、またベルギー皇帝（皇室）と国民との「上下一心」などが、ここでは認識されていたのである。

当該期の日本は、いわゆる「大正デモクラシー」期にあり、大正天皇の病気に起因する天皇統治の不安定化や国家的価値の動揺がみられるようになっており、そうしたなか、いわば日本自身の国家的価値をベルギーの奮戦ぶりに投影し、日本同様の君主制国家であるベルギーと日本とを重ね合わせる視点の存在を、そこにみいだすことができるのである。その意味で、つぎの大隈重信の文章は、明らかにそうした視点にたって書かれたものである。

白耳義人が斯の如く、其の義務、特に国際的義務に忠実にして、条約、自由、名誉の維持と、人間将来の結合とに信義なる事は、偶然にあらざるを知る。〔中略〕彼等は信義に篤く、自由、名誉を尊重し、堅忍不抜能く艱苦に耐へ、以て其の独立を得たるものと謂ふべく、其の性格は数百年の昔より子々孫々継承し、其の尊敬すべき純良の血液は、今尚純然として白耳義人の体内に流動し、現時の白耳義人をして、古今未曾有の艱境に処して、祖国の為に其の最後の血液の一滴迄をも傾注せんと自決せしむるものと謂はざるべからず。嗚呼壮なる哉、又烈なる哉。特に吾人の注意すべきは、先王レオポルド第二世の賢明人慈なりしこと是れなり。彼は終世慈善事業其他発見探検の奨励に尽瘁し、人に自由を与へ、臣民の敬愛を承けて「国民の父」と称せられたり、其の君徳の民心に洽及すること知るべし。特に又注意すべきは、現王アルバートが率先して義戦に従事し、其の国民の之を信じ、之に服するの状は、振臂一呼、創病皆起、挙刃指虜、胡馬奔走、兵尽矢窮、人無尺鉄、猶復徒手奮呼、争為先登、天地震怨、戦士飲血の概あり。而して皇后も亦共に兵火の間に出入して、艱難を国民と共にせらるゝこと是れなり。嗚呼此の如き君ありて、此の如き民あり。君民一致、祖国の為に尽すの美風、誠に崇敬すべく、其の遂に功を奏し、天定まりて人に勝つの時来るべきは、吾人の期待する所にして、今や正に其の時期に到達しつゝあるは、吾人の祝福する所なり。

いうなれば、『白国の義戦』という本書の題名にこそ、日本人のベルギー認識の一端が集約され、表現されているといえるのである。

こうしてアルベール一世とベルギー国民とが一致協力して戦う姿が、君民一致の理想として語られるとするならば、ベルギー国王の伝記が日本でも出版されるのは、もはや時間の問題であった。早稲田大学講師の矢口達編纂の『白耳義皇帝』（開発社、一九一九年）は、イギリス人ジョン・クルシー・マックドネル『白耳義皇帝アルベール陛下の伝記』を素材として出版されたものである。

以上みてきたように、国家存亡の危機におけるベルギー国民の崇高な国家的精神や君民一致のあり方に多くの日本国民が共鳴し、それを一因として、なおいっそうのベルギーへの関心と同情が喚起されることになったのである。日本の政治家や有識者の多くは、大戦中のベルギーに、自国のあるべき理想の姿を重ね合わせてみていたのである。

おわりに

以上、明治初年から大正前半にかけての時代において、日本人が抱いていたベルギー認識の一端を明らかにしてきた。それは端的にいえば、日本の近代国家建設の過程を反映したものであり、それぞれの時代と各人の立場や問題関心のあり方を映しだす、ある種の鏡としてのベルギー認識であったということができる。

こうした見方自体は、この種の対外認識を問題とするとき、しばしば語られる視点である。しかし、より身近でより切実な鏡として認識しうるかどうかは、認識対象国が日本にとってもつ意味合いや、日本との関係の重要性によって違ってくるものである。その意味で、明治初年から大正前半におけるベルギーという国の存在は、少なくとも日露戦後の一時期を除き、多くの日本人の関心を呼び起こし、大いに参考にしうる、きわめて身近な国であったといえる。

最後に、第一次世界大戦後に独立を取り戻し、国内の復興と各国との新しい外交関係の構築に努力していたベルギーと日本との間の、公使館から大使館への昇格問題に簡単に触れ(27)、本章を閉じることにしたい。

日本に対する公使館の昇格に関する意向が、ベルギー国王アルベール一世から安達峰一郎駐ベルギー公使に伝えられたのは、一九一九(大正八)年七月二三日のことである。フランス公使館の大使館への昇格を記念して開かれたフランス大統領を主賓とするベルギー国王主催の晩餐会の席上、国王は「仏国同様他の諸大国も大使を派遣すべきが日本も同様ならん事を希望」すると述べられたのであった。

こうしたベルギー側の働きかけをうけて、原敬内閣は一〇月二八日の閣議において、大使館への昇格を決定した。大戦中の一九一六年に、英仏露三か国がベルギーの講和談判への加入と原状回復のための援助を与える旨の宣言を発し、その趣旨に日本がイタリアとともに賛同した関係と、英仏米伊の連合五大国中の四か国がすでに大使館への昇格を果たしたことへの均衡上、日本としても在ベルギー公使館を昇格させる必要があると認められたからである。この決定はただちにベルギー政府に通報され、アルベール一世は大いに満足の意を表したのであった。

そもそも多くの連合国が、第一次世界大戦に参加する動機と名目にしたのは、ベルギーに対する同情と正義にもとづく救援の必要にあり、したがって平和回復後ベルギーに大使を派遣することは、同国に対する表敬の意を表するものであった。また大戦中の奮戦によって世界からの賛美の的であったベルギー国王に対して、大使派遣の発意をとりうる諸大国側より大使派遣を提議するのは国際儀礼上当然の態度であり、そもそも大使交換は、派遣国元首より受け入れ国元首に対する特殊の敬意と親交とを表するものとみなされていたのである。

さらに戦後ベルギーは、国王と国民とが一体となって活動し、世界各方面に発展するとともに、一般文化においては世界一等国の班位にあると認識される国でもあった。したがってベルギーの国際社会上の地位と、五大国のひとつとしての日本の立場から、日本がベルギーに大使を派遣することは「最も自然なる措置」と考えられたのである。

ただし実際上は、予算措置を講ずる関係から、大使の交換はなかなか進捗しなかった。そこで実現の絶好の機会となったのが、一九二一年六月の皇太子裕仁親王のベルギー訪問であった。その結果、在ベルギー日本公使館は、一九二一年五月三一日付をもって大使館に昇格し、安達公使が大使に就任した。他方、バッソンピエール駐日公使の大使任命は同年六月一一日のことであったが、信任状捧呈の関係もあり、在日ベルギー公使館の昇格は、皇太子帰国後の九月にずれこむこととなったのである。しかしいずれにせよ、ここに両国の外交関係は大使級に格上げされ、両国間の絆をよりいっそう深めることとなったのである。

ちなみにバッソンピエール大使は、のちに在日外交団の首席となり、昭和期の困難な時代においても、日本に対する終生変わらぬ親愛の情と同情とをもちつづけたのであった(28)。

(1) 磯見辰典・黒沢文貴・櫻井良樹『日本・ベルギー関係史』(白水社、一九八九年)一七頁。なお本章は、同書に多くを負っている。
(2) 同右、三八四頁。
(3) 「模範国」という概念については、山室信一『法制官僚の時代』(木鐸社、一九八四年)参照。
(4) 周布公平『白耳義国志』(静養書楼、一八七七年)自序、一―二頁。
(5) 本章での引用に際しては、主として久米邦武編『特命全権大使米欧回覧実記』第三巻(岩波文庫、一九七九年)を使用した。ベルギー関係の箇所としては、ほかに同第四巻と第五巻も参照。また岩倉使節団の高いベルギー評価については、毛利敏彦「岩倉使節団の文明観」(『日本史研究』第二七四号、一九八五年)も参照。
(6) 井上毅『王国建国法』(井上毅伝記編纂委員会編『井上毅伝　史料篇　第三巻』国学院大学図書館、一九六九年)四六三―四六四頁。
(7) 朝倉治彦編『明治欧米見聞録集成』第三巻(ゆまに書房、一九八七年)所収。
(8) 同右、第一八巻(ゆまに書房、一九八七年)所収。
(9) 大山梓編『山県有朋意見書』(原書房、一九六六年)四四頁。
(10) 『明治欧米見聞録集成』第二巻(ゆまに書房、一九八七年)所収。
(11) 同右、第四巻(ゆまに書房、一九八七年)所収。

(12) 磯見・黒沢・櫻井『日本・ベルギー関係史』八四―八五頁。
(13)「白耳義国防略」『偕行社記事』第二号（一八八八年八月）一七五―一七六頁。
(14) 同右、一八〇頁。
(15) 同右、一八三頁。
(16) 同右、一八九―一九〇頁。
(17) 同右、一九〇頁。
(18) 同右、一九一―一九二頁。
(19) 朝倉治彦編『明治欧米見聞録集成』全三六巻（ゆまに書房、一九八七、八九年）。
(20) 磯見・黒沢・櫻井『日本・ベルギー関係史』一五八―一七二頁。
(21) 石川周行『世界一周画報』（『明治欧米見聞録集成』第三〇巻、ゆまに書房、一九八九年）。
(22)『明治欧米見聞録集成』第二三巻（ゆまに書房、一九八九年）所収。
(23) 同右、第二四巻（ゆまに書房、一九八九年）所収。
(24) 同右、第二六巻（ゆまに書房、一九八九年）所収。
(25) 同右、第三四、三五巻（ゆまに書房、一九八九年）所収。
(26) 磯見・黒沢・櫻井『日本・ベルギー関係史』二七五―二九九頁参照。第一次世界大戦期のベルギーに対する日本の関心についでは、櫻井良樹「日本・ベルギー関係史の一断面――第一次世界大戦期における資料」（『麗澤大学紀要』第八九巻、二〇〇九年）も参照。
(27) 磯見・黒沢・櫻井『日本・ベルギー関係史』三三一―三四三頁参照。
(28) 磯見辰典訳『バッソンピエール大使回想録　在日十八年』（鹿島出版会、一九六七年）参照。

第三章　西洋の「小国」ポーランドへの眼差し
——第一次世界大戦後の人道主義の実践

はじめに

日本とポーランドの友好関係を歴史的にひもとくとき、逸することのできない出来事は、第一次世界大戦後のシベリアに取り残されたポーランド人の子供たち（ポーランド孤児もしくはシベリア孤児と呼ばれる）の母国への帰還事業に、日本赤十字社を中心とする日本が大きな役割を果たしたという事実である。

ではなぜ、ポーランド孤児と呼ばれた多くの子供たちが、シベリアにいたのであろうか。また日本はいかなる経緯で、その救済・援護活動に携わるようになったのであろうか。さらに母国に帰った孤児たちと日本との、その後の関係はどのようなものであったのであろうか。

本章では、両国関係史のなかでも重要な意味をもつこれらの諸問題について、主として外務省記録や日本赤十字社の関係史料をもとに、あらためて整理してみることにしたい(1)。それによって、近代日本における人道主義の展開の一端をうかがい知ることができるのではないかと思われる。

一　ポーランド孤児の救済・援護

1　ロシア革命とポーランドの独立、そして日本のシベリア出兵

そもそもポーランドは周知のように、一七九五年のいわゆる第三次ポーランド分割によってロシア帝国に併合されていた。祖国の再興をめざす独立運動が、その後いくどか企てられたが失敗に終わり、夢破れたポーランド人の多くが政治犯としてシベリアに流された。その際、そうした流刑者の後を追った妻や娘もきわめて多かったといわれ、そのためロシア革命当時、多数のポーランド人とその子孫がシベリアに住んでいた。

さらに第一次世界大戦中に東プロイセン地方に居住していたポーランド人がロシア軍によりシベリアに連れてこられ、またシベリアに逃れてきた避難民や求職者もあり、ロシア革命後の混乱の時代に、シベリアには一五万から二〇万のポーランド人が居住していたといわれている。そのなかで、ボリシェヴィキ政権に敵対するチェコ人部隊に協力したポーランド人部隊（第五シベリア師団）が組織されてもいる。

しかし、やがて反ボリシェヴィキで、後述のシベリア出兵中の列強軍に支援されていたコルチャックのオムスク政権が崩壊し、さらにポーランド人部隊も一九二〇（大正九）年一月の戦闘でボリシェヴィキ軍に敗れ、その多くが投降を余儀なくされた。

こうして、ロシア革命後に勃発した内戦状態によって住む家を追われ、身ひとつの状態となった多数のポーランド避難民が、寒冷と飢餓、伝染病の流行、避難に必要な荷車もなく、鉄道列車もきわめて不十分な状態のなかで、一九一八年一一月に独立を宣言したばかりの母国ポーランドに帰ることもままならず、多くの死者をだしながら取り残されることになったのである。

そうした避難民の惨状は筆舌に尽しがたく、たとえばオムスク政権崩壊後の無政府状態のなかで、チェコ軍、イタ

リア軍、ルーマニア軍、ポーランド軍などの敗残兵は我先にと避難をはじめ、不足している列車に乗り込むために、列車のなかにいた一般の避難民を雪中に追い出して席を奪うありさまであったという。

また、「常ニ種々恐ロシキ光景ヲ目撃シ遂ニハ之ニ見慣レテ特別ノ感ナキニ至」りしと自認する一避難民の「今日尚忘ルルコト能ハサル」という、つぎのような直話も伝えられている(2)。

予ハ一列車ノ中ヲ覗キタルニ猶命アリト覚シキ数個ノ死体アリ冷エタル母ノ死体ニ添ヒテ凍死セントシツツアル幼児等アリ予ハ斯ル有様ヲ目撃シ直ニ感スラク噫親ハ其ノ子ヲ被フニ己カ衣ヲ以テシ残レル食物ヲ与ヘタル後親先ツ死シテ児ハ之ニ続ケルモノナルヘシ既ニ親ノ凍レル死体アリ而カモ小児等ノ中ニハ蒼サメタル両頬ニ涙ノ凍レルアリ其ノ状末タ全ク事切レサルニ似タリ

そこで、せめて次世代のポーランドを担う子供たちだけでも救いだし、母国に帰還させようと、ウラジオストック在住のポーランド人たちが一九一九年一〇月、「波蘭国避難民児童救護会」という救済委員会を組織した。彼らはまず、シベリア各地に散在する児童をウラジオストックに集め、そのうえで児童らをひとまずアメリカに送り、同国在住のポーランド人団体の援護を仰ぎ、ポーランド本国の政情の安定を待ち、かつ本国に建設する孤児院の資金を募り、時機をみて本国に送還するという計画をたてた。そして一九二〇年八月以降、数回に分けてアメリカに輸送する準備に着手した。

しかし、ルーブルの暴落による手持ち資金の逼迫のため、輸送開始までに要する資金が欠乏するとともに、児童たちを収容していた建物の明け渡しを所有者から要求される事態となった。さらにまた、アメリカ軍のシベリアからの撤退にともない、期待していたアメリカからの援助が拒否されるなど、その活動はきわめて困窮を告げることになったのである。

他方、一九一八年八月には、日本をはじめとする英米仏などの連合軍が、ロシア領内に孤立したチェコ人部隊の救援を口実にシベリアに出兵していたが、一九二〇年になると欧米各国の軍隊は撤退し、七月以降は日本のみが出兵名目を変更して、単独でシベリアに駐留をつづけているという状況にあった。

こうして救済委員会の児童輸送計画が孤立無援の状態となるなか、渡米の中継地にあたり、なおかつ唯一シベリアに軍隊を駐留させていた日本に、救済委員会としては輸送や生活支援など、さまざまな援助を求めることになったのである。

2　ビェルキェヴィチ夫人によるポーランド孤児救済の嘆願

一九二〇（大正九）年六月、児童救護会会長のアンナ・ビェルキェヴィチ夫人が、ウラジオストック駐在ポーランド領事と極東ポーランド赤十字社代表の紹介状をもち来日し、外務省を訪れた。彼女は、ポーランドの「該児童ヲ其ノ自明ノ運命タル死ノ手ヨリ救出スル為メ至急ノ処置ヲ要スル」と「強大ナル帝国タル日本」に窮状を訴え、さらに「児童ヲ愛シ、可憐ナル花ノ如ク児童ヲ撫育スル美シキ国タル日本国ガ、大戦ノタメ斯ク不慮ノ災ヲ受クルニ至リタル吾ガ孤児院ノ罪ナキ児童等ニ対シ其ノ援助ト救護ヲ与ヘラルベキコトヲ信ジテ疑ハザルモノナリ」(3)と、約三〇〇名のポーランド孤児たちがアメリカ行きの便船をまつまでの間、約二か月間の救済を嘆願した。

外務省としては、これが「人道問題」であり、また日本とポーランド「両国ノ国交トニ鑑」み、「十分ノ同情ヲ以テ之ニ援助ヲ与ヘント欲」(4)し、できるだけ「応諾」する考えであった。しかし、「政府ニ於テハ経費ノ関係上之ヲ引受クルハ不可能」であり、そこでさっそく陸軍省と協議のうえ、六月二〇日付で埴原正直外務次官から石黒忠悳日本赤十字社社長に対して、その救護方が依頼されることになったのである。(5)なお日本は前年の一九一九年三月に、ポーランドの独立を承認していた。

さらに児童救護会との交渉窓口となった外務省では、日赤への依頼につづき、六月二九日付で埴原次官から山梨半造陸軍次官に対しても救済事業への協力方を要請した。すなわち「経費節減ノ為浦汐ヨリ敦賀迄ノ渡航」に「陸軍用船ヲ充ツルコトヲ得サルヤ」、「児童収容所」として「旧習志野独墺俘虜収容所ヲ充ツルコトヲ得サルヤ」などの検討が、陸軍に要請されるとともに、シベリア出兵中の浦潮派遣軍司令官に対しても、できるかぎりの便宜供与を求めたのであった(6)。

さて、外務省の依頼を受けた石黒社長は七月五日、日本赤十字社の理事会および常議会の決議と田中義一陸軍大臣および加藤友三郎海軍大臣の認可をえて、内田康哉外務大臣に対して依頼を受諾する旨の回答をおこなった。すなわち、本件は「国交上並人道上寔ニ重要ノ事件ニシテ救援ノ必要ヲ認メ候ニ付本社ニ於テ之ヲ収容シ給養致スヘク候(7)」としたのであり、ここに日本赤十字社を主体とするポーランド孤児の救済事業が、ただちにはじまることになったのである。

そして、そうした日赤の決定を受けて、埴原次官は七月一三日付で、ポーランド孤児の入国手続きに関する便宜供与方を、小橋一太内務次官と神野勝之助大蔵次官に要請した(8)。また日本赤十字社も孤児収容に関するポーランド側の意向を問い合わせるため、吉安延太郎秘書課長を外務省に派遣するなどして、その準備にあたったのである(9)。

さらに日赤内部の関係機関、すなわち日本軍のシベリア出兵にともないウラジオストックで救護活動を展開していた日本赤十字社の東部シベリア派遣臨時救護班をはじめ、国内各支部、日赤の朝鮮本部、満州・樺太の両委員部、そして篤志看護婦人会などに対しても救済計画の概要が通報され、その助力が要請されたのであった(10)。

なお、日赤の援助決定の知らせをウラジオストックにもち帰ったビェルキェヴィチ夫人は、そのときの仲間と子供たちの喜びの様子を、つぎのように伝えている(11)。

昂奮と混乱、笑いと喜びの爆発だった。子供達は私を締め殺すかのようにきつくしがみつき、昂奮のるつぼのなかで、「日本に行くんだ」の叫び声がひときわ高く響きわたった

3　日本赤十字社による第一次救済事業

こうしてウラジオストックに集合していたポーランド孤児は、陸軍運輸船（交通船）の筑前丸や樺太丸などに便乗して敦賀港に到着し、初めて日本の土を踏むことになった(12)。陸軍官船への便乗については陸軍大臣の許可をえ、その実施にあたっては陸軍運輸部との詳細な打ち合わせがおこなわれた。また敦賀から東京までの汽車賃についても、鉄道省によって特別の割り引きが認められた。

なおポーランド孤児たちの敦賀港への入港に際しては、そのつど日赤本社から一名もしくは二名の職員が派遣され、敦賀委員部職員の助力をえて、上陸手続きや汽車輸送など諸事にわたる支援がおこなわれた。

孤児たちの受け入れは、結局一九二〇年七月から翌年七月までの一年間、前後五回にわたっておこなわれた。たとえば一回目は、一九二〇年七月二〇日に五六名の児童と付添人五名が筑前丸に乗船してウラジオストックを出発し、二二日敦賀に上陸した(13)。そして即日敦賀駅を発して翌二三日午前七時四〇分東京駅に到着、東京府下豊多摩郡渋谷町字下渋谷（現在の渋谷区広尾）にあった福田会《ふくでん》（孤児育養を事業とする慈善団体）の孤児舎寮三棟に収容された(14)。施設は娯楽室、食堂、病室、運動場、庭園などを備えていたうえに、日赤本社病院に隣接しており、衛生上の処置に関する利便性があった。

なお敦賀上陸と汽車輸送に関しては、日赤の敦賀委員部、町役場、警察署、陸軍運輸部出張所、陸軍被服廠派出所、敦賀税関支署などの支援を受け、また日赤支部、団体、個人（敦賀町民を含む）からの金品の寄贈や慰問などが沿線各

地であり、児童たちを大いに歓喜させ、満足させたのであった。

児童に対する直接的な監督保護には、児童救護会会長のビェルキェヴィチ夫人と付添人があたったが、日赤本社からも事務主幹（庶務課長、一九二一年五月以降は救護課長）、通訳、書記などが配属され、児童の風紀、衛生、日常生活の諸事などに関する意思疎通を付添人たちとはかり、さらに慰問の金品や訪問者の取り扱いなどにも万全を期した。(15)

また日赤病院の医員、看護婦が収容施設を巡視し、ときに健康診断を実施するなど、当然のことながら児童の健康状態には細心の注意が払われた。なお来日した児童は皆、満足な衣服を身にまとっていなかった。そのため衣服は下着類も含めて、すべて新しいものが用意された。

以後、おおむね一回目と同様に、孤児の受け入れがおこなわれた。第二回は同年九月一七日に児童一一二名と付添人一一名、第三回は一〇月二一日に児童七三名と付添人五名、第四回は一九二一年三月一日に児童一二六名と付添人一一名、第五回は同年七月六日に児童八名と付添人一名が収容された。来日した児童の総数は三七五名（男二〇五名、女一七〇名）、付添人は三三名（男一五名、女一八名）であり、児童の年齢は二歳から一六歳にわたっていた。(16)

なお一九二一年一月シベリアの奥地からウラジオストックに集められた児童一三〇名は、出港までの間日本軍兵舎に収容されたが、藁布団六〇枚、毛布一〇〇枚が、シベリアでの救護活動をおこなっていた日赤救護班病院から貸与されている。

また前述のように、児童の健康には注意が払われていたが、不幸にも一九二一年四月下旬から五月初めにかけて、三回目に来日した児童のなかから腸チフス患者が発生し、二二名に伝染した。児童らは回復したものの、防疫勤務中の看護婦一名（松澤フミ）が感染し、帰らぬ人となった。(17)

児童たちの一日の生活は、すこぶる規律正しくおこなわれた。夏季は午前六時、冬季は午前七時に起床、洗面後すぐに一室に集まって朝の祈禱をおこない、その後朝食。食後は付添人の指導のもと読書をしたり勉強をしたり、あるいはおもちゃで遊ぶなどして一日を過ごし、夕食後の祈禱ののち午後八時頃の就寝を例としていた。食事についても、児童たちの嗜好と栄養とを顧慮して作られ、一人一日平均七〇銭の割合で給養され、お菓子や果物などのおやつもだされた。

ところで、日本赤十字社はこの救済事業の開始とともに、「波蘭国児童の救護に付きて江湖に告ぐ」[18]と題する一万三〇〇〇枚のポスターを作成して日赤関係者や新聞社などに配布し、広く国民の関心と同情を喚起することに努めた。またその機関誌『博愛』誌上においても、「波蘭人の孤児の為めに」と題する記事を掲載して、「吾人は我社員諸君、否国民一般に訴へる。我赤十字社が人道博愛の上から彼等孤児の救済を引受けたのであるから給養の上に不足はあるまい。併しながら彼等は異境に於て両親に去られた孤児であるから非常にみじめな境遇に在ることは無論の話である。で血もあり涙ある我国民は深く彼等に同情し、金銭なり或は慰楽品なり、児童にふさはしい物を寄贈して赤十字社の行動を帮助されたいのであります」と、広く国民の「温情」に訴えていた[19]。

さらに第一回目の児童の来日後にも、「再び波蘭孤児の為めに　我国民の同情と義俠とに訴ふ」と題して、重ねてつぎのような呼びかけをおこなっている[20]。

到着の際は汚い顔、垢染みた単衣、破靴を穿てるもあり、日本の草履をつッかけたるもあり、跣足なるもあり、可憐の状態惻々として深く人の心を動かさしめました。が、宿舎に収容されてからは湯に入れられ、汚い着物は洗濯され、今は粗末ながらもこざつぱりとして我赤十字社の庇護の下に我国人の温き同情に裹《つつ》まれ、殆ど身の孤児たることを忘れ嬉々として戯遊して居ります。来朝以来種々の寄附があるので、孤児達は大喜び、日本人の同情と親切とを小供心にも深く感じて居るそうです。私共も感謝に堪へぬ次第ですが、併し日本人は最初は随分同情もし親切にもするけれど兎角長続きがせない。少し長くなると冷淡になり易いと云ふ弊があるやうに思はれます。〔中略〕どうか可憐な此の孤児に対しては徹底的に同情せられ、全部米国へ去る迄は温い情を絶えず注がれたいものであります。

そうした熱心な呼びかけの結果、約一年の間に、個人や団体から実に多くの善意と金品とが寄せられることになった。たとえば『博愛』は、「世間の同情」と題して、つぎのように伝えている。(21)

可憐なる波蘭人の孤児が来ると世人の同情が翕然として集り毎日種々の寄贈品があるので、孤児達がホク〳〵と喜ぶばかりではない、付添の人々も日本人の親切と同情とに対し感涙に咽んで居ります吾々も実に感謝に堪へませぬ。〔中略〕此内沖縄県那覇市西本町熊本タカ子の寄附は令息の大河内民雄（陸軍中尉）が持参し、母タカ子は孤児を四人程世話して居るが波蘭の孤児を一人貰ひたいと希望したそうだ。又下渋谷の朝倉、長田、秩父飯村の五人《ママ》は小学生、山崎は中学生であるが、朝倉少年が波蘭の孤児に同情し小供でも寄附が出来るものかと厳父に尋ね、厳父の賞賛を得、他の四名が之を聞いて一緒に寄附することゝなり厳父の朝倉虎次郎氏が纏めて持参せられたそうだ実に美はしい話しではありませぬか。

こうして最終的に、寄付金総額は一万八四八円四四銭、物品は一九七件（評価金五八八四円一六銭）にのぼり、すべて児童救護会に引き渡された。また毛利公爵家による庭園招待や慶應義塾ワグネルの音楽会、日光見物など、さまざまな個人や団体による慰安会も催され、(22) 悲惨なシベリアの荒野で疲弊しきっていた児童たちの心身を回復させるのに大いに貢献した。

さらに皇室も関心を寄せた。なかでも貞明皇后は児童らの境遇を深く憐れみ、大森鐘一皇后宮大夫や三條公輝皇后宮職主事などをたびたび施設に差し向け、四回にわたり合計一五五〇円におよぶ御菓子料が下賜された(23)。

一九二一年四月六日には日赤本社病院に行啓、奉迎した四歳の児童の頭を何度も愛撫し、「大事ニシテ健ヤカニ生ヒ立ツヤウニ」(24)と言葉をかけ、ビェルキェヴィチ夫人にもねぎらいの言葉をかけた。ポーランド本国にも伝わったこの行啓は、やがて皇后の「慈愛の御手」(25)と題して描写され、流布することになった。

こうして施設に収容された当時は、「概ネ顔貌蒼白色ヲ呈シ破レシ被服ヲ身ニ纏ヒ裸足ニテ生気ナク歩行セルイヂラシキ有様実ニ見ル者ヲシテ暗涙ヲ催サシメシカ」という様子であったのが、やがて「本社竝同情者ヨリ衣食ヲ恵マレ或ハ慰安ヲ与ヘラルル」など「従来ニ異リ生活上ノ安定」をえて、「身神共ニ一変シテ元気頓ニ加ハリ顔色モ艶々シク真ニ頑是ナキ児童」となったのであった(26)。

そして当初の予定通り、在米ポーランド人の救援団体の援護を経て本国に帰還すべく、横浜からアメリカに向けて出国したのである。たとえば、一回目の収容児童と付添人は、二か月余の滞在ののち、九月二八日に横浜港を出発し、日本郵船の汽船伏見丸に便乗してアメリカをめざしたのであった。

以後、翌一九二一年七月八日までに、伏見丸、香取丸、諏訪丸などの各汽船に便乗して、七回に分けて児童三七〇名、付添人三二名が渡米し、第一次救済事業は終了したのである。なお来日した児童のうち、男子三名はウラジオストックに送還され、女子二名はポーランド公使館に引き渡され、女性付添人一名が事務処理のため日本に残留している(27)。

また出発に際しては、毎回日赤本社で送別会が催され、それに対して児童らは日本語で「ありがとう」と謝辞を述べ、日本とポーランド両国の国歌を高唱して名残りを惜しんだ。そしてビェルキェヴィチ夫人も、つぎのように感謝の意を表したのであった(28)（引用に際しては、筆者も読点を加筆している）。

我波蘭の児童が日本赤十字社より手厚き御保護を受け始めましてから月日の流るゝは矢の如く、既に三ヶ月を経過致しました。彼等児童の受けて居りまする御慈愛は始終一貫し恰も真の母よりせらるゝが如く、妾の身に取りまして「斯くせられたし」抔と思ひまする点は毫もありません。日本赤十字社の御手厚き波蘭児童の御保護は実に人道的且博愛的のもので御座いまして、戦前は貴日本国と何等の連繫を有せざりし我波蘭の児童を斯くも手厚く御救済下されますことは妾に於て唯々有難涙に咽びつゝある所で御座います。彼の可憐なる児童は日本赤十字社の御救済が無かりしときは、西比利亜の曠野に倒れて死する所で御座いました。彼等児童は世界大戦の結果、大波に身を攫《さら》ばれ、慈母の愛も厳父の保護をも奪ひ去られし際に目下受けつゝありまする御恩は、彼等児童の脳裡より終生脱せざることを確く信じて疑はぬので御座います。此度の御恩を機会と致しまして、縦令波蘭児童が貴国を去りたる後にも他日日本国の児童と我波蘭国の児童と接近否な連絡を生ずることのあるべき場合も亦妾の確信する所で御座います。日本赤十字社に対し御礼を申上げますには数万言を費しても到底及ぶ所では御座いませんが、曩に申述べました言辞の中に千万無量なる意識ある事を社長閣下に於て宜敷御諒察あらんことを希望致します。茲に児童一同に代り日本赤十字社の御恩を衷心より感謝致します。此御恩は到底人力を以て御報い致す事は出来ませんが、在天の神は必ず貴社に御報恩あること、存じます云々

そして東京駅から横浜に向かう汽車の車窓から、また乗船した船の甲板上からも児童たちは「ありがとう」と謝辞を連呼し、両国国歌を歌い「元気能ク出発」したが、「中ニハ惜別ノ情切ニシテ両眼ヲ掩ヒシ者」もあったのである。(29)

なおビェルキェヴィチ夫人が、日本の救済活動をいかに高く評価し、感謝していたかに関しては、前述した謝辞のほかに、日米の対応の差を比較した一九二一年四月一九日付のつぎの彼女の談話にもよくあらわれている(30)（読点は筆者）。

米国ハ常ニ正義人道ノ独占権ヲ有スルガ如ク自任シ之ヲ高唱スト雖其ノ実情ヤ果シテ如何、過日浦塩ニ於テ米国赤十字社代表者ニ対シ我ガ孤児救済ノ件ニ就キ便宜ノ供与ヲ懇請シタルニ、彼等ハ其ノ標榜スル正義人道ヲ度外視シテ拒絶セリ、依テ我等ハ日本赤十字社代表者ニ此ヲ歎願セシニ多大ノ同情ヲ以テ応諾セラレタリ、此ガ為ニ米国代表者ハ亦急遽其ノ方針ヲ変更シテ前提議ニ対シテ承諾ヲ与フルニ至レリ、斯クシテ孤児等ハ前後数回ニ亙リテ救済移送スルヲ得タルモ、日米両国ノ孤児待遇ニ非常ニ懸隔アル、米国ノ如キハ何処ニ於テ其ノ正義人道ヲ認メ得ヘキ、之ニ反シ日本ノ接遇ノ至善ニシテ甚親ナル実ニ感謝ニ堪ヘサルナリ

以上のように、ポーランド孤児の救済活動は順調に推移したが、その中心となった日本赤十字社自身も、つぎのようにその事業を総括して活動を終えたのであった。(31)

要するに日本赤十字社としては平時に於ける国際的救護事業の一端として円満に之が結了を見るに至ったのは最も欣幸とする次第で、殊に多数の児童が長期間風土を異にする我国に在りたるに拘らず一時伝染性患者若干を出したる外一名の死没者を見ず健康を以て全部渡米する彼等を送ることは洵に愉快とする所である。吾人は切に彼等可憐なる児童の将来に於て多幸多福ならんことを祈望するのである。

4　日本赤十字社による第二次救済事業

一九二二年三月、児童救護会会長ビェルキェヴィチ夫人が、再び日本赤十字社に対してポーランド孤児の救済を求めてきた。ポーランド公使の依頼状とともに平山成信社長にだされた三月二二日付の懇願書によれば、孤児二千余名

がなおシベリアに取り残されているが、ポーランド本国への汽車輸送が、他国人にいっさいの給養を認めないというソ連政府の制度のため、「飢餓」と「疾病」による多数の孤児たちの「斃死」という「大悲劇」を生み、今後は汽船輸送によらざるをえないこと、在米ポーランド人の救助団体が解散しているためアメリカ経由の本国送還もできず、児童救護会は「全ク無援ノ地位」にあること、そのため日本をおいて頼れるものもなく、日本赤十字社に本国までの汽船輸送の「高義仁俠」をお願いしたいということであった。[32]

日赤本社がただちにウラジオストック派遣中の川畑兼弘日赤救護班長に実情を調査させたところ、「児童ノ窮状惨ノ又惨タルモノアルノ事実」[33]が判明した。そこで日赤本社は、児童たちが「予想以上ノ惨状ヲ呈シ居リ人道上之ヲ黙止スルニ忍ビズ」、しかしその全部の救済には莫大な経費がかかるため、「最モ救済ノ急ヲ要スルモノト認メラル、孤児約四百名及其付添人トシテ四十名ヲ限度」として「浦潮ヨリ一時大阪ニ収容」し、さらに「神戸ヨリ乗船『ダンチヒ』〔現在のグダニスクのドイツ語名―筆者注、以下同様〕迄輸送救済」することとし、六月三〇日の臨時常議会決議をへ、さらに陸海軍大臣の認可をえて、その旨を七月二一日付の文書で、内田外務大臣にも通報したのである。[34]

なおビェルキェヴィチ夫人に対しては、すでに七月三日にポーランド公使をとおして、その児童救済計画を覚書として交付しており[35]、ここに日赤によるポーランド孤児の救済事業が、再びおこなわれることになった。

こうして孤児たちの散在する現地のシベリアにおいては、ウラジオストックに展開中の日赤救護班を慰問するために、ちょうど高橋高日赤本社救護課長が出張することになっていたので、その機会をとらえて七月中旬、児童救済事業に関する各種の打ち合わせが、川畑救護班長、ウラジオストック駐在ポーランド領事、浦潮派遣軍司令部および陸軍運輸部出張所との間でおこなわれた。

また、それに先立つ七月七日、ビェルキェヴィチ夫人は東京を出発して、朝鮮経由でシベリアに向かい、救済すべき児童をシベリア各地から選出し、ウラジオストックに集めることになったが、そうした出張旅費および児童を集めるための費用についても、夫人の願いにより、日本赤十字社が負担することになったのである[36]。

　さて孤児たちは八月七日、二四日、二九日と、陸軍運輸船の明石丸や台北丸などに便乗して、三回に分けて来日した[37]。たとえば一回目は、八月五日ウラジオストックを出発し、七日に敦賀上陸、八日朝大阪に到着し、府下天王寺村の大阪市立公民病院看護婦宿舎に収容された。この施設は未使用の新築二階建ての洋館で眺望もよく、広い庭園や遊技場を備えたものであった。

　なお敦賀までの航海に際しては、川畑救護班長が輸送船乗船委員に命じられたほか、淺川道三救護医員と井上喜市救護医員が輸送船乗船委員および船内委員を命じられ、児童たちを無事に敦賀に送り届ける役を担った。また新たに来日した児童の総数は三八九名、付添人は三九名であり[38]、児童の年齢は一歳から一五歳にわたっていた。

　前回同様、日赤の心温まる救護[39]や国民の同情、そして皇后の「恩眷」（御菓子料一〇〇〇円を下賜）を受けて児童の心身も回復した。たとえば日赤は、『博愛』誌上で「再び波瀾国児童救済実施[40]」と、あらためてポーランド孤児の救済事業に取り組むことを伝えるとともに、「波瀾国児童の救済[41]」と題する「世間の同情に訴」える記事を掲載して、再び広く国民からの寄付・寄贈を募ったのであった（寄付金総額は八五七一円五五銭、物品は一二八件、評価金六二八九円五一銭[42]）。

　また「波瀾児童救護中の思出」と題する記事は、児童の様子をつぎのように伝えている[43]。


　彼等は今迄とは違つて三度の食事も何の苦労なしに鱈腹食べることが出来る様になつた。斯うして彼等に与えられた神の恵は彼等の滞在期間の極短かつたのにも拘らず子供丈に其効験も著しかつた。或日某新聞記者来訪し喜喜として遊んでる彼等を見て曰く「何だか皆な上品な無邪気な可愛い子許りですネ」と。

このとき来日した児童の滞在期間は、右記の記事にもあるように、一か月に満たない短いものであった。しかし、児童と付添人の抱いた感謝の念には、第一回の救済事業のときと同様にきわめて大きなものがあったのであり、その離日に際しては「惜別ノ情切ナルモノ」があり、君が代とポーランド国歌とを高唱し、「ありがとう」の謝辞を述べ、涙を浮かべて別れを惜しんだのである(44)。

そして児童三九〇名と付添人四六名は(45)、八月二五日に日本郵船の香取丸、九月六日に熱田丸に乗船して神戸を出発(46)、それぞれ一〇月一七日と二七日にロンドンに到着し、イギリス船に乗り換えて一一月初旬、無事ダンチヒ（グダニスク）に到着したのであった。

なお熱田丸から外国船への乗り継ぎに際して、ひとりの児童が一時行方不明になる騒ぎがあったが、それは、その児童が熱田丸を恋しくなり、船の停泊場所に向かったためであるとして、児童がつぎのようにその理由を語ったと伝えられている(47)。

　彼は日本汽船の水夫に採用して貰つて、再び日本に帰りたいからであつた、それは日本で親兄弟にもまさる親切と愛撫をうけ、また熱田丸の船中で船員一同から受けた親切がどうしても忘れられない、どうしても熱田丸に別れたくない気持がするからであつたと物語つたさうである。

またポーランドの首都ワルシャワで発行されている新聞「クルゼルワルワルサウスキー」は、児童たちの母国への帰還にあたり、つぎのような記事を掲載して、日本への感謝の意を表したのであった(48)（引用に際しては、筆者も読点を加筆している）。

日本赤十字社及政府カ人道的救済ヲナシタル児童ハ日本ヨリ「ワルソー」ニ到着セリ、此等児童ハ大戦ノ犠牲者ニシテ過激派ノ魔手ヨリ免カレ、予テ情ケアル国民ト信シタル万里ノ波濤ヲ距ツル日ノ出ノ国ニ救ヒ上ケラレタルモノニシテ、同国ニ対スル吾人ノ信念ハ今回ノ事実ニ依テ証明セラレタリ、此ノ救済ニ対シ吾人波蘭人タルモノ日本ニ対シ感謝ナカルヘカラス〔中略〕此等ノ最モ不運ナル寄ル辺ナキ避難民ヲ救済シタル人道的行為ニ対シテハ吾人ノ終生忘ルヘカラサル所ノモノナリ、吾人ハ其ノ心ニ対シ心ヲ以テ報ヒサルヘカラス、吾人ハ我国ノ学童カ各其ノ教師ニ依リ世界ノ他ノ極ニ此ノ如キ善良、怜悧、而カモ人情アル国民アルコトヲ知リ、其ノ国ニ依リテ吾人ノ同胞カ無事ニ帰国シタルコトヲ心ニ印象センコトヲ祈ル、吾人ハ我波蘭国ノ児童カ此ノ事ヲ良ク知リ同時ニ我総テノ波蘭国民カ有情ト感恩ノ念ヲ以テ永ク日本ノ名ヲ記憶セムコトヲ祈ル

5　日赤の救済事業に対するポーランドの謝恩

こうして日本赤十字社の孤児救済事業は、ポーランド政府だけでなく各種団体、新聞紙、また小学校児童にいたるまで、多くのポーランド官民から大いなる感謝の念をもって迎えられた。たとえば、ポーランド大統領は大正天皇に一九二二年一二月三日付の親書を送り、児童たちが日本赤十字社に収容されたのは「実ニ不幸中ノ幸福」であり、その「恩遇ハ彼等ノ心肝ニ深ク銘セシ所」と述べ(49)、謝意を表している。

またポーランド衛生長官も、日本公使に「波国児童が横浜を出発するに際し追惜したると謝恩の涙を流したるとは以て児童に対し施為せられたる援助の貴重なりしことを証明するに於て最良のものたり。当衛生省は〔中略〕人道的思想を発揮せられたる美挙に感銘するの余り茲に義侠なる日本国に向ひ当省の尊崇、謝恩の意を表示する(50)」と感謝状を送っている。

さらに在米の「波蘭児童救済会」副会長ヨセフ・ヤコブキェヴィチは、「日本人の波蘭児童救済　波蘭国民の感激

我等は日本の恩を忘れない」と題する、つぎのような一文を書き残している。(51)

憐れむべき不運なる児童に対する日本人の態度は筆紙に尽されない。〔中略〕異郷の土である西比利に於て日本人は日本陸軍の保護の下に西比利の奥から浦潮に至る迄或は陸軍の自動車を以て或は汽車を以て我が児童を輸送してくれたのである。〔中略〕而も西比利より遠く隔りたる日本に於て日本人の同情は最も深きドン底に達し、児童に対する慈悲の念は測り能はざる迄になつた。波蘭幾多の児童は浦潮より敦賀迄陸軍の御用船にて無賃便乗の特典を与へられ更に敦賀より東京迄無賃乗車の便を与へられ、其の東京に落ち着くや日本赤十字社は衣食と寝所とを与へ、優しき保護にて是等の児童を取り囲んだ。恰も母が自分の子供を愛護するやうに此等の児童を擁護愛撫し幾多の慈善団体は限りなき奉仕と金品を贈ることに吝かでなかつた。

日本人は我等とは全く縁故の遠い異人種である。日本は我波蘭とは全く異りたる地球の半面に存する邦である。而も我が不運なる波蘭の児童にかくも深く〳〵同情を垂れ、心より憐憫の情を表したるに至つては、我々波蘭人たる者いかで肺肝に其の親愛心の徹せないことがあらうか。〔中略〕何れも此等児童が西比利に於て受けた耐へ難き苦痛を一刻も早く忘るるやうに色々と努めてくれた。かくの如く我等の児童は同情の空気と優しき愛護の下に、おいしき食物を与へられ殆んど生れ変つたやうな心持と身体とになつたことは誰れも認むる所である。

此等児童は是迄の悲惨なる境遇により臆病になつて居つた。彼等の顔色は蒼白であつた。彼等の肉体は痩薄であつた。然るに日本に到着すると二ケ月の内に挑〔桃〕色とは言へなくとも、精神も活発になつた。愉快になつた。陽気になつた。頬はまんまるとなつた。更に此実情を明確ならしめんがため、私は茲に二三の例を記述しやう。〔中略〕

或る日のこと、十五歳と十六歳の二人の男爵令嬢が同年輩の波蘭少女の着物を洗濯して居るのを見て、子供ながら同情の念措く能はざりしか、洗濯の手伝をしやうと言つた。波蘭救護委員は之を抑止した。二人の令嬢は不思議そうに、此宿舎にある少女が洗濯して差支ないのなら自分達が手伝しても別に不都合はないではないかと反問した。そこで委員も此上抑止すべきにあらずとし、二嬢の言ふがまゝに任した。二嬢は我等の児童の洗濯を助けてくれた。〔中略〕

げにや日本人の斯る大なる援助を目撃し且波蘭の避難児を愛護して以て我が波蘭国民に表しくれたる日本の、斯くの如き心よりの同情、凡て此等の日本人の態度はひとり当然の尊敬心及感恩の念のみならず実に心よりの友情心が我等波蘭人の心底に刻みつけられるのである。等しく日本人の此等の美しき崇高なる行為に対する我等の謝恩心は我等の脳底に深く印象せられるのである。〔中略〕波蘭国民も亦高尚なる人種である。故に我等は何時迄も恩を忘れない国民であるといふことを日本人に告げて見たい。日本人が日本に於て波蘭児童の為に尽してくれたことは波蘭国及米国の何処にても既に知れ渡つて居るといふことを告げて見たい。啻に之が知れ渡つて居るといふことばかりでなく、而も適当に其の真価が一般に認められて居ると云ふことを告げて見たいのである。波蘭国民は日本に対し最も深き尊敬、最も深き感恩、最も温かき友情、愛情を有つて居るといふことを告げて見たいのである。最後に日本人に言つて見たい。記憶せよ、我等は何時までも日本の恩を忘れない。而して我等の此の最も大なる喜悦の心の言葉でなく行為を以て何れの日か日本に酬ゆることあるべしと。

なお日赤のポーランド孤児救済事業に対しては、赤十字社連盟事務総長から日赤に感謝状が送られたほか、赤十字国際委員会幹事シュレムメルからも、ポーランド赤十字社社長ハルレルのつぎのような書簡を添えた謝意が表されている。(52)

波蘭児童に対し真に慈母的救護を施為せられたる由日本の医師並に看護婦は献身と慈善との精神を発揮せられたり〔中略〕赤十字徽章の下に地球上の諸国民を合同せしむる人道的共力主義を斯く高尚に諒解、実施せられたる日本国民全体に対し本職共は不渝の謝恩を負ふものに有之候

二　帰国後のポーランド児童

1　帰国後の児童の状況

一九二二年一一月にポーランド児童が無事母国に帰国し、日本赤十字社による児童救済事業が終わるとまもなく、「波蘭国避難民児童救護会」副会長をしていたヨセフ・ヤコブキェヴィチ（「ジョセフ・ジャコブケウィチ」）医学博士から、同年一二月一九日付の書簡が、日赤本社宛てに届けられた(53)。さらに会長のビェルキェヴィチ夫人からも平山成信日赤社長宛てに、翌一九二三年三月三〇日付の書簡が到着した(54)。それらはいずれも、帰国後の児童たちの様子を知らせ、日赤と日本国民の援助とに対する感謝の意をあらためて表するものであった。

そしてそれらによれば、帰国後の児童たちの状況は、つぎのようであった。

まず、第一次救済事業の児童三七〇名のうち三一二名が、一九二二年二月にポーランドに帰着した。残りの一五名はアメリカで家庭に入り、四三名は教育上の都合により、なおしばらくケンブリッジ・スプリンクバーに留まることになった。さらに第二次救済事業の児童たちも、同年一一月に全員が帰国した。

これらの児童のうち、幸いにも家族や親族に引き取られる者もいたが、五百余名にのぼる大半の児童は、孤児院や児童保護所に入ることになった。しかし、ポーランドでは多数の児童を収容しうる大規模の孤児院が少ないうえに、現在ある孤児院も戦争のため大きな打撃を受けており、それゆえ帰国した児童全員を一か所に収容することができず、

やむなく分散収容することを余儀なくされた。そして「ミエルジン」「ブロニツヴイセ」「ドルスク」「ボヤノフ（ボジヤノヴオ）」「チアルドヴオ（チアルドウオ）」等をはじめとする二五か所に、児童たちは収容された。

しかし、ビェルキェヴィチ夫人たちは、「同一の運命に遭遇し同一の保護指導の下にありし児童全員を一ケ所に収容せんとの希望を有し、其の目的に適当する一大建築物を索め」ていたところ、「幸に其の労空しからず」、「ウエーヘロウオー」（ヴェイヘローヴォ）にある一大療養所を譲り受けることになった。そこは、バルチック（バルト）海南部の都市ダンチヒ（グダニスク）から鉄道で一時間の行程で、東京―横浜間くらいの距離にあった。

そして一九二三年夏季までに、四〇〇名から五〇〇名の児童を集める予定を立てたが、すでに同年三月の時点で、一三〇名を収容し終わっており、そのなかには貞明皇后の「慈愛の御手」で「特別の御思召を賜はりたる幸福なるジーニア嬢」も含まれていた。

またその施設には、児童の日本滞在を記念する「特別の一室」も用意され、そこには、「東京、大阪神戸に於て撮影したる数個の大写真及び在西伯利波蘭児童救済事業に尽力せられたる日本紳士の写真を壁面に掲」げることになっていた。なおこれらの事業の遂行にあたっては、ポーランド社会保護省からの資金援助も受けることができたのである。

他方、ビェルキェヴィチ夫人の手紙の書かれた一九二三年三月の時点においても、児童たちは「美しき日本国につき好個の記憶を保有」しており、「日本で頂いた小鞄の中に寄贈品、記念品の全部を収」め、「同胞の児童等に、日本は世界中最も麗はしき国なることを語り合ひ楽しみ」、また「日曜日には必ず『君ケ代』を合唱し、また屢々『モシモシカメサンヨ』を歌」って過ごすという日々を送っていたのである。(55)

ただしその後、ポーランド政府は財政上その他の理由により、児童救護会を解散し、ヴェイヘローヴォに収容された児童のうち、なお保護を要するものの大部分をワルシャワの孤児収容所に集め、残りの一部を国境地方の施設に収容したのであった。

こうして児童救護会の解散後、「一時孤児ハ四散ノ態」となったが、やがて成人して就職したり、結婚するなどして「稍ゝ生活ノ安定ヲ得タル者」たちが「協議ノ結果」、「孤児ノ離散ヲ防ギ一面未成年者ノ将来ノ保護」のために、一九三〇年になると「極東青年会」という組織を基盤として活動をはじめることになったのである。(56)

2　ポーランド国民の感激

ところで、ポーランド児童の日本滞在中の詳細な記録に関しては、彼らの帰国後すぐに、ポーランド外務省をはじめとする各官庁に「波蘭国避難民児童救護会」から報告書が提出された。さらに彼らに対しては、児童が収容された孤児院等のある地方などから講演の依頼もあり、たとえばヤコブキェヴィチ副会長が講演会で、「日本国民が彼等児童一行になせる同情と義俠を諄々と説明」すると、「民衆一同の感激は異常」で、そうした「民衆の日本に対する感情」が「高調に達し」た結果、ついに「波日協会」が設立され、「日波商業会議所及び其他の結社」の設置を計画する町まであらわれた。

そして「波蘭国の各方面に活動する知名の人士から、日本と無形上の連絡を結ぶべく、便宜を図るやう」申し込まれることも、少なからずあった。それは、ポーランド児童の帰国の結果、「日本赤十字社及び日本国民が波蘭児童のために遂行せる高尚なる事業を直接に目撃したから」であると同時に、「日本を敬慕するの余り日本の国民性と事情とを更に審にせんとするがため」でもあった。

またポーランド児童の滞日中の様子を撮影した活動写真のフィルムが、児童たちの帰国した一九二二年にはすでに、日本赤十字社からポーランド外務省宛てに送られており、それらもポーランド国民が「日本赤十字社と日本国民とが波蘭児童一行のために実施せる人道的事業を一層詳細に了知することを得」るための、大きな役割を果たすことにな

ったのである。(57)

さらに一九二一年五月六日に初代の在ポーランド特命全権公使としてワルシャワに赴任し、一九二三年の初春に日本に帰国した川上俊彦によれば、ポーランド国民の日本に対する感謝の念には、つぎにみるように、きわめて大きなものがあったのである。(58)

それから日本赤十字社が莫大なる費用と慈愛心とを以て波蘭の孤児を世話されたといふことに対しては、是亦非常に感謝して居るのみでなく日本の皇后陛下が将に孤児等に対せられて大なる仁慈的の御取扱を賜はつたことは、同国民として何ともいひ知れぬ難有さを感じ、波蘭国民は上下の区別なく、陛下の御仁慈と日本赤十字社の同情とに対し、全国挙つて深大の感謝を表して居る。実に波蘭国民の貴賤上下の区別なく政党政派の如何を問はず老若男女すべて日本に感謝する上に於ては何等軒輊する所がない。現政府も其の反対党も学者も実業家も上は大統領より下は労働者に至るまで、何れも皆挙つて日本の国母陛下、国民、日本赤十字社に対して感謝せぬものはないといつて宜いのである。〔中略〕如何なる国でも如何なる国民でも外国民に対して多少の好き嫌ひといふものがある。たとへば米国を好くものもあれば英国を好むものもあり、または独逸に限るといふやうに独逸好きの者もあり、仏蘭西が宜いといふものもあつて、一国民が挙つて同情を集中するといふやうな国は世界中に滅多にあるものではない。所が今申す通り波蘭人は誰も彼も国民が尽く日本に同情し日本を好み日本に感謝するといふ状態である。〔中略〕我が皇后陛下の御仁慈と日本赤十字社の御厚意とは斯様に波蘭国民に深き感動を与へ、政治上は勿論其の他にも好影響を及ぼしたことは寔に慶賀すべき次第である。

3　日本とポーランド両国児童の交流

一九二三年八月八日付で、ポーランド赤十字社から日本赤十字社宛てに一包みの郵便が送られてきた。それは、日赤のポーランド児童への救済活動に対する「感恩の気持が漲」るものであったが、包みのなかには同時に、日本の児童との交信を求めるポーランド児童の手紙が含まれていた。そこでさっそく日赤本社は、それらを少年赤十字団に送付し、日本の児童たちに返事を書いてもらうことにしたのである。

ここでは、そうした両国児童の手紙のうち何通かを紹介し、その文面から交流の一端をうかがうことにしたい[59]（引用に際しては、筆者も読点を加筆している）。

まず、ポーランドの児童からの手紙二通である。

親しい日本の児童諸君

私達波蘭のものは、皆さんが波蘭の児童達に対して持つて下さつた愛の心を有りがたく思ひ御礼申上げます、あの波蘭の子供は若しみ〔な〕さんからの同情ある御救ひを得なかつたならば、西伯利で餓ゑの為に死んでしまつたでせう。波蘭の児童達は皆さんからそちらへ来い、そして一所に居れと呼んでいたゞいたのでした。皆さんのお国は私達の国とは違ひ御国にはこちらと違ふ草木があり、そして御国の家は私共のとは違ひますね、其と云ふのも御国には冬がなく気候が暖いからです。然し御国には地震がありますね、こちらには、少しもありませぬ、私共は温帯に住んで居りますので、冬もあり、霜もあつて、湖水や川は冬の間凍ります、真心をこめて御挨拶申上げます、御返事は左記へ願ひます。

ワルソー第五十六番グラマスクール第六級　ジヨン・バルサアザク

なつかしい日本児童諸君

波蘭の子供が皆さんから親切に御世話を受けたことを厚く御礼申上げます。波蘭の子供が悲しい顔をしたのを変に思はずに下さい、生れ故郷がなつかしかつたのです、秋になれば他所へ行く鳥でさへ春になれば帰つて来るのではありませんか、自分の国が好きなのです、波蘭の子供を大事にして下さつたことを有り難く思ひます。日本赤十字のお蔭でなかつたならば、多数のものは凍えて死んでしまつたでせう。さもなければ、餓ゑ死んだのです。私達の心は感謝に満ちて居りますが、それを言ひ表はす言葉がありませぬ。それから皆さんに御願ひがあります。何卒皆さんのことや学校のこと、御国のこと、草木のこと、果物や花のことなどを書いてよこして下さい。こちらには沢山花がありますし、穀物は立派に取れ、森には樅があり、葉の茂つた樹があります。もう一度御礼を申上げます、どうぞ早く御返事を下さい。

一九二三年三月三日　　マリモントのク〔グ〕ラマースクール　ゼツト・ハチヨウイツク

つぎに、日本の児童からの返事二通である。

なつかしい波蘭の少年諸君よ

私共は今お送り下さつた、お手紙を拝見する事はまことにうれしく思ひます。まだ見ぬ国の諸君がまことになつかしく思はれます。

なつかしの諸君よ、同じ地球に住む人人が互に同情しあひ、助け合ふのに何のふしぎがありませう。ましてやさしい波蘭の諸君達ですもの。諸君の国と僕等の国とはどんなに遠くはなれてゐるでせう。たとへ、どんなに遠くても、たがひに愛の心はかはりません、諸君の云ふとほり諸君の国と僕等の国とは気候がちがひ、地質もちがひます。僕等の国はあのおそろしい大地震〔関東大震災〕に遇つたのであります。まことにあの時の事を思ひ出すと、ぞつとせずにはゐられません。
多くの人々は家をうしなひ、お金をうしなひ、あるいは命までもうしなつたのであります。けれども幸に僕達の学校は生徒も校舎も無事でありましたから御安心下さい。この震災につきまして世界各国から大さう同情をうけましたことを一同衷心から感謝してゐます。

牛込余丁町少年赤十字団員　小池偉雄（一〇歳）

シヨンバルサアザク〔ジヨン・バルサアザク〕君へ

ボワク・マトウワエウスキ君へ

御手紙有難く拝見いたしました。お国の有様を聞かせてもらつたのは僕等にとつて非常にうれしいことでありました。
先年敦賀港へ貴方等の中には来られた人もあるでせう。何分国情が違ふので、十分に満足して戴くことの出来なかつたのは残念です、その時には港から約一里程はなれた松原公園の中に建つて居る松原尋常高等小学校へ来られてお休みになつたのです。その学校は僕等が毎日通つて勉強して居る学校なのです。此所であなたらは日本の国歌「君ケ代」を先生から教へて貰つたでせう。また食事もしたでせう。この松原は裏日本でも名高い公園であつて、松が幾千本ともわからぬ程沢山生えて居ります。〔中略〕これまでは僕等が住んでゐる付近の模様を書いたのですが、次に日本の一年中のお話しを少し致しませう〔中略〕
日本にはこの間の九月一日より三日にかけて大地震大火災がありました、〔中略〕ですから今は日本中の国民がお金を出し合つて帝都をもと通りにしようと思つて一生懸命になつて居ります。

波蘭の子供達へ御伝へ下さい、此から後も度々御手紙の往復を願ひます、親愛する君よ身体を大切になさつて下さい。

一九二三年一一月九日　　福井県松原尋常小学校六年生　伊藤卓朗

以上のように、かつてビェルキェヴィチ夫人が、「此度の御恩を機会と致しまして、縦令波蘭児童が貴国を去りたる後にも他日日本国の児童と我波蘭国の児童と接近否な連絡を生ずることのあるべき場合も亦妾の確信する所で御座います」(60)と述べていた趣旨の一端が、まがりなりにもここに実現することになったのである。

三　昭和初期のポーランド児童と日本

1　貴族院議員のポーランド訪問

一九二九(昭和四)年九月、貴族院議員の東郷安が欧米視察旅行の途次、ポーランドを訪問した。無線電信の仕事をしていた彼は、以前からポーランドの無線設備がよくできていて、ヨーロッパに「通信するには、あすこが一番よい」と認識しており、もともとポーランドに対する強い関心を抱いていた。

さらに日本赤十字社の阪本釤之助副社長から、かつてのポーランド孤児の「その後の消息を知りたい」という話を聞いていた彼は、「それでは波蘭孤児の状況を視察旁々彼等を慰問して、将来の連絡をもとるやうにしてみたい、といふやうな意味のお使ひをさせて頂くことになつた」のである。(61)

九月一五日、東郷がワルシャワにあるポーランド赤十字社を訪問すると、総裁は旅行中で不在であったが、副総裁をはじめとする幹部や篤志看護婦などから公式の挨拶と丁重なもてなしを受けた。そしてその際、かつてのポーランド孤児救済事業に対する彼らの変わらぬ感謝の気持ちが、つぎのように語られたのであった。

わが国の孤児を御救済下すつた貴国の御好意に対しては波蘭国民として決して忘れない、貴国の親切はあの時ばかりでなく、今日尚私共の感謝してゐるところである、お蔭であの時の孤児達も追々成人して、或者は職業に就き、或者は孤児院に在つて、朝夕貴国の御恩義を感謝してゐる、日本赤十字社の活動は各方面から聞いてもゐるし、いろ〳〵の文献によつても承知してゐるが、全く敬服の他ない、一層の御発展を祈つてゐる旨御伝へ願ひたい

さらに、第一次救済事業の防疫勤務中に自らが感染して死去した看護婦の松澤フミのことにとくに言及し、「孤児収容の際貴き犠牲となつて、殉職されたことは、実に永久に記念し、尊重すべき事実として忘れてゐない」と述べ、故人への功労章を託されたのであった。(62)

その後東郷は、ワルシャワの街はずれにあり、ユダヤ人居住区の傍らにある孤児院を訪問した。院長と孤児たちが玄関まで出迎えてくれたが、孤児たちが集められた二階の大ホールの正面には、当時の日本の皇后の写真が飾られ、日の丸も掲げられていた。院長が「こゝにゐる者は、かつて貴国のお世話になつたものです」と紹介した孤児たちも、「もう大部成人して、中には背広なんかをきちんと着てクラーク然としたものもゐ」た。そして「あの当時日本語を覚えてゐたが、今はすつかり忘れてしまつた」といいながらも、院長の指揮で「君ケ代」が合唱された。「勿論少し調子の違つたもので、我々には耳馴れないエキゾテイツクなもの」であったが、さらに「もし〳〵亀よ、亀さんよ」も歌われ、「彼等がいかに日本を憧憬し、この珍客をうれしく迎へたか」がわかるもてなしであった。

さらに院内のある部屋のマントルピースのうえには、当時の日赤篤志看護婦人会の鍋島侯爵夫人や浜尾夫人らの切

り抜き写真があり、他の部屋には松澤看護婦の写真が掲げられていた。そしてとくに院長は、「この松澤看護婦の尊い犠牲によつて、これ等の孤児は今日無事に暮してゐられるのであるから、これは永久に伝える、将来波蘭で託児所とか孤児院とかを新らしく作る時には、それにマツザワの名を冠するつもりである。私達波蘭国民は、それほど貴国の好意に感謝してゐる」と、亡くなった看護婦と日本とに対する感謝の気持ちを、重ねて表明したのであった。(63)

こうして東郷のポーランド訪問の目的は達せられたが、彼によれば「日本赤十字社に於ける波蘭孤児救済の事実は、波蘭の津々浦々までも知れ亘つてゐて、彼の国民は非常に感謝してゐるのであります。会う人毎に話に出ますのは、あの話と東郷大将の話であります」という状況であったのである。

したがって日本のかつてのポーランド孤児救済事業は、東郷においても、つぎのように積極的に意義づけられるものであったのである。(64)

今から考えてみますと、あの時使つた金は非常に有効なものでありました。あの孤児達が成人して、各自の職業についたとき、彼等は永久に日本の好意に感謝するでありませう、そして、それは日波親善の上に必ず良き影響を齎すものであると信じて居ります。

2　ポーランド孤児救済事業の「完了」としての記念誌の編纂

ポーランド孤児たちが無事母国に帰還してから一〇年が経過した一九三二年、「波蘭国避難民児童救護会」の元副会長ヤコブキェヴィチから在ポーランド日本公使館に対して、ある依頼を認めた書簡が舞い込んできた。(65)

それは、この一〇年の間に孤児たちも立派な成人となり、「自活し得るやうに、それ〴〵の技能を伸ばし」「若干のものは結婚して子供まである身分」になるなど、「波蘭孤児救済事業は、今や其の終末を告げんとして居る」。そこで、本救済事業の梗概、すなわち救済の経過や関係各国・各地についての諸種の関係「材料」を蒐集し、記録を編纂したいと思っている。ついては、なんらその「材料」をえていない日本関係の資料の蒐集にあたり、日本赤十字社の援助をえたいということであった。

すなわち、救済事業の「成否は一に日本の援助によつた」のであり、日赤は「物質的援助」のみならず、「崇高な博愛の道を教へて呉れ」、それは「何物よりも最も貴く、最も価値ある要素となつた」。しかもそうした「非常に崇高な博愛仁道」は、日赤社員だけでなく、多くの日本人や団体からも表明され、「個人として自発的」に援助をおこない、「格段なる同情と親切との雰囲気を以て孤児を取り巻いた」。「日本人一般の人々の心からの同情は、頗る深く、頗る宏大、頗る多種多様に表はされた」のであり、そうした「同情と親切とは当時は子供」であったが、「深く其の脳底に染み込み、曾てこれを忘れたことがない」。したがって「波蘭の孤児が日本に滞在した為に、日本全国の人々が種々の方法により同情を表された具体的の事柄を委細取調べたい」ということなのであった。

以上のようなヤコブキェヴィチの依頼は、やがて日本外務省から日本赤十字社に伝えられることになり、日赤はその希望に沿うべく資料の蒐集に努めることになったのである。

3　極東青年会と日本

すでに触れた極東青年会は、もとはシベリアから帰国した児童たちにより組織されたもので、一九三〇年の初頭から活動を開始している。ワルシャワの日本公使館とも深いつながりをもち、日本の外務省の依頼を受けた日本赤十字社からも資金援助を受けており、その意味で、一九三〇年代の日本とポーランドとの交流を語るうえで欠かすことのできない存在である。ただし、ここでは紙幅の関係もあるので、詳しくはこれまでの関係文献に譲ることとし(66)、従来さほど知られていない若干の歴史的事実に触れることにしたい。

（1）　日本赤十字社大阪支部病院医師のワルシャワ訪問

一九三六年九月、日赤大阪支部病院耳鼻咽喉科の二本杉欣一医長が欧米諸国を視察中に、かつてのポーランド孤児が「日本に感謝する一団体」を組織していることを耳にした。そこで彼はワルシャワに立寄り、日本公使館とポーランド赤十字社の取り計らいで、五〇名の極東青年会のメンバーと会うことができた。

彼らは「小生の来訪を殊の外悦んでくれて旧知に逢ふ様な遇し方」で、夕方五時頃から汽車の出発間際の一〇時まで「面白く遊」んだ。「『もし〳〵亀よ―亀さんよ』の歌を唱ふものあり、又ポーランドの遊戯を一同でしたりして一夕を子供になつて遊」んだが、「最後に一同が東へ向つて君が代を唱ひ最敬礼をした時は涙の流るゝを禁ずる事が出来」なかった。また停車場でも多数の人々が見送り、「ハンカチを振り姿の見えぬ様になる迄訣れを惜し」んだ。

彼らは「何れも現状に感謝し今日あるを得たのは日本のお蔭」と述べ、さらに「吾人は未だ微力で具体的に謝恩の意を示す事は出来ないが如何にしてその微意を示し得るかは吾人の念願である。年二回ワルソーの日本人を招待して感謝の会を開き、又ワルソー来訪の日本人にはご案内の役を勤めてゐるが是がその一端である」と語っていたのである。

なお右記の様子を伝える二本杉医長の九月一〇日付の手紙が日赤大阪支部病院に届けられた数日後、会合に出席した文学士のヴィクター・エゼウスキーが極東青年会を代表して前田松苗同病院長宛てに、会合出席者の寄せ書きとともに手紙を寄せた。そして九月一五日付のその書簡には、「私や私の友人達は何時もお国を忘れる事が出来ず衷心感謝致し、今一度この懐かしい土地を訪れる機会をと待望んでゐるのです、〔中略〕此の手紙が私共の御国への感謝を伝え、両国民の理解と友誼を深めますなれば無上の光栄で御座います」と、彼らの思いがつづられていたのである。(67)

（2）　日本赤十字社と外務省による極東青年会への資金援助

一九三三年一二月、在任中に死去した河合博之公使の後任として、伊藤述史がワルシャワに赴任した。彼は三五年三月一五日付で広田弘毅外務大臣に宛て「極東ヨリ帰国セル波蘭孤児ニ関スル件」を打電した。それは、日本赤十字社による極東青年会に対する資金援助を稟請するものであった。

すなわち、ポーランド孤児の「其後ノ運命ニ関シテハ畏レ多クモ我皇室ニ於カセラレテモ先任者河合公使ノ本邦出発当時御下命ノ次第モアリ御関心ノ程ヲ示シ給ヘルヲ拝察」し、「本使モ着任以来其実情ヲ調査」していたが、「右孤児団ハ我国ヨリ受ケタル恩恵ヲ忘ル、コトナク常ニ本邦ニ対シ深ニ感謝ヲ示」しており、「現下ノ波蘭国状ニ於テ我国ニ対シ最モ好意ヲ有スルモノトシテハ右孤児ノ一団ノ右ニ出ズルモノ無キコトヲ確信スルニ至レリ」。したがって「今後共一層此一団ヲ守立ツルコトハ波蘭ニ於テ何等為スコトアル如キ場合ニ之ヲ利用シ得ルノ素地ヲ作ルコト、ナリ我国策上肝要ノ事ト思考セラル」。

それだけでなく、「常時同団ヲ利用スル方法尠カラズ」。たとえば「右孤児団ハ昨夏休暇ヲ利用シ我方ヨリ貸与セル活動『フィルム』ヲ以テ波蘭各地ヲ巡遊シ我国情ノ紹介ニ努メ多大ノ成績ヲ挙ゲタル」が、それに徴するも「当国々民ニ対シ宣伝乃至ハ我事情紹介等ノ場合」にも、日本「公使館ガ直接衝ニ当リ各方面ノ猜疑ヲ招クヨリモ右ノ如キ我国ニ歴史的関係深キ波蘭人ノ団体ニシテ事ヲ行ハシムルコト其効果ニ於テ数倍ナルコトハ言ヲ俟タザル所ナリ」。したがって「本使トシテハ斯ル意味ニ於テモ亦右孤児団ヲ一層守立テ度キ所存ナリ」。

しかし極東青年会は、「何分無資力ニシテ年長者ハ其所得ヨリ献金シテ年少者ヲ援助シ居ル現状」にあり、「財政上他ニ比較シ一層窮境ニ在ルコトハ申ス迄モ無キ所ナリ」。ついては、そうした二つの目的のため、「此ノ際本件孤児団ノ為メニ或種ノ資金ヲ作リ与ヘ少クトモ事務所費用ノ一部ニテモ支払ヒ得ルコト、モナラバ彼等ヲシテ活動セシムルニ好都合カト」思われる。

ただ、「我政府ノ名ニ於テ之ヲ為スコトハ種々ノ意味ヨリ面白カラザル儀」につき、「出来得レバ之等孤児ヲ悲境ヨリ救ヒ今日在ラシメタル我赤十字社ニ於テ其開始シタル事業ヲ継続スルノ意味ニ於テ右資金捻出ノ衝ニ当タラル、ニ於テハ各方面ヨリ見テ好都合ナルノミナラズ赤十字社トシテモ折角著手シタル事業ヲシテ有終ノ美ヲ全フスル所以トモナリ」（傍点筆者）、また「畏レ多クモ河合公使赴任ノ際御下命アリタリト伝ヘラル、聖旨ニモ副ヒ奉ル次第トモ被存ル、ニ付此点特ニ赤十字社ヘ御伝言ノ上右実行方御懇談願上度シ」とし、日本円で一万円かポーランド通貨で一万ヅロチー（日本円で約七千余円）の支出を求めたのであった[68]。

この伊藤公使の稟請は、翌一九三六年有田八郎外務大臣によって「了承」され、日本赤十字社に資金調達が依頼された。その結果、外務省からの資金一〇〇〇円と合わせて合計五〇〇〇円が用意され、伊藤には、日本赤十字社名による極東青年会への寄贈方をしかるべく取り計らうように訓令がなされた[69]。

それを受けて伊藤が、「本件資金ヲ最モ有効ニ活用スル案[70]」を極東青年会に求め、また同青年会の「保護者」の立場に立つ前社会大臣「フービツキ」に相談した結果、青年会への直接交付ではなく、「フービツキ」を首班とし、「青年会名誉会員及後援者ノ主ナル者」で「極東青年会友愛会」という団体を組織し、それに対してポーランド政府からの補助金と合わせて寄付することになったのである。

結局、それらの資金は、友愛会設立の法的手続きに時日を費やした結果、政府認可後の一九三七年五月二一日に青年会幹部、友愛会員、日本公使館員など関係者約五〇名が参集するなか、「極東ヨリ日本ヲ経テ祖国ニ皈ヘレル波蘭青年子女ガ日本ノ事ヲ忘レズ将来両国民親善ノ楔トナランコトヲ切望」しつつ、「フービツキ」に交付されたのであった[71]。

(3)　三島章道と極東青年会

貴族院議員の三島章道（ペンネーム、本名は通陽）が、万国議員商事会議に出席のため一九三八年にポーランドを訪問した際、極東青年会から大きな歓迎を受けた。酒匂秀一特命全権大使（一九三七年一〇月一日付で大使館に昇格）が官邸で開いたレセプションで、三島は彼らが「皆、月給の一部を貯金してゐる。それは憧れの国日本に再び旅行に行きたいための貯金〔中略〕オリンピック〔一九四〇年に開催が予定されていた東京オリンピックのこと〕がなくなつて本当に残念だが、オリンピックは問題ではない。どうしても日本へもう一度行きたい」などの話を聞き、彼はつぎのように述懐している。(72)

思へば十数年前のシベリヤ出兵の我軍人さん達と、それから当時の日本赤十字社の人々は、本当によいことをされたものだと思ふ。これらの人々は決して、こんな結果を予期してされたのではあるまい。たゞあはれな孤児達をみて純真な惻隠の心から、孤児達に温かい手をさしのべたのであらう。そこが日本精神だ。そこが尊いのである。今やそのまかれた種は成長してその花は咲き、実を結ばんとしてゐる。我らは、やはり彼らに、清い手をさしのべてやらねばならぬ。「恩をかへせ」なぞといふやうな、いやしい心で少しでもぶつかつて行つてはならぬ。丁度十数〔年〕前の我らの先輩のやうな清い心で彼らと手を結んで行つたなら、それこそ必ずや地球の東西に美しい実を結ぶであらう。

おわりに

一九二一年五月七日、ポーランド駐在の初代特命全権公使として川上俊彦が旧知の「ドムスキー」〔ドモーフスキー〕外務大臣心得に対して着任の挨拶をした際、「ドムスキー」は、日本政府によるかつてのポーランド孤児救済事業への「深厚ナル謝意」を表するとともに、「波蘭ノ対露関係ニ於テ必ス日本ト東西立テ相提携セサルヘカラサルノ必要」を力説した。(73)

他方、ポーランドの独立運動をよく知る川上公使も、そうしたポーランドの日本への深い「同情と感謝の念」の由来を、日露戦争時のロシアを間に挟む両国の歴史的関係にまでさかのぼって説いており[74]、それら両国外交担当者の認識に共通してみられるように、日本とポーランドの歴史的関係を考察するとき、両国がロシア〔ソ連〕の東西に位置する国であるという地政学的な意味が、当時の政治外交上、さらに軍事上大きな意味をもっていたことは、まぎれもない事実であろう。

たとえば、第二次世界大戦勃発後の杉原千畝カウナス副領事とポーランド陸軍諜報将校らとの協力関係は著名な一事例であるし[75]、本章で取り扱ったポーランド孤児の問題、とくに一九三〇年代後半の極東青年会と日本公使館との深いつながりを、そうした文脈から理解することも可能である。

しかし、ポーランド孤児の救済にかかわる歴史的事実を、そうした側面からのみとらえることは、やや一面的に過ぎるのではないかと思われる。一九二〇年代の救済事業の主体となり、その後も関係をもつことになる日本赤十字社の活動は、やはり戦前期における日本の人道援助活動の好例として評価されるべきであろう。またそうであればこそ、日赤を中心とする日本の救済活動に対する大きな感謝と称賛の声が、ポーランドのみならず赤十字国際委員会や世界各国から寄せられたのである。

「同じ地球に住む人人が互に同情しあひ、助け合ふのに何のふしぎがありませう。〔中略〕たとへ、どんなに遠くても、たがひに愛の心はかはりません」。日本赤十字社によるポーランド孤児救済事業を支えていたのは、少なくともこうした一〇歳の日本の児童にみられるような、当該期の日本人の人道意識にあったのである[76]。

（1）日本赤十字社のポーランド孤児救済事業の概要に関しては、日本赤十字社編『日本赤十字社史続稿』下巻（日本赤十字社、一九二九年、以下『社史続稿』下巻と略記）八二九―八五三頁および日赤自身が当該問題をまとめた記録『波蘭国児童救済事業』（日赤本社所蔵）を参照。

また孤児来日後の日赤救済事業の毎日の様子を記した史料として、『波蘭児童関係日誌　自大正九年七月至同十年八月　共三ノ一』（一九二〇年七月二四日から翌年八月一四日までの日誌、書類編冊番号「三四九九」）、『波蘭児童関係日誌　自大正九年七月至〃十年六月　共三ノ二』（一九二〇年七月二四日から翌年六月二三日までの日誌、書類編冊番号「三五〇〇」）、『波蘭児童関係日誌　自大正九年七月至〃年十月　共三ノ三』（一九二〇年七月二四日から同年一〇月一日までの日誌、ただし中の表紙には「大正九年七月二十四日起　日誌　共三ノ一　波蘭国児童宿舎日本赤十字社派出員詰所」と記されている、書類編冊番号「三五〇一」）が、日本赤十字豊田看護大学に所蔵されている。なお『波蘭児童関係日誌　自大正九年七月至同十年八月　共三ノ一』の表紙上の記載によれば、このほかの関係書類は「救護課へ貸渡中震災ノ為メ全部焼失ス」ということである。

ほかに第二次救済事業に関しては、『大正一一年八月起　波蘭児童大阪収容所日誌』（日赤大阪支部、一九二二年）があるが、筆者は未見である。

さらに『博愛』第三九九号（一九二〇年七月一〇日）から第六三〇号（一九三九年一月一〇日）にも、救済事業や帰国後の孤児の消息など関連する記事が多く所収されている。

主たる関係書としては、松本照男「大正九年シベリア孤児救済秘話」（『Voice』一九八三年一一月号）、兵藤長雄『善意の架け橋――ポーランド魂とやまと心』（文藝春秋、一九九八年）、日本海地誌調査研究会敦賀上陸ユダヤ人難民足跡調査プロジェクトチーム編集・発行『人道の港　敦賀』（二〇〇七年）、涛声学舎編『阿字門叢書3　欧亜の架け橋――敦賀』（涛声学舎、二〇〇八年）、エヴァ・パワシュ＝ルトコフスカ、アンジェイ・タデウシュ・ロメル（柴理子訳）『日本・ポーランド関係史』（彩流社、二〇〇九年）などがあり、本章執筆に際しても参考にした。またポーランド語・日本語の二か国語で著されたもっとも新しい文献としては、以下がある。"Teruo Matsumoto 松本照男 Wiesław Theiss ヴィエスワフ・タイス, *Dzieci syberyjskie シベリア孤児：Pomoc Japonii dla dzieci polskich z Syberii, 1919-1922* 1919-1922, *ポーランド児童救済への日本の援助*" Wydawnictwo Akademickie „Żak", Warszawa, 2009. 同書には、第二次救済事業、帰国後の児童の状況、極東青年会の活動などに関する多くの有益な記述がある。

なお筆者自身は、「シベリア出兵とポーランド孤児の救出」（黒沢文貴・河合利修編『日本赤十字社と人道援助』東京大学出版会、二〇〇九年）において簡単な素描を試みている。

（2）　日本赤十字社編纂兼発行『波蘭国児童救済事業』七頁。

(3) 一九二〇年六月二〇日付埴原正直次官より石黒忠悳赤十字社社長宛て文書に添付された「一九二〇年六月一九日付在浦汐避難民児童救護会会長アンナ・ビールケウィッチの覚書」(外務省記録6. 3. 1. 8-13『変災及救済関係雑件(別冊)波蘭孤児救済方ノ件』、外務省外交史料館所蔵)。また『波蘭国児童救済事業』一五―一六頁、「波蘭児童救済会の陳述書」(『博愛』第四〇九号、一九二一年五月一〇日)も参照。

守屋長・織田寅之助『野の国ポーランド――その歴史と文化』(帝国書院、一九四九年)によれば、ビェルキェヴィチ夫人の嘆願を「非常に同情的な態度」でもって「熱心に聞いて呉れた」のは、当時外務書記官であった武者小路公共であった(一九四頁)。この点については、武者小路自身もその著書『外交裏小路』(大日本雄弁会講談社、一九五二年)のなかで、言及している(二二五―二二六頁)。彼によれば、日赤による援助の話を聞いた夫人は「まるで夢のようです。今迄何処へ行つても、断られて、殆ど絶望と思つていたのに、こんな十二分な御配慮を得られることになつて、本当に私は何と御礼を申し上げてよいか判りません」と涙ながらに述べたのであった(二二五頁)。

ちなみにビェルキェヴィチ夫人の名刺には、「波蘭赤十字社々長、波蘭児童救済会々長　アンナ、ビールケッチ」とその肩書と氏名が記されていた(『変災及救済関係雑件(別冊)波蘭孤児救済方ノ件』所収)。また夫人の名前の表記については、当時の文書中「ビールケウィッチ」「ビルケヴィチ」「ビルケウィチ」ほか、いくつかの例がある。

なお『日本・ポーランド関係史』(八七頁)等によれば、ビェルキェヴィチ夫人は「駐ウラジオストク日本領事(一九三〇―三一年には在ポーランド代理公使)の渡辺理恵」の紹介状を携えて外務省を訪れたとされている。ただしこの点に関しては、現存する外務省記録からは確認できない。外務省外交史料館日本外交史辞典編纂委員会編『新版　日本外交史辞典』(吉川弘文館、一九九二年、付録八五頁)によれば、一九二〇年六月時点でのウラジオストック総領事は菊池義郎であり、渡辺領事の総領事代理としての着任は、一九二一年七月のことである。ただし渡辺は一九一八年七月以来、副領事や浦潮派遣軍政務部部員としてウラジオストックに在勤しており、一九一九年一〇月に領事となり、翌一一月から二一年七月まで浦潮派遣軍政務部部員を兼務している(外務大臣官房人事課編纂『昭和八年拾月編　外務省年鑑　貳』一九三四年四月印刷、一六五頁)。

(4) 一九二〇年六月二〇日付埴原次官より石黒赤十字社社長宛「在西比利亜波蘭国孤児救済方ニ関スル件」および「日赤秘書課長吉安延太郎より外務省政務局外交官補森島守人宛文書」(いずれも『変災及救済関係雑件(別冊)波蘭孤児救済方ノ件』所収)。

（5）　一九二〇年六月二〇日付埴原次官より石黒赤十字社社長宛「在西比利亜波蘭国孤児救済方ニ関スル件」および一九二〇年六月二九日付埴原次官より陸軍次官宛「在西比利亜波蘭国孤児救済方ニ関スル件」（『変災及救済関係雑件（別冊）波蘭孤児救済方ノ件』所収）。実際には、外務省政務局の森島守人外交官補が、六月二一日に日本赤十字社本社に出向き、事案の説明をおこなっている（「日赤秘書課長吉安延太郎より外務省政務局外交官補森島守人宛文書」および一九二〇年七月五日付日本赤十字社々長男爵石黒忠悳より外務大臣子爵内田康哉宛「波蘭国児童救援ニ関スル件」『変災及救済関係雑件（別冊）波蘭孤児救済方ノ件』所収）。

（6）　一九二〇年六月二九日付埴原次官より陸軍次官宛「在西比利亜波蘭国孤児救済方ニ関スル件」。なおこれに先立つ六月二四日付で、内田外相はウラジオストック駐在の松平恒雄浦塩派遣軍政務部長に対して「波蘭国孤児救済方ニ関スル件」（『変災及救済関係雑件（別冊）波蘭孤児救済方ノ件』所収）を発し、そのなかで「赤十字社ニ対シ本件救護引受方ヲ慫慂シ、幸ニ同社ノ快諾ヲ得候ニ付、〔中略〕派遣軍司令部ト御協議ノ上紹介状発給其ノ他出来得ル限リノ便宜供与方御配慮相成度」と述べるとともに、「追而本件ハ陸軍省ニモ派遣軍宛照会方依頼致置候尚貴地ヨリ敦賀渡航ニハ陸軍用船ヲ充ツルコトニ陸軍省ヨリ内諾ヲ得候ニ付右為念申添候」と伝えている。

日赤の正式な受諾回答も、陸軍への正式な協力依頼も、本文で述べているように二四日以降のことであるが、外務省はかなりすばやい対応をとっていたといえよう。また二九日付の照会に対して、山梨次官は七月一五日付で埴原次官に宛て「異存無之」と回答し、なお「児童収容所ハ日本赤十字社ニ於テ既ニ東京市内ニ選定済ナル由ニ付旧習志野俘虜収容所ノ使用ヲ要セサルニ至レルモノト被存候」としている（「在西比利亜波蘭国孤児救済方ニ関スル件回答」『変災及救済関係雑件（別冊）波蘭孤児救済方ノ件』所収）。

（7）　一九二〇年七月五日付日本赤十字社々長男爵石黒忠悳より外務大臣子爵内田康哉宛「波蘭国児童救援ニ関スル件」。

（8）「在西比利亜波蘭国孤児本邦渡来ニ付右入国ニ際シ便宜供与方ニ関スル件」（『変災及救済関係雑件（別冊）波蘭孤児救済方ノ件』所収）。

（9）　吉安秘書課長が持参した「波蘭児童収容ニ関シ波蘭側代表者ノ意見聞合セヲ要スル事項」には、「一、児童収容所ハ東京ニ於テ寺院其他成ルヘク広間ノ建物ヲ以テ之ニ充ツル計画ヲ為サントス但シ必ス一箇所ニ設ケントスルコトハ困難ナルヘシ故ニ数箇所ニ分割スルコトアルヘキヲ予期アリタシ　二、児童ノ給養ハ成ルヘク日本赤十字社ヨリ現金ヲ交付シ波蘭側ニ於テ糧食其他ノ諸用ヲ調弁サレタシ但シ此等ノ諸費ニ充ツル為メ一日一人ニ付七拾銭ヲ限度ト承知致置キ差支ナキヤ　〔中略〕

四、〔中略〕蚊帳ノ準備ハ必要ナキヤ若シ必要トセハ日本在来ノモノニテ差支ナキヤ　五、児童ノ男女別及年齢別ヲ通知サレタシ　六、児童中赤十字病院ニ入院治療ヲ受ケシムル者ハナキヤ若シ之アレハ（東京到着ノ際出迎ノ準備ヲ要スル為ニ）但シ多数ノ患者ハ収容シ難キ場合アルヲ諒セラレタシ　〔中略〕八、浦塩ヨリ敦賀マテ便乗船、敦賀ヨリ東京マテノ汽車ハ日本側ニ於テ便宜ヲ供与ス」と記されていた（『変災及救済関係雑件（別冊）波蘭孤児救済方ノ件』所収）。

(10)『社史続稿』下巻、八三三頁。

(11) 松本「大正九年シベリア孤児救済秘話」二一五―二一六頁。守屋長・織田寅之助『野の国ポーランド――その歴史と文化』によれば、後年ビェルキェヴィチ夫人は日本への嘆願について「日本に頼つたらどうかと云う考えは最初から持たなかつた訳でもないが、何処へ行つても又誰に聞いても、日本人はそんな親切な人間でなく、恐らく日本へ行つても無駄だろうと云われました。然し百方手を尽しても此の人道上の問題を解決して呉れない人達の忠告を聞くよりも、寧ろ無駄であつても日本へ行つて頼んで見る方が有意義だと決心しました。〔中略〕約束の日に外務省を訪ねると、此の救済は日本赤十字社が引受けて呉れる事になりました、との返事で私は感謝と安心で気が遠くなる程でした。私が若し今迄耳にした忠告を信じて、日本を頼る気にならなかつたとしたら、私は危くシベリヤの孤児を餓死させてしまう所であつたと、日本人に対する誤解が恐ろしくなりました」（一九四頁）と述べており、それゆえにいっそう日赤による援助決定がうれしかったのであろう。

なお昔からヨーロッパでは、「日本を指して『子供の極楽郷』」（「慈愛の御手」『博愛』第四二二号、一九二二年六月一〇日、二七頁）、「児童の楽土」（「波蘭病児の受けた懇切な治療」『博愛』第四一四号、一九二一年一〇月一〇日、一五頁）と称していたともいわれている（他に、「波蘭孤児救済の反響」『博愛』第四二九号、一九二三年一月一〇日、二四頁も参照）。

(12) 松平政務部長より内田外相に宛てた七月一三日付の「波蘭孤児救済方ニ関スル件」によれば、第一回の孤児輸送に関して「一団ノ当地及敦賀間運賃ハ支払ヲ要セサルモ船中ノ飲食其他船ニ対スル雑費等ハ特別割引ヲ為サシメタルモ結局一名ニ付一円宛テ要スル義ニ付今回分丈ケハ本官ヨリ寄附金ヲ以テ支弁致置候得共将来残部員ノ渡航ニ際シテハ右ノ割合ニテ我赤十字社側ヨリ御支給相成カ又ハ全然彼等自身ノ負担トナサシムルカ其辺同社ト御交渉ノ上何分ノ儀御回示相成候様致度」ということであった。

これを受けて埴原次官は八月一一日付で「第二回波蘭孤児団渡来ニ関スル件」を日赤社長宛てに発し、その詮議を求めている（文書はいずれも『変災及救済関係雑件（別冊）波蘭孤児救済方ノ件』所収）。

(13) 第一回の孤児たちの敦賀上陸に際しては、「敦賀到着ノ際内務省側ヨリ上陸手続ニ関シ故障ヲ唱ヘラレタル為メ陸軍運送船筑前丸ハ甚タ迷惑ヲ蒙リタル趣当軍司令部ニ報告有之タル由」ということがあり、そのため松平は「残余ノ孤児輸送ニ際シテハ上陸収容上可成簡便ニ取扱ハルル様関係官庁ニ予メ御照会置相成度」と要請している（七月二七日付松平政務部長より内田外相宛「波蘭避難孤児輸送ニ関スル件」）。

このように、ポーランド孤児受け入れに関する関係諸機関の連携には注意が払われていたが、当初においてはまだうまく機能していなかったようである。

ただし、この件に関しては、外務省もただちに対処している。すなわち、八月一一日付で内田外相から菊池在ウラジオストック総領事宛てに「在西比利亜波蘭国孤児団本邦渡来ニ関スル件」が発せられ、「先般第一回孤児団渡来ノ際ハ簡易上陸取扱方関係官庁ヘ及照会置タルニモ拘ラス地方官憲トノ文書往復ニ予想外ノ時日ヲ要シ為ニ多少ノ手違ヲ生シタル模様ナリシヲ以テ今後右様ノ手違ナキ様関係ノ向ヘ注意致置候モ尚今後ハ貴官ヨリ同孤児団ニ対シ前回通リノ証明書ノ外ニ総括的証明書（邦文）ヲ発給セラルルコトト致度旨内務省ニハ申越至候ニ付右様御承知ノ上可然御取計相成度」と通報されている。

なお、同日付で同内容のものが、内田外相から松平政務部長宛てに「波蘭避難民孤児輸送ニ関スル件」としても発せられている。さらに同日付で、埴原次官より内務・大蔵の両次官宛てに「第二回本邦渡来波蘭孤児団ノ入国手続簡易取扱方ニ関スル件」がだされ、「入国手続ニ関シテハ出来得ル限簡易取扱方予メ関係ノ向ヘ御通達相成候様致度」と依頼されている（文書はいずれも『変災及救済関係雑件（別冊）波蘭孤児救済方ノ件』所収）。

(14) 児童受け入れの様子については、「波蘭の孤児来る」（『博愛』第四〇〇号、一九二〇年八月一〇日）参照。
(15) 「波蘭児童宿舎ニ関スル事務主幹勤務心得」「波蘭児童宿舎掛勤務心得」などが作成されている（『波蘭国児童救済事業』二〇―二一頁）。
(16) 『波蘭国児童救済事業』二二―二三頁、『社史続稿』下巻、八三五―八三六頁。
(17) 『社史続稿』下巻、八三七―八三八頁。
(18) 『波蘭国児童救済事業』三三―三七頁。
(19) 『博愛』第三九九号（一九二〇年七月一〇日）一頁。
(20) 同右、第四〇〇号、一頁。
(21) 同右、三頁。
(22) 『波蘭国児童救済事業』三八―四二頁。国民からの寄付について、『博愛』は「世間の同情」「波蘭孤児に対する同情」「世

人の同情」などの項目を設けて、詳細に伝えている。その点に関しては、『博愛』第四〇〇号、三頁、同四〇一号（一九二〇年九月一〇日）九―一〇頁、同四〇二号（一九二〇年一〇月一〇日）一九頁、同四〇三号（一九二〇年一一月一〇日）六頁、同四〇四号（一九二〇年一二月一〇日）六―七頁、同四〇五号（一九二一年一月一〇日）一〇―一一頁、同四〇六号（一九二一年二月一〇日）一四頁、同四〇七号（一九二一年三月一〇日）一六―一七頁、同四〇八号（一九二一年四月一〇日）一二頁、同四〇九号、七―八頁、同四一〇号（一九二一年六月一〇日）一二頁、同四一一号（一九二一年七月一〇日）一八頁、同四一二号（一九二一年八月一〇日）一一頁、同四一四号（一九二一年一〇月一〇日）一六頁を参照。

(23)『波蘭国児童救済事業』三一―三三頁、『社史続稿』下巻、八三八頁。皇后の御下賜については、『博愛』第四〇一号、一〇頁、同四〇三号、五頁、同四〇四号、五頁、同四〇八号、一二頁も参照。

(24)『社史続稿』下巻、八三九頁。

(25)『博愛』第四二三号、二六―二九頁。

(26)『波蘭国児童救済事業』二九頁。なお『社史続稿』下巻では、施設に「収容ノ当時概ネ顔貌蒼白ヲ呈シ破綻ノ粗服ヲ身ニ纏ヒ跣足ニテ歩行セシ可憐ノ児童モ生活ノ安定ヲ得テ身神共ニ一変シ真ニ活気アル児童ト為レリ」と記されている（八三八頁）。

(27)『波蘭国児童救済事業』二九―三一頁。児童の横浜港出発日と回数は、一九二〇年九月二八日、一〇月二一日、一二月六日、同月二七日、二一年三月四日、六月一八日、七月八日の七回であるが、このほかに付添人のみの渡米が、二一年一月二一日と五月六日の二回ある（同書、二九―三〇頁）。

なお児童の第一回目の渡米船には、アメリカを経由して渡欧する武者小路公共が偶然にも乗り合わせ、児童や付添人と交流している（『外交裏小路』二二六―二二七頁）。

(28) 第二回訪日児童の渡米に際し、一〇月一五日におこなわれた送別会におけるビェルキェヴィチ夫人の謝辞（『博愛』第四〇三号、六頁）。なお第一回訪日児童の渡米の際の送別会においても、ビェルキェヴィチ夫人はつぎのような謝辞を述べている（『博愛』第四〇二号、一八―一九頁）。

貴日本国にて波蘭の児童を何等政治的の意味なく御救済下されたる事を茲に厚く御礼を申上度存じます。日本国にて我国児童の御世話に相成居る事は妾の終生其御恩を忘却する事は出来ません。同時に貴国人の義俠的国民たる事も亦忘却致しません。児童も亦此の義侠的精神には深く感銘致して居ります。彼等児童は成人の暁には必ず報恩を致す事と存じます。〔中略〕波蘭の児童は独り飢餓のみならず貴国の御蔭を以て道徳の堕落を免れました。貴国日本国の御救済は米国に取りて最も良き模範となり貴国の今回の御尽力に鑑み同国にては大に発奮し目下醵金を始めましたれば其御蔭にて他日否不日孤児院を幾個も建設し得る事と存じます〔中略〕貴国の今回の御救済は実に人道上大なる価値あるもので妾の計画を実現するに当り之れに資すること又大なりと信じ一言閣下に御礼を申し述べたく存じます。

(29)『波蘭国児童救済事業』三一頁。

(30)「一九二一年四月一九日波蘭孤児救済会長『アンナビルケウイチ』ニ関スル件」(『変災及救済関係雑件（別冊）波蘭孤児救済方ノ件』所収)。

(31)「児童救済事業一段落」(『博愛』第四一三号、一九二一年九月一〇日) 一〇—一一頁。

(32)『社史続稿』下巻、八四二—八四三頁。なお懇願書については、『波蘭国児童救済事業』六七—七二頁参照。

(33)『社史続稿』下巻、八四三頁。なお『波蘭国児童救済事業』七二—七四頁も参照。

(34)「一九二二年七月二一日付日赤社長平山成信より内田外相宛文書」(『変災及救済関係雑件（別冊）波蘭孤児救済方ノ件』所収)。なお平山日赤社長はポーランド公使に対して六月二七日付で、「二千人ノ児童及付添人ヲ輸送スルニハ百数十万円ノ経費ヲ要シ到底本社丈ケニテハ負担シ難キ事ハ申迄モ無之理事会ニ於テ篤ト詮議ノ末最モ救済ノ急ヲ要スル四百名許ノ児童及之カ付添人四十名ヲ『ダンチッヒ』港迄輸送スルニ必要ナル経費ヲ負担スル事ニ可致ト決議シ不日常議会ニ提出シテ協賛ヲ求メ候準備中ニ御座候間不取敢御報告申上候」との通牒を発している(『波蘭国児童救済事業』七六—七七頁)。

それに対してポーランド公使は二八日付の回答を寄せ、そのなかで日赤に謝意を表するとともに、「斯ル慶報カ波蘭国内ニ伝播スルヤ一人タリトモ日本ノ為ニ熱心ナル謝意ヲ感セサルモノナカルヘク又一人タリトモ日本ノ為ニ祝福ノ語辞ヲ発セサルモノナカルヘク将又送還セラルル児童カ成長シ国民トナルニ至ルトキハ此等ノ者ハ日本ノ高尚ナル行動ヲ伝播シ波蘭国内ニ日本ノ光輝ヲ宣揚セシムヘキ次第ニ有之候」と述べている(『波蘭国児童救済事業』七八—七九頁)。

(35)『波蘭国児童救済事業』八〇—八一頁。また七月二三日には覚書が追加され、児童を乗せた輸送船が中継地のロンドンにおいて日本郵船から外国船への乗り換えとなるため、監督上の責任を明らかにする関係上、ロンドン到着時において児童は、ひとまず駐英ポーランド公使が受領し、以後の監督は同公使が担任することとなった(同書、八一頁)。

(36) 同右、九一―九二頁。
(37) 同右、九三頁。
(38) 『変災及救済関係雑件（別冊）波蘭孤児救済方ノ件』所収の記録にもとづく筆者の計算による。
(39) 詳しくは、『波蘭国児童救済事業』九四―一〇四頁を参照。
(40) 『博愛』第四二三号（一九二二年七月一〇日）三九頁。
(41) 同右、第四二四号（一九二二年八月一〇日）三四頁。
(42) 『社史続稿』下巻、八四九―八五〇頁。
(43) 『博愛』第四二六号（一九二二年一〇月一〇日）三五頁。なお同号所載の紫山生「大阪収容所に於ける波蘭児童」も参照。
(44) 『波蘭国児童救済事業』一〇六―一〇七頁。大阪に迎えられた児童が、前回同様、日本人から親身の世話を受け、大きな関心を寄せられた背景には、ビェルキェヴィチ夫人のポーランドの歴史や文学などを日本人に知らせようとする執筆活動があり、そのなかでの最大の功績が、『極東の叫び』という隔週刊の雑誌の出版であったといわれている。この点に関しては、『日本・ポーランド関係史』八八―九〇頁参照。
(45) 児童の数には、第一次救済事業の際日本に残留した児童一名が含まれている。また付添人のうち、八名は旅費自弁者として加わった者であり、一名が都合によりシベリアに戻っている。これらの点に関しては、『波蘭国児童救済事業』九九―一〇〇、一〇五頁参照。
(46) 「香取丸で輸送の波蘭児童一行――祖国に帰つて如何なる夢を辿るか」「熱田丸で輸送の波蘭児童一行――毎朝東に向つて我皇后陛下の祝福を祈る」（『博愛』第四二七号、一九二二年一一月一〇日）参照。
(47) 「波蘭児童一行のワルソー到着と波蘭国民の熱狂的歓迎と感激」（『博愛』第四三〇号、一九二三年二月一〇日）二三頁。
(48) 『波蘭国児童救済事業』一三三―一三四頁。同じ記事が『社史続稿』下巻、八五二―八五三頁のほか、右記「波蘭児童一行のワルソー到着と波蘭国民の熱狂的歓迎と感激」にも収録されている（二三頁）。
(49) 『社史続稿』下巻、八五二頁。
(50) 『博愛』第四一三号、一二頁。
(51) 同右、一〇―一一頁。
(52) 『博愛』第四一七号（一九二二年一月一〇日）三二頁。日赤の孤児救済事業に対するポーランドの謝恩や外国からの賞賛などについては、『波蘭国児童救済事業』五〇―六四、一二一―一三八頁のほか、『博愛』第四〇六号、一四頁、同四〇七号、一六頁、同四〇九号、七頁、同四一四号、一五―一六頁、同四一五号（一九二一年一一月一〇日）二二頁、同四二七号、三五頁、同四二八号（一九二二年一二月一〇日）二二―二三頁、同四二九号、二三―二五頁、同四三二号（一九二三年四月一〇日）四―六、二四頁も参照。なお同様の記録は、『変災及救済関係雑件（別冊）波蘭孤児救済方ノ件』にも収録されている。

(53)「本社救済波蘭児童一行の帰国後に於ける状況」（『博愛』第四三二号）参照。

(54)「帰国後の波蘭児童」（『博愛』第四三五号、一九二三年七月一〇日）参照。

(55)以上に関しては、同右、一七頁参照。外務省留学生としてポーランドに滞在していた織田寅之助は、一九二五年の夏にヴェイヘローヴォの収容所を訪問し、やはり「君が代」と「もし〳〵亀よ」の合唱など、大きな歓迎を受けている（守屋長・織田寅之助『野の国ポーランド――その歴史と文化』一九七―一九八頁）。

(56)一九三五年三月一五日付伊藤述史在ポーランド特命全権公使より広田弘毅外務大臣宛「極東ヨリ帰国セル波蘭孤児ニ関スル件」中の「極東青年会」（外務省記録 I.1.10.0.4『各国少年団及青年団関係雑件』第一巻、外務省外交史料館所蔵）。同史料を紹介した文献として、多仁照廣「ポーランド孤児『極東青年会』と『野口芳雄』」（涛声学舎編『阿字門叢書3　欧亜の架け橋――敦賀』）参照。

なお同史料によれば、極東青年会の第一回会合は一九三〇年二月のことであるが、松本「大正九年シベリア孤児救済秘話」（二一七頁）によると、設立の提唱者は、ワルシャワ大学で教育心理学を学ぶことになる一七歳の元孤児イエジ・ストシャウコフスキであり、それは一九二八年のことであった。以上の点に関しては、守屋長・織田寅之助『野の国ポーランド――その歴史と文化』一九八―二〇〇頁も参照。したがって児童たちがヴェイヘローヴォの施設に収容されていた期間は、一九二三年から二八年のことと思われる。

(57)以上に関しては、「本社救済波蘭児童一行の帰国後に於ける状況」二六頁参照。

(58)川上俊彦「波蘭国民の日本に対する感激」（『博愛』第四三二号）五、六頁。なお川上は、帰国後の一九二三年三月二五日に貞明皇后に非公式に拝謁した際、そうしたポーランド国民の感謝の念を伝えている。また帰国に際しては、ポーランド赤十字社の代表から、日本赤十字社に対する感謝文と三〇個のメダルを託されたほか、小中学校の代表者からもメダル数一〇個と小学生の書いた日本の生徒宛ての絵ハガキ数一〇〇枚を託され、絵葉書の返事をもらいたいとの依頼も受けている（同、五、六頁参照）。

(59)「波蘭の児童から日本の児童へ可愛らしい手紙」(『博愛』第四三八・四三九号、一九二三年一二月一〇日)八三、八四、八八、九〇—九一頁。
(60)『博愛』第四〇三号、六頁。
(61)東郷安「波蘭孤児を慰問す」(『博愛』第五一四号、一九三〇年三月一〇日)一頁。
(62)同右、二頁。
(63)同右、三—四頁。
(64)同右、四頁。
(65)以下の記述に関しては、医学博士ジヤコブケウイチ「波蘭児童救済事業の完了の記念」(『博愛』第五四七号、一九三二年一二月一〇日)二一—二三頁参照。
(66)主として、松本照男「大正九年シベリア孤児救済秘話」、兵藤長雄『善意の架け橋——ポーランド魂とやまと心』、涛声学舎編『阿字門叢書3　欧亜の架け橋——敦賀』などのほか、守屋長・織田寅之助『野の国ポーランド——その歴史と文化』一九二—二〇二頁、弘島昌(外務事務官)『祖国愛とショパンの国——ポーランドの話』(国際文化事業パンフレット第一二輯、外務省文化事業部、一九三八年九月)一〇—一四頁も参照。
(67)以上に関しては、前田松苗「我が日本赤十字社に依りて救済せるポーランド孤児の今昔」(『博愛』第五九六号、一九三七年一月一〇日)四—六頁参照。
(68)以上、「極東ヨリ帰国セル波蘭孤児ニ関スル件」参照。
(69)一九三六年四月七日付有田八郎外務大臣より伊藤述史在ポーランド特命全権公使宛「極東ヨリ帰国セル波蘭孤児ノ組織セル極東青年会ニ対シ資金寄贈方ノ件」(『各国少年団及青年団関係雑件』第一巻所収)。
(70)一九三六年七月九日付伊藤述史在ポーランド特命全権公使より有田八郎外務大臣宛「極東青年会ニ対シ日本赤十字社ヨリ資金寄贈方ノ件」(『各国少年団及青年団関係雑件』第一巻所収)。
(71)一九三七年五月二四日付伊藤述史在ポーランド特命全権公使より佐藤尚武外務大臣宛「日本赤十字社ノ極東青年会宛寄付金交付ノ件」(『各国少年団及青年団関係雑件』第一巻所収)。なお前田松苗「我が日本赤十字社に依りて救済せるポーランド孤児の今昔」に掲載されている二本杉書簡にある「今回日本赤十字社より三千円、外務省より二千円のお金が此の会へ下付された」(六頁)という記述は、実際には三七年に寄贈されることになるこの資金のことに触れたものと思われる。二本杉がワルシャワを訪問した際には、日本赤十字社による極東青年会への資金寄贈方がすでに伝えられていたからである。

(72)　三島章道「念願は日本再訪問　『恩人』日本への憧れ　往年の〝シベリヤの孤児〟も今や新時代の支柱」(『博愛』第六三〇号) 一七頁。三島が言及している、日本向けラジオ放送における「天長節奉祝」のための極東青年会による君が代と愛国行進曲の合唱(一九三八年四月二九日)については、外務省記録 I. 1. 10. 0. 4『各国少年団及青年団関係雑件』第二巻(外務省外交史料館所蔵)に関係記録が収録されている。

なお当時の三島を、「日赤名誉総裁」とする一部文献の記述がみられるが(たとえば兵藤長雄『善意の架け橋――ポーランド魂とやまと心』三二頁)、名誉総裁職はそもそも一九四六年一二月の定款改正にともなうものであり、さらに当時の日赤において、三島が主要な役職に就いていた事実も史料上確認できない。

(73)　一九二一年五月一一日付川上俊彦在ポーランド公使より内田康哉外務大臣宛電報(外務省記録 I. 1. 4. 1-14『帝国諸外国外交関係雑纂　日波蘭間』、外務省外交史料館所蔵)。なお川上公使は、当時のピウスツキ大統領とドモーフスキー外務大臣心得とは、両者が日露戦争時に来日して以来、親しい間柄にあった。この点に関しては、川上「波蘭国民の日本に対する感激」四頁のほか、西原民平編輯兼発行『川上俊彦君を憶ふ』(非売品、一九三六年) 四二―四五頁を参照。

(74)　川上俊彦「波蘭国民の日本に対する感激」四―五頁。

(75)　エヴァ・パワシ・ルトコフスカ「欧亜の架け橋――敦賀」(涛声学舎編『阿字門叢書3　欧亜の架け橋――敦賀』) 参照。

(76)　二〇〇二年に天皇、皇后両陛下がポーランドを訪問した際、存命中のポーランド孤児が日本大使主催のレセプションに招待されている。その点に関しては、同年七月三日付『朝日新聞』夕刊、七月四日付『東京新聞』夕刊、七月一〇日付『日本経済新聞』などを参照されたい。

第二部　第二の「開国」と日本

第四章　西洋国際秩序の変容と「大国」日本

はじめに

日英間の友好的かつ実り多い関係を根底より支えていた日英同盟は、ワシントン会議開会中の一九二一(大正一〇)年一二月、日英米仏の四か国条約の調印にともない、その幕を閉じることになった。しかし、日英同盟に対するある種のノスタルジィは、その後も日英両国に残り、とくに一九二〇年代後半から三〇年代の時期にかけて、両国の間で協調に向けての働きかけが、いくどとなく繰り返されたことは周知のとおりである。

ではなぜ、そうした試みが実を結ばず、後年、日英両国は敵として相まみえることになったのであろうか。またそもそも、当該期における両国の国際政治経済上の位置関係とは、どのようなものであったのであろうか。本章はもちろん、そうした問いに全面的に答えうるものではない。しかし、戦間期の日本の国際秩序認識をマクロな視点から考察することによって、ささやかではあるが、多少なりとも新しい答えを用意しようとするものである(1)。

一　「ワシントン協調の精神」と「日英同盟の精神」

第一次世界大戦後の日本をとりまく国際環境を規定したのは、パリ講和会議とワシントン会議であった。両会議をとおして構築がめざされた新たな国際秩序とは、以下のような特徴をもつものであった。

第一に、「旧外交」から「新外交」へというい方であらわせるような外交姿勢と国際関係の変化である。大戦前の同盟・協商関係や秘密外交を軸とする帝国主義的な二国間協調から、「正大公明ヲ旨トシ正義人道ヲ重ンスル」多数国間の協調への変化である。この観点から国際連盟が設立されるわけであるが、その背後にはさらに「世界ヲ一大経済組織」とする主張（一九一八年一二月八日の臨時外交調査委員会における牧野伸顕の発言(2)）、すなわち相互依存的な国際経済秩序の形成が意図されていたことにも留意しなければならず(3)、その点を特徴の第二としてあげることができる。

特徴の第三は、国際紛争の平和的解決や軍縮の推進にみられるように、戦争を違法化する努力がつづけられ、「武力の行使」を前提とする国際社会から、「武力の抑止」をめざす国際社会への道が模索されたことである。いいかえれば帝国主義的国際関係から平和共存的国際関係への変化がめざされたということである。また実際的施策の面では、軍拡をとおした勢力均衡に代わり、軍縮にもとづく勢力均衡が意図されていたのである(4)。

大戦後世界の五大国に列するようになったとはいえ、日英同盟と日露協商という戦前外交の二大機軸がともに形骸化もしくは崩壊した日本において、支配層はそうした国際秩序の変化を、どのように認識したのであろうか。それを大別すると、主に二つに分けることができよう。

第一は、そうした新しい国際秩序への志向を積極的に評価する流れである。パリ講和会議全権を務めた牧野伸顕（のち昭和天皇の内大臣）や原敬首相、そしてワシントン会議全権でのちに外務大臣となった幣原喜重郎らをその代表的人物としてあげることができる。

たとえば牧野は、一九一八年一二月二日と八日の臨時外交調査委員会の席上、「旧式外交ヲ廃止セントスルハ今回欧州大戦ノ賜ナリト評セサルヲ得ス〔中略〕今日ノ新式外交ハ正大公明ヲ旨トシ正義人道ヲ重ンスルニ在リ」と述べ、「侵略主義」「威圧主義」「軍人ノ外交」的であったこれまでの日本の帝国主義的外交を批判している。(5) また幣原外相も、「今や権謀術数的の政略乃至侵略的政策の時代は全く去り、外交は正義平和の大道を履みて進むにあり」「共存共栄の主義」が必要であると述べるとともに、「合理主義的」な経済外交の重要性を説いている。(6)

こうした理念にもとづく体制をウイルソン的国際秩序と呼ぶことができるが、東アジアにおいてそれを体現したのが、いわゆるワシントン体制と呼ばれるものである。ワシントン体制は、中国に関する九か国条約、海軍軍縮条約、そして太平洋に関する四か国条約などにより構成されるものであるが、その重要な中核は個々の条約にあるというよりも、日英米三国間の友好協力関係や相互信頼に根ざす「新しい雰囲気」、すなわち日英米の国際協調の精神を生みだしたことにあるといえよう。(7) これを「ワシントン会議の精神」もしくは「ワシントン協調の精神」と呼ぶことができる。

幣原外相は「日本は、巴里講和条約、華盛頓会議諸条約諸決議等に明示又は黙視せられたる崇高なる精神を遵守拡充(8)」すると述べているが、いずれにせよ「正義人道」や「平和共存」などの価値や目標を共有する新しい普遍的な国際秩序の形成に共鳴し、その実現をめざす流れが第一の流れとして存在していたのである。

それに対して、そうした国際秩序の変化を過小視し、ワシントン体制の画期性に疑問を呈する見方が、第二の流れとして存在する。これは、大戦後の国際関係を依然として、戦前と変わらぬ「適者生存」「優勝劣敗」の社会進化論にもとづく「弱肉強食」の世界、つまり帝国主義的国際関係としてみる見方である。国家は常に自己の利益を追求し、それゆえ利益をめぐって国家間に対立や紛争が起こるのが常態であるというこうした国際政治観を代表するのが、幣原外相の同僚となる宇垣一成陸軍大臣である。(9)

彼は、戦後世界を英米の支配する国際秩序であり、日本のような新興国の成長・膨脹を阻むものであり、国際連盟も実質的には英米に都合のよい平和、すなわち現状維持をはかるためのものであると認識する。しかし、そうした英米支配の国際秩序が日本にとって不利だとしても、実際の力の関係上、真正面からそれに挑戦することは無謀であり、それゆえ現実の施策としては英米との対立回避、すなわち英米との協調、国際連盟の是認が選びとられた点に、ここでは注意しなければならない。いわば国際社会を力の支配する社会と認識するがゆえの国際協調であり、その意味で、「帝国主義的国際協調」と呼ぶことができる。

なかでもイギリスは、中国におけるともに重要な特殊権益をもつ帝国主義国として、競争相手であると同時に提携のパートナーとしても認識されており、それゆえ日英同盟の終結後もいわば「日英同盟の精神」が残存することになったのである。したがって「日英同盟の精神」とは、いいかえれば「帝国主義的二国間協調の精神」ということができる。

以上のように、大戦後の日本には、大別すると「ワシントン協調の精神」と「日英同盟の精神」をみいだすことができるのであるが、幣原外相の中国政策を裏面で宇垣陸相が支えていたように、両者は一九二〇年代においては混在しており、実際政治上必ずしも相反するものではなかった。

ところで、ここでさらに注意すべき点を、二つあげることができる。第一は、大戦後の国際関係が英米支配の秩序であり、そうした資本主義国英米が新興国の発展を阻み、自分たちに都合のいい、有利な現状維持をはかろうとしているのではないかという、前述した宇垣の国際認識が、当時の支配層に広くみられるものであり、けっして特異なものではなかったということである。

たとえば原敬首相は、「恒久平和の先決考案（華盛頓会議に際して日本国民の世界観を陳ぶ）」と題する論文のなかで、先進大国の英米が地球上の資源の巨大な部分を占めているのに比べて、日本は「厖大なる人口と物資の欠乏に苦悩」

している、こうした「世界の物資」「各国間の国力国勢」の「不衡平、不平均」を是正し、各国間の「人為的」な経済・通商障壁や民族の差別待遇を撤廃することこそ、「恒久平和の必須要件」であり、きたるべきワシントン会議の「急務」である、と説いている(10)。

新しい国際秩序への志向を積極的に評価する原首相でさえも、英米先進国に対する「持たざる国」日本の苦悩を述べ、「世界の開放」を訴えているわけであるが、同じような認識を示すおそらくもっとも有名な論文が、若き日の近衛文麿が執筆した「英米本位の平和主義を排す」(『日本及日本人』一九一八年一二月一五日号)である。

この論文は、「現状維持を便利とする国」(持てる国)と「現状打破を便利とする国」(持たざる国)との対立軸をもとに、英米を「現状維持勢力として対立視し、不正の内在する既成秩序を打破」しようとする論旨を含むものであり(11)、後年首相として日独伊三国同盟を締結し、大東亜共栄圏の樹立をめざした近衛の思想の原点として、よく引き合いにだされるものである。

しかし、こうしたこれまでの解釈は、やや後年の近衛首相の行動にひきつけて解釈され過ぎてきたように思われる。なぜなら、第一に、英米批判とはいっても、英米を一体視していたわけではなく、批判の矛先はもっぱら「帝国主義国」「植民地大国」イギリスに向けられていたからである。近衛はアメリカの「理想主義」には、イギリスの「帝国主義」を抑制するものとして、むしろ積極的意義をみいだしていたのである。

第二に、現状打破という主張についても、それは無条件の肯定ではなく、あくまでも「経済的帝国主義が跋扈」したときに限られていたからである。「経済的帝国主義の排斥」は「世界各国民平等生存権の確立」のために必須であり、それが徹底されない場合には、日本も「自己生存の必要上」「現状打破の挙」にいでざるをえないということなのである。

第三に、ドイツに対する評価も、「現状打破を便利とする国」としての同様な日本の立場から、一定の理解を示していたことは事実であるが、基本的には大戦の「主動原因」がドイツにあり、ドイツが「平和の攪乱者」であることは認めており、イギリスなどの非難は当然であるとしていたのである。

第四に、「日本人さへよければ他国はどうでもかまはぬと云ふ利己主義」は、「戦後の新世界に通用せざる旧思想」と否定しており、「民主主義人道主義」の戦後世界での台頭に理解を示していたからである。(12)

このように近衛は、基本的にはウイルソン的国際秩序、アメリカの「理想主義」に理解を示しており、それとの対比で「経済的帝国主義の排斥」を訴え、そうした文脈のなかで「帝国主義国」イギリスに対する批判を展開していたのである。したがって近衛の主張は、通商の自由の実現による「世界の開放」を訴える原敬首相の考えと、軌を一にするものであったと理解することができる。

その意味で、経済関係の密接化が国際関係を安定化させるという信念にもとづく、新しい相互依存的国際経済秩序形成への期待の裏面には、(13)経済障壁の撤廃・通商の自由実現への期待があったのであり、その成否が新しい国際秩序に対する評価にも結びついていたといえるのである。それゆえ一九二九(昭和四)年にはじまる世界恐慌を克服する過程で、イギリスなどの諸国がブロック経済への傾斜を強めるとき、北伐と満州事変により傷ついた「ワシントン協調の精神」は、さらに大きく後景に退くことになったのである。

第二の注意点は、日本の満蒙特殊権益に対する認識である。ワシントン会議は、列強による中国の領土的・行政的保全の尊重や門戸開放・機会均等を謳うと同時に、各国のもつ既得権益の擁護をも謳っていた。九か国条約の骨子をなしたアメリカ全権ルートの決議には、中国における「友好国ノ安寧（security）ニ害アル行動」をさしひかえるという条項が挿入されていたが、それは日本の国防と経済的生存が満蒙特殊権益に大きく依存するという日本の伝統的主張に対する暗黙の了解であった。(14)

したがって満州における日本の地位は、ワシントン体制の成立にもかかわらず、実際上はなんらの変更がなかったのであり、そうした日本側の観点からすれば、「ワシントン協調の精神」とはそもそも、満蒙特殊権益の維持と表裏一体のものとしてあったのである。

たとえば、幣原外相でさえも、「日本か満蒙方面に於て重大なる特殊の利益権利を有し、又支那全体に対しても特別の利害関係を有することは、単なる主義に非す明瞭なる事実にして、他国の承認を得て始て存在すへきものに非す」（一九二四年一〇月八日の枢密院会議における発言[15]）と、満蒙特殊権益の維持を否定していたわけではなかった点に注意しなければならない。

それゆえ日本の満蒙特殊権益が危機に瀕すると認識されるとき、「ワシントン協調の精神」は大きく損なわれる可能性があったのである。北伐が進行するさなかの一九二七年四月に内閣を組織した田中義一首相兼外相のもとで「日英同盟の精神」がクローズアップされる理由も、ここにあったといえる。

二　自由貿易論と自給自足圏論

以上述べてきたように、第一次世界大戦後の日本支配層の国際秩序認識は、ウイルソン的国際秩序観と帝国主義的国際秩序観、あるいは「ワシントン協調の精神」と「日英同盟の精神」とを両極とする軸を中心にして理解することができる。しかし、そこにおけるひとつの重要な論点が、相互依存的国際経済秩序の形成、そして経済障壁の撤廃・通商の自由にあったように、さらに国際経済秩序をめぐる新たな視点をもうひとつの軸として設定することによって、大戦後の日本外交に対する理解もよりえやすくなるのではないかと思われる。それは、大戦が史上初の国家総力戦となったことに起因するものであり、自由貿易への志向と自給自足圏（アウタルキー）形成への志向とを両極とするものである。

大戦の総力戦としての様相は、将来の戦争に勝ち抜くためには国家総力戦体制を作らなければならないという認識を、日本の各界に植えつけた。そのためには、国内体制の抜本的変革と国際関係の再編成とが必要とされたが、とくに本章との関係でいえば、まずは大量生産と大量消費に耐えられる経済力の育成が必要であり、他方、対外的には、不足資源の獲得と自給自足圏形成の必要性とが強く意識された。

たとえば、この間の事情を、軍需工業動員法の制定に尽力した吉田豊彦陸軍少将は、「勇敢ナル将卒ノ後方ニハ大ナル工業力及豊富ナル資源アルニアラサレハ終局ノ勝利ヲ庶幾スヘカラサルノミナラス戦争ヲ継続スルコトスラ不可能」であり、「国防ノ見地ヨリセハ軍需物資ハ悉ク自給自足ヲ理想」とする、[16]と述べている。

日本政府としての総力戦体制構築への取り組みは、一九一八年制定の軍需工業動員法にはじまり、内閣の総動員関係機関としての国勢院の設置（一九二〇年）、そして田中義一内閣下における資源局の設置（一九二七年）などにあらわれている。

しかし、そうした戦争形態の変化をもっとも敏感に感じとっていたのは、大戦研究に早くから取り組んでいた日本陸軍であった。陸軍は一九二〇年には『国家総動員に関する意見』（臨時軍事調査委員の報告書）と題する体系的な総力戦構想をまとめるが、これがその後の陸軍の総力戦体制構築のいわば青写真となり、一九三〇年代以降の陸軍の政治的進出の原動力となったのである。したがってここでは陸軍の認識を軸に、自由貿易と自給自足圏をめぐる問題について考えてみることにしたい。[17]

戦間期の国際秩序の変遷を自由貿易と自給自足圏の観点からあらかじめまとめてみれば、英米との自由貿易中心の普遍主義的国際秩序（ワシントン体制）から、アジア・太平洋における自給自足圏の形成、すなわち英米依存からの脱却をめざす大東亜共栄圏という地域主義的国際秩序への変化として理解することができるのであるが、それではそもそも、自由貿易と自給自足圏の関係は、どのようにとらえられていたのであろうか。

第一次世界大戦後、日本経済の発展を支える不足資源の補塡先は、一般にシベリア、中国（満蒙を含む）、インド、南洋諸島、豪州など広範囲に想定されていたが、大戦の衝撃を受けてその重要性がとくに認識されたのが、中国であった。その意味で、日本の大陸進出論にも、従来の帝国主義的権益の獲得とは異なる、資源の獲得と自給自足圏の形成を目的とする新たな意味内容が付加されはじめたのである。

しかし仮に、中国資源を必要不可欠と位置づけたとしても、その利用は簡単ではなかった。それは、日本経済の英米への高い依存性が、中国が列強利害の錯綜の場であるという現実とも相まって、日本の自由な行動を拘束していたからである。

つまり前述の『国家総動員に関する意見』が、「此の際特に考慮を要するは富の増進に欠くべからざる国際分業の流通経済策と国防充実の見地に立脚する自給自足経済策とを如何にして又如何なる程度に按配調節するやに在」り[18]と述べているように、日中を中心とした自給自足圏の構築をめざす方向と、欧米との自由貿易を維持発展させようとする方向との調整が、外交政策上新たな重要問題として浮上してきたのである。

そしてこの問題の解決策は、大別して二つの流れを生みだしたといえる。第一は、自給自足圏の観点をより強く志向する流れ（自給圏強調論）である。たとえば、参謀本部のある若手将校は、つぎのように述べている。

「帝国ハ人口年々六十万ノ増殖ヲ来シ内ニ物資ニ欠乏シ国民ノ日常生活ニ於テ既ニ不安ノ状態ニ陥レリ殊ニ一朝有事ノ日ニ際シテ海上ノ封鎖ニ会セハ大陸ト確実ニ連絡シ物資ノ供給ヲ仰クニアラサレハ一日ト雖モ自給自足スルコトヲ得ス即チ帝国カ大陸ニ発展シ資源ヲ需ムヘキ利権ヲ獲得スルハ国家自立上必然ノ要求」である。

その際、国際分業の危険性は第一次世界大戦で立証されたのであるから日中の連合をはかり、「長短相補ヒ以テ白人ノ侵略ヲ避ケ黄人百年ノ大計ヲ確立」すべきである。したがって「極東ノ盟主」である「帝国ノ政策ト英米ノ政策トノ衝突ハ又避クヘカラス帝国カ絶大ナル力ヲ有シ彼等ヲ極東ヨリ駆逐スルヲ得ハ極東ノ平和ハ保全シ得」るのであ

る。(19)

ただし、現実の日本経済が欧米との経済関係に大きく依存している状況下では、自給自足圏の形成は一種の理想論であり、それゆえこの種の議論を唱える論者においても、欧米との国際協調がまったく顧慮されていなかったわけではない。

その際注意すべきは、そうした国際協調の一応の是認が、国力不足の現実認識もさることながら、国際関係の弱肉強食視にもとづく「国際的孤立」への危惧に根ざしていたということである。すなわち「国際的孤立ハ如何ニ強キモ遂ニ屈伏セサルヘカラサルハ本大戦ニ於テ独逸カ好模範ヲ示セリ(20)」という認識である。したがってここにおいては、孤立への危惧が、自給圏論の極端化に対する一種の歯止めになっていたといえる。

その意味で後年、「孤立は却て動作の自由を獲得する所以なり(21)」という認識から、対外発展と日本文化の世界への宣布を使命とする自主外交を提唱する論者があらわれたことは、注目に値しよう。

他方、これに対して、自由貿易と自給自足の両者に配慮する流れ（自由・自給圏論）が存在していた。たとえば、参謀本部の小磯国昭少佐（太平洋戦争中の東条英機の後継首相）の議論は、その代表的なもののひとつである。

彼は、従来の両者に関する議論が、「平和ト戦争ノ各半面ヲ見テ未タ互ニ他ノ半面ヲ知ラサル」ものであると述べ、平戦両時にわたる経済政策を提唱する。すなわち、彼によれば、「長期戦争最終ノ勝利ハ〔中略〕戦時自足経済ヲ経営シ得ル者ノ掌裡ニ帰スルコト瞭」であり、そのために「戦時経済ノ独立」を平時から準備し、「平戦両時経済策ノ転換ノ方法ヲ整備」することが必要になる。

しかし、自給自足はあくまで戦時の経済政策であり、「平時経済策ノ最良ナルモノ」ではない。「平時経済ノ要訣ハ国際分業有無流通ニ在」るのである。なぜなら「平時流通経済ヲ人為的ニ抑圧スルコトハ到底不可能ニシテ殊ニ帝国カ敢テ此自然ニ逆行セントスルハ戦時独立経済経営ノ資源タル支那ノ原料ヲ既ニ平時ニ亡失スル所以ニ外ナラ」ないからである。

そこで「凡ソ平時ニ於ケル国富増加ノ最良策案ハ国際分業経済ノ要則ニ基キ盛大ナル国産輸出ノ利益ニ依リテ不足原料ノ輸入ヲ図」り、戦時の自給自足体制を準備するとともに、「国際分業経済界ニ猛進シテ勝者タルノ地位ヲ贏チ得ル」ことになるのである。

このように小磯の主張は、「流通経済ヲ主眼トスル平時」と「自足経済ヲ主義トスヘキ戦時」とに分けることができるが、彼も自給自足の観点のない極端な自由貿易政策は大戦の教訓として危険視しており、それゆえ「戦後帝国ノ当ニ確立スヘキ経済策案ハ常ニ翻然自足経済ニ転位シ得ヘキ自由ヲ保留シツツ而カモ極力国際分業経済ニ利益ノ獲得ヲ企図スヘキナリ」と結論づけているのである。(22)

ちなみに、こうした議論は大戦後の陸軍内においてもかなり支持されていたようであり、たとえば大戦研究に従事した陸軍の臨時軍事調査委員（一九一五―一九二二年）も、「平時国富増進ノ為ニハ有無相通ノ国際分業経済ヲ棄ツヘカラス以上両者ノ調和ヲ図ルハ国家ノ重大事ニ属」(23)すると、同様の認識を示している。

以上みてきたように、自由貿易政策と自給自足政策の両者に配慮する流れが存在していたのであるが、なおこうした議論の根底に、流通経済は「自然」であり、「人為的ニ抑圧スルコトハ到底不可能」という前述した認識のほかに、第一に、大戦はドイツが「過度ニ自給自足ノ国家ヲ夢想シ」たためである、第二に、「列強互ニ国際分業ニ依リ有無相通スルハ今後ノ大勢」である、第三に、「絶対完全ナル自給自足ハ期シ難」い、第四に、したがって「妄リニ大言壮語ニ耽ルカ如キハ宜シク慎マサルヘカラス」という認識が存在していたことにも注意する必要があろう。(24)

以上述べてきたように、自由貿易と自給自足圏の関係をめぐっては、現実の英米依存の国際経済関係のなかで、自給自足の観点をより強く志向する流れ（自給圏強調論）と、自由貿易と自給自足との両立に腐心する流れ（自由・自給圏論）の、二つの流れの存在を指摘しうる。したがって一方では、英米依存の国際経済関係が現実にどの程度機能し

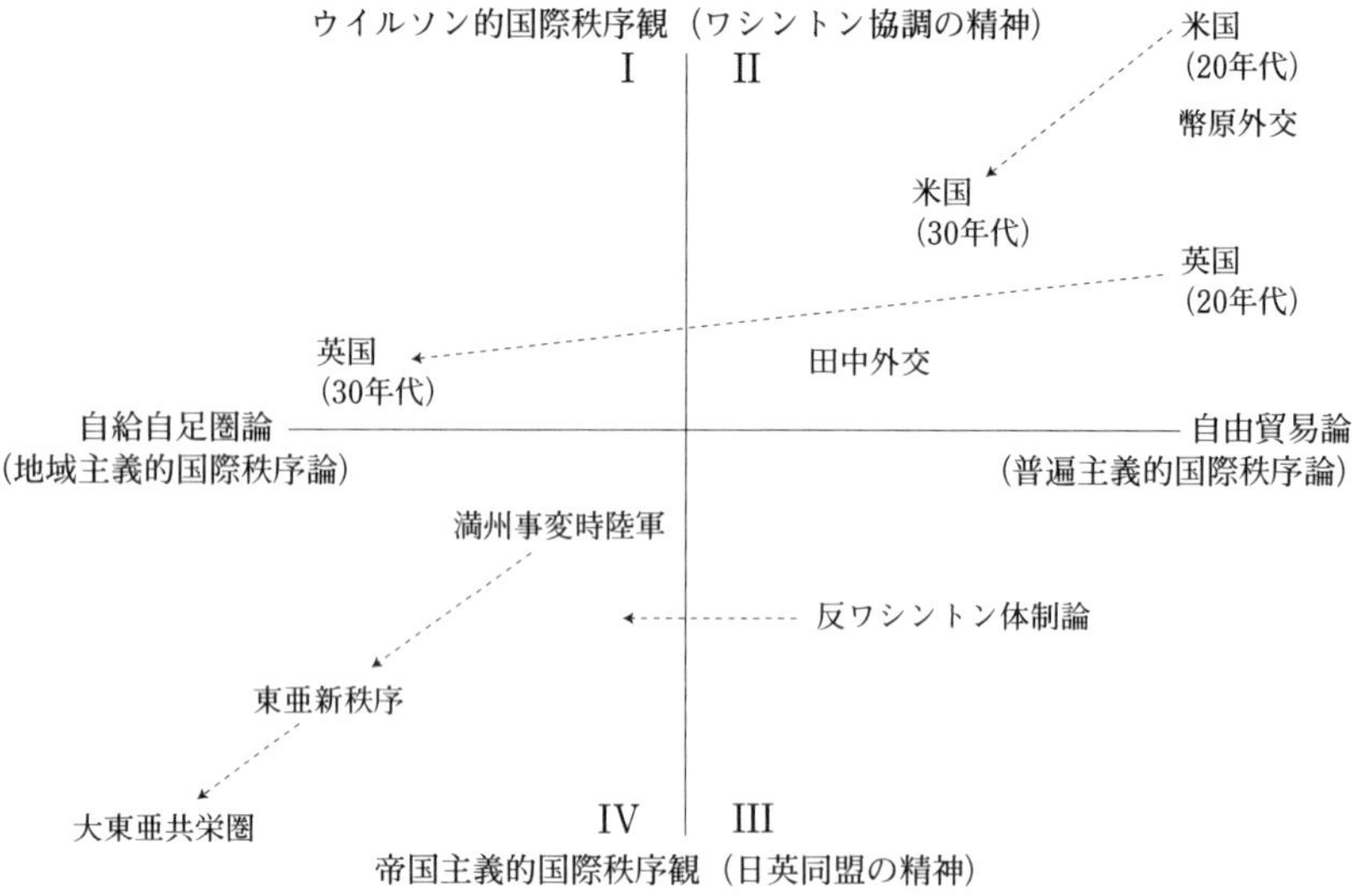

図1

ているのか、またそれをどの程度重視するのかによって、他方では、日中関係および満蒙特殊権益のあり方に応じて、自由貿易論と自給自足圏論への力点のおき方の変化が、生じることになったのである。

三　大戦間期の日英米関係の位置
——おわりにかえて

以上みてきたように、戦間期の日本の対外政策は、二つの軸をもとにして考察することができる。ひとつの軸は、ウイルソン的国際秩序観（ワシントン協調の精神）と帝国主義的国際秩序観（日英同盟の精神）であり、他の軸は、自由貿易論（普遍主義的国際秩序論）と自給自足圏論（アウタルキー論、地域主義的国際秩序論）である。両者の関係を図示すると、図1のようになる。

それでは、この図をもとにして戦間期の日本外交を簡単に鳥瞰することにする。したがって以下の記述は、政策決定についての詳細な分析ではない。

まず、第一次世界大戦後の一九二〇年代の東アジア国際秩序は、ワシントン体制に象徴されるように、基本的には日英米の協調を軸とする緊張緩和状態にあり、主として英米との自由貿易のうえに日本経済も立脚していた。したがって、この時期の日本外交は基本的には、ウイルソン的国際秩序観—自由貿易論の象限（II象限）に位置するものであった。その典型が幣原外交であり、アメリカである。イギリスは自由貿易論のレベルではアメリカや幣原外交と同じであるが、ウイルソン的国際秩序観のレベルでは、ワシントン体制という観念が稀薄であったように[25]、若干帝国主義的国際秩序観のほうにベクトルが振れていたといえる。したがって幣原外交は、イギリス以上にアメリカに対して親近性をもっていたのである[26]。

他方、幣原外交とともに一九二〇年代を代表する田中外交も、ジュネーブ海軍軍縮会議への参加や不戦条約の調印（一九二八年）にみられるように、基本的にはウイルソン的国際秩序観—自由貿易論のII象限に位置していたが、周知のように「日英同盟の精神」をも色濃くもっており、その点で幣原外交とは異なり、イギリスのほうにより親近性をもつ外交であった[27]。

しかし、それ以上に異なるのは、横軸に関してである。これまであまり指摘されてこなかったが、田中外交は日英（米）協調を主軸としながらも、自給自足の観点から北満州・シベリア地域をめぐる日中ソ関係の緊密化にも熱心な外交であった。大戦中に参謀次長を務め、原内閣の陸軍大臣でもあった田中義一首相兼外相は、総力戦問題を「軍人として軍服を着て御奉公をする範囲を越える」問題として、正確に認識する軍人であった。

したがって田中外交は、ワシントン体制という英米との協調による普遍主義的国際秩序をメイン・システムに、北満州における日中・日ソ提携という地域主義的国際秩序をサブ・システムにする東アジア国際秩序を模索していたといえる。

しかし、そうした日中ソ関係の緊密化は、日英米協調との関係にも充分に配慮しながら進められており、あくまでもワシントン体制の存在を前提とするものであった。たとえば、一九二七年一〇月四日、田中外相はティリー駐日イ

ギリス大使に、対ソ交渉の了解を求めている。(28)

なお一九二〇年代の反ワシントン体制論は、帝国主義的国際秩序観—自由貿易論のIII象限に位置するものと理解することができよう。

このように、基本的にII、III象限が一九二〇年代の世界だとすれば、一九三〇年代はI、IV象限を主とする世界であった。「世界の将来は、商品やサーヴィスを自由に交易できる体制が確保できるかどうかにかかって」おり、「もしこの自由貿易体制がいくつかの自給自足圏に分割された世界に取って替られたら、世界中の国々、そして少なからずアメリカは被害を受けることになろう」(29)と考えるアメリカが、依然として自由貿易論を主張し、II象限にとどまっていたとはいえ（二国間協定の形式をとる互恵通商協定の存在も含めて）、世界恐慌を克服する過程で、イギリスが金本位制から離脱し、帝国特恵関税体制に支えられたオタワ体制、スターリング圏の形成へと向かい（I象限への移行）、さらにドイツが生存圏思想にもとづく世界再分割、世界新秩序の形成に向かう（IV象限）など、世界は全体として自給自足圏論、地域主義的国際秩序論のベクトルのほうに移行したのである。

もちろん日本においても、満州事変が総力戦体制の構築をめざす陸軍中堅層を中心にして引き起こされたように、全体として資源の獲得と自給自足圏形成の方向に動くことになる（IV象限への移行）。そして満州国の成立と承認（一九三二年）、国際連盟からの脱退（一九三三年）、海軍軍縮条約からの離脱、華北分離工作の進展などによって、II象限への復帰はかなり困難となる。

しかし、日中戦争前の日本の対外政策が、日本・満州国・華北のアウタルキー化のみを志向していたかといえば、そうではない。一方では日英協調、日米協調が模索されたように、依然として英米への経済的依存性が高いなか、通商の自由が根本原則として主張されていたからである。そうした論者たちは、基本的にはIII象限に位置していたとみられ、その意味で、一九三〇年代の日本外交は一面、IV象限とIII象限の間で揺れ動いていたといえよう。

たとえば、近衛文麿首相のブレーンであった昭和研究会系の知識人が構想した、東亜新秩序という新しい地域主義的国際秩序の中心は、東亜経済ブロックの形成にあったが、それは必ずしも英米資本を排除するものではなかったのである。(30)

だが、日英協調のような帝国主義的二国間協調がどの程度の実現性をもっていたかに関しては、やはり懐疑的にならざるをえない。アウタルキー化の対象としての満州国の存在、また華北分離工作による日本のさらなる中国侵略の既成事実化が、協調を進めるうえでの障害となっただけでなく、天羽声明（一九三四年）にもみられるように、あくまでも中国における日本の主導権、優越的地位の確保が、協調以上に優先されていたとみることができるからである。

さらに満州国の存在などによって政治的協調が困難な状況下では、イギリスとの関係も、実質的な経済提携を基礎とする協調にならざるをえなかったが、中国市場におけるイギリスに対する経済的劣位の認識がイギリスをライバル視する認識につながるとき、そうした経済提携さえも困難になったといえるのである。

たとえば、一九三六年六月の馬場鍈一蔵相と再来日したリース・ロスとの会談を前に、外務省が実質的に作成した政府の基本方針に「現下ノ情勢ニ於テ英国ハ日本ニ比シ相当大ナル海外投資余力ヲ有スル関係上動モスレハ日英提携ニ名ヲ藉リ対支技術、財政援助ヲ為シ之ニ依リ自国ノ経済的勢力ノ挽回ヲ図ラントスル傾向アリ」とあるのは、そうした認識の一例であろう。(31)中国における日本の優越的地位を脅かす可能性のある経済提携は、やはり受けいれることのできないものであったのである。

その意味で、「東アジアでの支配権確立という志向があったからといって、日本外務省が英国の完全な駆逐をめざしていたわけではない。英国が日中の間を裂こうとしない限り、金融面・商業面で東アジアに英国勢力が存在することは役に立つと考えられていた。ここでの問題は明らかに、英国がいかに自国の役割の減退を受け入れ、この地域での日本の優位を認めるかということであった(32)」というアントニー・ベストの指摘は、正鵠を得たものである。

いずれにせよ、この時期の英米をめぐる「国際協調」とは、満州国の存在と中国における日本の優越的地位の確保、つまりアウタルキー化への強い志向を前提とする「二国間協調」としての経済提携であったのであり、一九二〇年代的な相互依存的国際経済秩序を志向する多数国間の協調を意味していたわけではなかったのである。広田弘毅内閣が「広義国防」を唱え、その後も「国防国家」や「高度国防国家」が追求されたように、国策の根底には、あくまでも総力戦体制の構築をめざすアウタルキー化への志向が存在していたのであり、それが対外政策の拘束要因として働いていたのである。

したがってⅣ象限における日本の位置も、時期が進むにつれて自給自足圏論―帝国主義的国際秩序観のベクトルを強める方向に動いていったといえる。日中戦争開始後の東亜新秩序声明から大東亜共栄圏の形成へ、そして日独防共協定の締結から日独伊三国同盟の成立へと日本が進むとき、またイギリスが第二次世界大戦に突入するとき、日英協調存立の基盤はきわめて脆弱なものとなったのである。たとえイギリス政府内で、一九三九年九月の時点において、バトラー外務政務次官がつぎのような認識を示していたとしても。(33)

日本とソ連とは仇敵であり、我々のインドやアジアにおける地位に鑑みれば、できれば日英同盟にもどることは我々にとって利益となるであろう。〔中略〕私はアメリカを顧慮して日本を敬遠し、日本のすべての行為を信用しないことが、最終的に我々にとって利益であるとは信じない。日英同盟条約が失効するようになってからこのかた私にとっては不満足な日々である。私は今でも西方における独裁者〔ヒトラーのこと―筆者注〕との戦いでアメリカの支持を得、一方において日本との関係を改善することは可能だと信じている。

このように一九三〇年代の日英関係は当初、帝国主義的二国間協調の可能性をもっていたが、やがてそれは失われることになる。その際、アメリカの存在も忘れてはならない。日英両国ともにそれぞれの相手国に対する対外政策の遂行上アメリカの占める位置は大きかったのであり、対極の象限に位置する日米間の距離が開けば開くほど、イギリスによる対日融和の試みは困難となっていったのである。

以上の意味において、日英間の距離は日米間の距離よりは近かったものの、日英協調を現実のものとするうえでは、見かけ以上に遠かったといえるのである。

（1）本章の作成にあたり、多くの先行研究を参考にしたが、とくに以下の文献からえるところが大きかった。細谷千博「ワシントン体制の特質と変容」（細谷千博・斎藤真編『ワシントン体制と日米関係』東京大学出版会、一九七八年）、J・B・クラウリー「日英協調への模索」（細谷・斎藤編『ワシントン体制と日米関係』）、河合秀和「北伐へのイギリスの対応」（細谷・斎藤編『ワシントン体制と日米関係』）、細谷千博「日本の英米観と戦間期の東アジア」（細谷千博編『日英関係史　一九一七―一九四九』東京大学出版会、一九八二年）、イアン・ニッシュ「イギリス戦間期（一九一七―三七）国際体制観における日本」（細谷編『日英関係史　一九一七―一九四九』）、臼井勝美「日本の対英イメージと太平洋戦争」（細谷編『日英関係史　一九一七―一九四九』）、ピーター・ロウ「イギリスとアジアにおける戦争の開幕」（細谷編『日英関係史　一九一七―一九四九』）、入江昭「総論――戦間期の歴史的意義」（入江昭・有賀貞編『戦間期の日本外交』東京大学出版会、一九八四年）、麻田貞雄「ワシントン会議と日本の対応」（入江・有賀編『戦間期の日本外交』）、臼井勝美「佐藤外交と日中関係」（入江・有賀編『戦間期の日本外交』）、細谷千博『両大戦間の日本外交』（岩波書店、一九八八年）、酒井哲哉「『英米協調』と『日中提携』」（近代日本研究会編『協調政策の限界――日米関係史・一九〇五―一九六〇年』山川出版社、一九八九年）、加藤陽子『模索する一九三〇年代』（山川出版社、一九九三年）、井上寿一『危機のなかの協調外交』（山川出版社、一九九四年）、木畑洋一「一九三〇年代の日英関係」（『外交史料館報』第一二号、外務省外交史料館、一九九八年）、細谷千博、イアン・ニッシュ監修『日英交流史　一六〇〇―二〇〇〇』全五巻（東京大学出版会、二〇〇〇―二〇〇一年）、籠谷直人『アジア国際通商秩序と近代日本』（名古屋大学出版会、二〇〇〇年）、籠谷直人「戦間期日本とアジア通商網」（古屋哲夫・山室信一編『近代日本における東アジア問題』吉川弘文館、二〇〇一年）、秋田茂・籠谷直人編『一九三〇年代のアジア国際秩序』（溪水社、二〇〇一年）、長谷川雄一編『大正期日本のアメリカ認識』（慶應義塾大学出版会、二〇〇一年）。
（2）小林龍夫編『翠雨荘日記』（原書房、一九六六年）三三五頁。
（3）入江「総論──戦間期の歴史的意義」一八頁。
（4）同右、一三頁。
（5）小林編『翠雨荘日記』三三四─三三五、三二六、三二七頁。これは、牧野がパリ講和会議に臨むにあたり、臨時外交調査委員会で述べた外交上の意見である。なお、牧野の意見を聞いた同じく臨時外交調査委員の犬養毅（立憲国民党総理）は、それをこれまで日本がおこなってきた「侵略主義」的外交政策に対する批判と理解している（『翠雨荘日記』三三六─三三七、三四〇頁参照）。
（6）幣原平和財団編著『幣原喜重郎』（幣原平和財団、一九五五年）二五九、二六三頁。
（7）細谷「ワシントン体制の特質と変容」参照。
（8）幣原平和財団編著『幣原喜重郎』二五九頁。
（9）戸部良一「宇垣一成のアメリカ認識」（長谷川編『大正期日本のアメリカ認識』）参照。
（10）原敬「恒久平和の先決考案（華盛頓会議に際して日本国民の世界観を陳ぶ）」（『外交時報』第三四号、一九二一年九月一五日）三二─四四頁。麻田「ワシントン会議と日本の対応」四〇頁も参照。
（11）細谷「日本の英米観と戦間期の東アジア」五頁。
（12）庄司潤一郎「近衛文麿の対米観」（長谷川編『大正期日本のアメリカ認識』）参照。原史料である近衛文麿「英米本位の平和主義を排す」（千倉豊編『近衛文麿清談録』千倉書房、一九三六年）二三一─二四〇頁も参照。
（13）入江「総論──戦間期の歴史的意義」一〇頁。
（14）麻田「ワシントン会議と日本の対応」五一頁。
（15）西田敏宏「幣原喜重郎の国際認識」（日本国際政治学会編『日本外交の国際認識と秩序構想（国際政治一三九）』有斐閣、二〇〇四年）一〇〇頁。
（16）吉田豊彦（陸軍少将）「工業動員ト物資トノ関係」（『偕行社記事』第五四一号付録、一九一九年九月）一頁。
（17）第一次世界大戦が日本陸軍に与えた衝撃、とくに陸軍の総力戦構想および自由貿易と自給自足圏をめぐる問題の詳細については、黒沢文貴『大戦間期の日本陸軍』（みすず書房、二〇〇〇年）参照。

(18) 臨時軍事調査委員『国家総動員に関する意見』（一九二〇年）五五―五六頁。なお同報告書は、臨時軍事調査委員の永田鉄山陸軍少佐が執筆したものである。彼は陸軍省軍務局長在職時の一九三五（昭和一〇）年に、陸軍内の反対派によって暗殺されることになる。

(19) 田中久一（陸軍中尉）「太平洋ニ於ケル帝国ノ将来」（『偕行社記事』第五四六号付録、一九二〇年二月）二、四二―四三頁。

(20) 同右、二頁。

(21) 香椎浩平（陸軍大佐）「日独国情の比較」（『偕行社記事』第六〇五号付録、一九二五年二月）九頁。

(22) 参謀本部（小磯国昭編）『帝国国防資源』（一九一七年）二六九、九、九四、二一四、九三、一二、一九、二一四、二〇九、二七一頁。

(23) 臨時軍事調査委員『交戦諸国ノ陸軍ニ就テ』（一九一八年）五七頁。

(24) 臨時軍事調査委員「独逸屈服ノ原因」（『偕行社記事』第五三七号付録、一九一九年五月）一六頁。

(25) 河合「北伐へのイギリスの対応」一五七頁。

(26) この点に関しては、細谷「ワシントン体制の特質と変容」一九頁、細谷「日本の英米観と戦間期の東アジア」一〇頁も参照。なお幣原外交が存立しえた国際的文脈と国内的文脈を考察したものとして、黒沢文貴「幣原外交の時代」（『外交史料館報』第二一号、外務省外交史料館、二〇〇七年）を参照。

(27) 細谷「ワシントン体制の特質と変容」二四―三二頁、細谷「日本の英米観と戦間期の東アジア」一〇―一三頁。

(28) 黒沢『大戦間期の日本陸軍』三三二―三四一頁。

(29) ジョナサン・G・アトリー（五味俊樹訳）『アメリカの対日戦略』（朝日出版、一九八九年）九頁。

(30) 自由貿易と自給自足圏という観点から戦間期の国際秩序の変遷をとらえると、普遍主義的国際秩序論と地域主義的国際秩序論の相剋として理解することができる。さらに自由貿易と自給自足圏との関係をめぐっては、自給自足の観点をより強く志向する自給圏強調論と、自由貿易との両立に腐心する自由・自給圏論という、二つの流れの存在を指摘しうる。そして、そうした視点から戦間期の日本外交を整理すれば、自由・自給圏論から自給圏強調論へと移行していく過程であったとも理解することができる。

　ただし、この二つの流れのなかにも、それぞれ自由貿易に力点をおく観点と自給自足圏に力点をおく観点とがあり、そうしたアクセントのおき方の違いをも考慮すると、現実には少なくとも、四つの対外政策の方向性があったのではないかと思われる。

ところで、大戦後の新しい東アジア国際秩序の形成は、満州国の成立や日中戦争の開始、また世界恐慌後のブロック経済の進展や第二次世界大戦の勃発などの新しい要因が加わることによって、大きな変質を余儀なくされる。満州事変以降、一九三〇年代の日本外交の基調は自給圏強調論であり、自由・自給圏論は相対的には弱体化したといえよう。

しかし、一九二〇年代とはまったく異なる国際環境のなかで、幣原外交的国際秩序の追求はかなり困難であったとしても、田中外交的な国際秩序構想は、いまだ命脈を保っていたといえよう。むしろ少なくとも、三国同盟成立までの日本外交は、英米との協調による普遍主義的国際秩序をメイン・システムに、日中・日満提携という地域主義的国際秩序をサブ・システムにする東アジア国際秩序構想と、日満中の提携を中心とする地域主義的国際秩序をメイン・システムに、英米との協調による普遍主義的国際秩序をサブ・システムにする東アジア国際秩序構想との相剋として理解することができるのではないだろうか。

たとえば、外務省の東亜新秩序構想に類似する国際秩序構想をもっていたといわれる石橋湛山は、前者の流れに位置する論者であると思われる。彼は「満州国を育て支那を援けて之等を我が国と所謂共存共栄の関係に置くためにも、国際協調主義、而して経済の国際化が必要だ」と述べているが、その国際協調の核心はあくまでも「満州及び支那の門戸開放」にあったのである。また「列国に其の植民地の通商を開放せしめる等の方法に依り、より自由の貿易を営み得る世界を実現し、ここに我が国運を開拓」すべきと述べている点にも注意しなければならない。

他方、後者の代表が、近衛文麿首相のブレーンであった昭和研究会系の知識人である。彼らは東亜新秩序という新しい国際秩序を構想したが、その中心は東亜経済ブロックの形成にあった。しかしそれは、英米資本を排除するものではなかったのであり、その意味で、東亜新秩序と英米協調との両立にも腐心していたのである。ただ東亜経済ブロックが、「先づ日本の国防的要求を基礎とし、国防資源の充実を目標として出発した」ものである以上、「日米関係がこの新秩序問題で相争ふことがあっても〔中略〕それは日本の東亜政策の遂行上止むを得ない」との認識をも含む、危ういバランスのうえにたっていたことにも注意しなければならない。

しかしいずれにせよ、満州国が成立し、日中・日満の特殊な関係が高唱される、新しい内外環境のなかにあって、一九三〇年代の日本外交は、自由貿易と自給自足、普遍主義と地域主義という二つの志向性をいかに両立させ、バランスをとるかに腐心することになったのである。それゆえ、英米との協調関係・経済関係にさしたる希望をみいだせなくなったとき、そうしたバランスが失われ、自給圏強調論の極端化、つまりある種の理想（ユートピア）であった自給自足圏の本格的な形成がはじまることになったのである（その方向性を大きくあと押ししたのが、一九四〇年春以降の第二次世界大戦の展開である）。

その意味で、三国同盟の締結と仏印進駐にともなう日米関係の悪化は、必ずしも日本外交の意図したことではなかったが、結果として両者のバランスを失わせ、日本は望むと望まざるとにかかわらず、大東亜共栄圏の建設に向かわざるをえなくなったといえるのである。以上の点に関しては、黒沢文貴「両大戦間期の体制変動と日本外交」（『外交時報』第一三四五号、一九九八年）および井上寿一「国際協調・地域主義・新秩序」（坂野潤治ほか編『シリーズ日本近現代史3　現代社会の転形』岩波書店、一九九三年）参照。

(31)　井上『危機のなかの協調外交』二八六頁。
(32)　アントニー・ベスト「対決への道」（細谷千博、イアン・ニッシュ監修『日英交流史　一六〇〇―二〇〇〇』第二巻、東京大学出版会、二〇〇〇年）三四頁。
(33)　ピーター・ロウ「イギリスとアジアにおける戦争の開幕」一六二頁。

第五章　戦争形態変容の衝撃
――日本陸軍の受容とその普及・宣伝

はじめに

第一次世界大戦終結直前の一九一八(大正七)年九月、原敬政友会総裁を首班とする内閣が成立し、陸軍大臣に田中義一陸軍中将が就任した。大戦中に参謀次長を務めていた田中は第一次世界大戦の様相から、「今後の戦争といふものは、これまでと異って、単に軍隊と軍隊、軍艦と軍艦との戦といふやうなものではなく、国民全体の戦争である」と、戦争形態の国家総力戦への移行と軍近代化の必要性とを正確に認識する軍人であった。

と同時に、国内面では、「大正デモクラシー」状況の進展にともなう陸軍をとりまく国内状況の変化にも鋭敏に感応する嗅覚をもっており、こうして田中陸相は、シベリア出兵というロシア革命の余波への対応を抱えつつ、大戦後の新しい時代に見合う、陸軍の全般的変革に取り組むことになったのである。

その際、そうした田中軍政を事実上準備し、また支えることになったのが、一九一五年末に活動を開始し、一九二二年三月に廃止された、臨時軍事調査委員であった。委員設置の本来の目的は、第一次世界大戦を調査研究し「国軍改善ノ資ニ供スル」ことにあったが、大戦の総力戦としての様相は陸軍の問題関心を肥大化させ、結果的にその活動を「国軍改善」の枠にとどめない、幅広いものにしたのである。

そこで本章では、臨時軍事調査委員の活動を紹介することによって、田中軍政の一端を明らかにすることにしたい。すでに筆者は、昭和政治の主役にやがて躍りでる陸軍の「革新」化のきっかけが、外における「総力戦」という戦争形態の変化と内における「大正デモクラシー」の高揚という二重の衝撃を受けてのものであったことを明らかにしている。[1]

その意味で本章は、第一次世界大戦という総力戦の実相を、陸軍がどのように受けとめ、また陸軍内外に浸透・普及させようとしたのか、さらに陸軍の政策構想を実現するにあたって、そうした宣伝や世論指導がいかに重要であり、重きをおくようになったのかの、初期の姿を考察しようとするものである。それにより、「総力戦」と「大正デモクラシー」という二重の衝撃にさらされた陸軍が、新たな内外体制の構築に向けたいかなる基礎的な取り組みをしていたのかの一端を、明らかにすることができるものと思われる。

なお筆者は、臨時軍事調査委員の活動の全般的様子についてはすでに論じたことがあるので[2]、今回はそこで十分に触れることができなかった『臨時軍事調査委員解散顛末書』[3]（一九二二年三月三一日、以下『顛末書』と略記）中の史料を主たる手がかりとして検討することにしたい。

一　臨時軍事調査委員の活動

第一次世界大戦の実況とそれがもたらした教訓とを、陸軍内外に浸透させようとする臨時軍事調査委員の活動は、主として陸軍内外への啓蒙と陸軍部内の政策立案過程への反映という二つの側面に分けてとらえることができる。前者の浸透活動を主に担ったのが、『臨時軍事調査委員月報』（以下、『月報』と略記）等の書籍類と講話であり、後者の活動を担ったのが、陸相および教育総監への意見進達と陸軍部内からの質疑諮問に対する応答、そして特定分野に関して陸軍部内に設置された各種委員会への委員の参加であった。

これらの活動の概要に関しては、とりあえず前述の別稿（『大戦間期の日本陸軍』第一章）を参照していただきたいが、ここではさらに『月報』と意見進達、そして質疑諮問に対する応答について補足的紹介をおこなうことにしたい。

1　『月報』について

『月報』には普通号と特別号とがあり、『顚末書』によれば、前者は六九冊（一九一六年三月一日―一九二二年一月三〇日）、後者は五つの年報を含む六六冊（一九一六年一〇月一日―一九二二年一月二〇日）が発行されている。(4)『月報』の発行年月日および書名は表1のとおりであるが、一九一六年は『月報』第一号―第一二号、特別号三冊、一七年は『月報』第一三号―第二六号、特別号一二冊（年報一冊を含む）、一八年は『月報』第二七号―第四二号、特別号一六冊（年報一冊を含む）、一九年は『月報』第四三号―第五六号、特別号六冊（年報一冊を含む）、二〇年は『月報』第五七号―第六四号、特別号一三冊（年報一冊を含む）、二一年は『月報』第六五号―第六八号、特別号一三冊（年報一冊を含む）、二二年は『月報』第六九号、特別号三冊となっている。

発行年月日	書　名
11月10日	月報第四〇号
12月1日	月報第四一号
12月1日	月報第四二号
12月10日	一九一八年二月一〇日独逸軍大本営発布独軍砲兵戦闘教令
12月	交戦諸国ノ陸軍ニ就テ（第四版）
大正8年	
1月4日	月報第四三号
1月10日	月報第四四号
1月10日	月報第四五号
1月20日	月報第四六号
2月1日	第三年報
2月20日	欧州大戦ニ関スル講和集（第二輯）
3月1日	月報第四七号
3月15日	月報第四八号
4月10日	月報第四九号
5月20日	月報第五〇号
6月10日	月報第五一号
7月10日	月報第五二号
8月25日	月報第五三号
9月20日	月報第五四号
9月20日	英仏軍ノ軍用鳩ニ就テ
10月20日	戦争ノ国内産業特ニ労務ニ及ホス影響（其一英，仏ノ部）
10月22日	月報第五五号
12月20日	月報第五六号
12月20日	参戦諸国ノ陸軍ニ就テ（第五版）
12月25日	仏軍ニ於ケル偽装作業教令
大正9年	
1月20日	月報第五七号
2月2日	第四年報
3月5日	英軍「タンク」戦ニ関スル教令集
3月20日	一九一八年上半期諸会戦特ニ同年七月「シヤムパーニエ」会戦ニ於ケル独仏両軍攻防ニ関スル戦術上ノ研究
4月1日	月報第五八号
4月1日	米国々防会議第一回年報
4月1日	交戦各国々民復員ノ概況竝之ヨリ得タル教訓及所見
4月15日	月報第五九号
5月	国家総動員ニ関スル意見
5月10日	英軍師団ノ攻防教令集（一九一八年一月英軍参謀本部発布）
5月10日	独，英，仏軍攻撃教令集
5月20日	独軍砲兵射撃教範
6月1日	月報第六〇号
6月15日	月報第六一号
7月15日	仏国野戦軍航空部隊ノ編成竝用法ニ関スル教令集
7月20日	物質的国防要素充実ニ関スル意見
8月20日	月報第六二号
10月15日	月報第六三号
11月1日	仏国戦闘用瓦斯ニ関スル規定及国防護教令
11月5日	一九二〇年仏国歩兵操典草案
11月20日	月報第六四号
大正10年	
2月1日	第五年報
4月1日	月報第六五号
4月1日	交戦諸国戦後ノ兵制問題ノ概観
4月15日	兵役税ノ研究
5月	欧州戦ノ経験ニ基ク戦術ノ趨勢（第一巻）
6月	欧州戦ノ経験ニ基ク戦術ノ趨勢（第二巻）
6月	欧州戦ノ経験ニ基ク戦術ノ趨勢（第三巻）
8月1日	仏国騎兵操典草案第一部
8月1日	墺国陸軍軍用犬
8月20日	仏国歩兵射撃教範草案
9月1日	月報第六六号
9月15日	仏国歩兵操典草案第二部（抜粋）
10月1日	月報第六七号
12月1日	月報第六八号
12月6日	仏軍騎兵装甲自動車機関銃隊ノ用法及演習教範草案第一部
12月10日	英国騎兵操典草案第二部
12月26日	一九二〇年二月一日発布仏国歩兵操典草案第二部
大正11年	
1月10日	情報蒐集機関ニ就テ
1月15日	英国歩兵小隊教練
1月20日	一九二一年発布独逸各兵科用小銃，騎銃及軽機関銃射撃教範草案
1月30日	月報第六九号

表1　発行書籍一覧表

発行年月日	書名
大正5年	
3月1日	月報第一号
4月1日	月報第二号
5月1日	月報第三号
6月1日	月報第四号
7月1日	月報第五号
7月20日	月報第六号
8月10日	月報第七号
9月1日	月報第八号
9月20日	月報第九号
10月1日	本戦役ニ於ケル各交戦国ノ国民教育竝青年ノ活動
10月10日	月報第一〇号
11月1日	月報第一一号
11月1日	各国各兵種使用兵器概見表
12月1日	月報第一二号
12月1日	大部隊ノ陣地攻撃ニ於ケル仏軍ノ統帥法
大正6年	
1月4日	月報第一三号
1月20日	月報第一四号
1月	欧州交戦諸国ノ陸軍ニ就テ
2月1日	第一年報
2月10日	月報第一五号
3月1日	月報第一六号
3月10日	欧州戦ニ於ケル交戦諸国軍ノ最高統帥
4月1日	月報第一七号
4月1日	「ヴエルダン」会戦ノ教訓竝防禦戦ニ就テノ教令（一九一六年四月五日仏軍総司令部）
4月10日	防禦ニ於ケル仏軍砲兵ノ用法
4月15日	欧州戦ト交戦各国婦人ノ活動
5月1日	月報第一八号
5月15日	独国工業動員ニ関スル普国陸軍省原料部長ノ口演要旨
5月20日	月報第一九号
6月1日	各国各兵種使用兵器概見表，第一次補修改纂
6月1日	欧州戦争毒瓦斯攻撃ニ対スル各国軍訓示教令輯
6月10日	月報第二〇号
6月10日	開戦直前ニ於ケル列強ノ情勢
6月	欧州交戦諸国ノ陸軍ニ就テ（増補再版）
7月1日	月報第二一号
7月10日	欧州戦争ニ於ケル仏軍歩兵小部隊ノ指揮
8月1日	月報第二二号
9月1日	月報第二三号其一，其二，其一附録
10月1日	月報第二四号
11月1日	月報第二五号
12月1日	月報第二六号
大正7年	
1月4日	月報第二七号
1月	交戦諸国ノ陸軍ニ就テ（第三版）
1月20日	第二年報
2月15日	月報第二八号
2月15日	独逸国ニ於ケル戦時ノ国民栄養ニ関スル学者ノ意見
3月1日	月報第二九号米国号其一
3月10日	陸軍記念号（日露戦争ト欧州大戦）
3月20日	月報第三〇号米国号其二
4月1日	月報第三一号
4月10日	欧州戦争ニ於ケル仏軍歩兵小部隊ノ指揮
4月20日	月報第三二号
5月1日	月報第三三号
6月1日	月報第三四号
7月1日	月報第三五号
7月1日	自一九一四年六月欧州戦争ニ関スル重要事件暦日輯至一九一八年五月
7月15日	独逸軍総司令部発布陣地戦ニ関スル教令第八部陣地戦ニ於ケル防禦戦闘指揮ノ要領
8月1日	月報第三六号
9月1日	月報第三七号
9月1日	独逸国戦時陸軍顧問医制度（附録　独逸国陸軍衛生顧問医附属衛生材料）
9月10日	陣地戦ニ於ケル砲兵用飛行機ノ任務及用法ニ関スル独軍教令
10月1日	月報第三八号
10月15日	一九一四年以降独逸戦時法令自第一巻至第七巻（第四巻ヲ除ク）
10月15日	一九一四年以降独逸戦時法令自第八巻至第一四巻
10月15日	一九一四年以降独逸戦時法令自第二二巻至第二三巻
10月15日	独逸戦時特別法
10月15日	欧州大戦ニ関スル講和集
11月1日	月報第三九号

『月報』の内容については、『臨時軍事調査委員月報其他総目録』（一九二一年二月二五日陸軍省印刷）が詳しいが、件名別に分類し、それぞれに関係する報告本数（普通号には数本の報告が収録されている、特別号は一本と数える）を数えてみると、以下のようになる。

「軍令及軍政機関」五本、「交戦諸国野戦軍ノ編制」二五本、「野戦軍高等司令部及其ノ隷属機関ノ勤務」一二本、「動員　補充　復員」一六本、「国家総動員」七本、「工業動員」二二本、「教育ノ部」二二本、「戦術之部　原則」一九本、「戦術之部　教令」一三本、「戦術之部　戦史」一五本、「戦術之部　特種兵器ノ用法」二七本、「戦術之部　騎兵戦術」一七本、「戦術之部　砲兵戦術」三一本、「戦術之部　築城及坑道　附偽装及測量」二〇本、「戦術之部　運輸交通」一三本、「戦術之部　輜重、兵站及補給」一一本、「戦術之部　自動車」九本（「一覧表」二本を含む）、「兵器之部　銃砲、弾薬、信管、射撃」四七本（「一覧表」七本を含む）、「兵器之部　特種兵器」二五本（「一覧表」四本を含む）、「兵器之部　器材（築城　坑道器材ヲ除ク）附軍用鳩」二二本（航空　空中防禦用器材一八本、通信器材附軍用鳩四本）、「経理之部」五五本（一般八本、金銭経理二本、糧秣経理一六本、被服経理一四本、営繕経理四本、財政及経済一一本）、「衛生之部　人」八六本（編制竝勤務三一本、治病竝保健防疫二四本、衛生材料一三本、衛生統計四本、毒瓦斯八本、雑五本）、「衛生之部　動物」五一本、「法令之部」七本、「雑之部」二一本

報告の一本あたりの頁数がそれぞれかなり異なるうえに、「雑之部」等に国家総動員関係が含まれるなど、問題によっては複数の件名にまたがる場合もあるので、単純に前記件名別の本数で問題関心の濃淡を比較することはできないが、それでも戦術関係、兵器関係、国家総動員関係のほか、経理や衛生などにも相応の関心が向けられていたことがわかる。

ちなみに、「国家総動員」の分類には『国家総動員ニ関スル意見』が含まれるほか、「工業動員」には『物質的国防要素充実ニ関スル意見』、「戦術之部　教令」には『欧州戦ノ経験ニ基ク戦術ノ趨勢』第一巻―第三巻、「雑之部」には『第一年報』―『第五年報』、『欧州交戦諸国ノ陸軍ニ就テ』『欧州交戦諸国ノ陸軍ニ就テ（増補再版）』『交戦諸国ノ陸軍ニ就テ（第三版）』『交戦諸国ノ陸軍ニ就テ』『参戦諸国ノ陸軍ニ就テ』などの重要報告が含まれている。

他方、印刷部数は、時期や内容、また配布先の要望などにより異なるが、たとえば普通号の第一号（一九一六年三月一日）は五〇〇部印刷され、全部が配布されている。[5] その後、印刷部数と当初配布数は徐々に増え、第二号（一九一六年四月一日）が五六〇部印刷の当初配布数五四三部、[6] 第三号（一九一六年五月一日）が六一〇部印刷の五九四部配布、[7] 第四号（一九一六年六月一日）が六八五部印刷の六七六部配布、[8] 第五号（一九一六年七月一日）が七〇〇部印刷の六八一部配布と変化し、[9] 印刷部数はこれ以後しばらく七〇〇部印刷がつづく。

しかし、第一三号（一九一七年一月四日）からは七二〇部印刷（七〇六部配布）となり、[10] 以後管見のかぎり、第二五号（一九一七年一一月一日）からは七三〇部印刷（七一七部配布）、[11] 第三七号（一九一八年九月一日）は九〇〇部印刷（八九三部配布）、[12] 第三八号（一九一八年一〇月一日）は九三〇部印刷（九一一部配布）、[13] 第三九号（一九一八年一一月一日）からは九五〇部印刷（九〇九部配布）、[14] 第五七号（一九二〇年三月二五日）からは九八〇部印刷（九四八部配布）と段階的に増加し、[15] 最後の『月報』普通号である第六九号（一九二一年一月三〇日）は九八〇部印刷（九六八部配布）となっている。[16]

これら『月報』の増刷要因のうち、陸軍部外への配布に関していえば、内閣各省への配布が増えたほか（たとえば管見のかぎり、第二号から次官へも配布）、[17] 第一三号以降陸軍出身の貴族院議員への配布がはじまったり、[18] 第三九号からは貴族院と衆議院に対してそれぞれ一〇部ずつ配布されるようになるなどの諸点を指摘することができる。[19]

なお特別号の印刷部数は、内容などにより一様ではないが、たとえば『第一年報』―『第五年報』は一三〇〇部印刷、[20] 貴衆両院議員用に作成された『欧州交戦諸国ノ陸軍ニ就テ』は一〇〇〇部印刷（九九一部配布、うち貴衆両院議員に各四〇〇部、記者クラブの北斗会に三三部[21]、『交戦諸国ノ陸軍ニ就テ（第三版）』は一二〇〇部印刷（一一三八部配布、うち貴衆両院議員に各四〇〇部、帝国各大学に二〇部、長官・知事に四八部[22]、『参戦諸国ノ陸軍ニ就テ』は第一回配布時（一九一九年一二月二四日付配布表）は一〇〇〇部印刷（九五三部配布、うち貴族院に四二〇部、衆議院に四〇〇部、内閣五部、宮内省を含む各省に一六部[23]）、第二回配布時（一九二〇年一月一二日付配布表）は二三七部配布（帝国各大学に二五部、在京新聞社および通信社に五九部、長官・知事に四八部、ただし印刷部数は不明[24]）、『国家総動員ニ関スル意見』は九二〇部印刷（九一〇部配布、うち内閣八部、各省一六部、海軍省二部、貴族院事務局をとおして貴衆両議院に二〇部、陸軍出身の貴族院議員に一七部、配布表は一九二〇年五月二七日付）であった[25]。

したがって配布先も『月報』の内容と時期などにより異なるので、正確にはそれぞれの配布表によらなければならないが、とりあえず『臨時軍事調査委員月報其他総目録』に付されている「臨時軍事調査委員月報其他配付先概見表」を示せば、表2のとおりである。

これらの配布先は、実際には時期等により異なる。たとえば国際連盟会議に派遣されていた陸軍代表と空軍代表への配布の開始は、当然のことながら国際連盟設立後のことである。またこの「配付先概見表」には掲載されていないが、特別号のなかには前述のように、帝国大学や新聞社、地方長官などに配布されたものもある。普通号でも、大蔵省調査局長や農商務省調査局長、外務省西伯利経済援助委員会などに配布されていたことを確認することができる[26]。

したがって、この「配付先概見表」にすべてが網羅的に記されているわけではないが、おおよその様子を知ることはできよう。いずれにせよ、『月報』はかなり広範囲に陸軍内外に配布され、内容の浸透がはかられていたのである（とくに第一次世界大戦終結以後[27]）。

表2　臨時軍事調査委員月報其他配付先概見表

庁（部隊）名	内　訳
侍従武官府	
東宮武官府	
淳宮附武官	
皇族	各陸軍武官皇族
陸軍省	大臣，次官，副官，参事官，各局長，各課長，新聞班，作戦資材整備会議，政史編纂委員，臨時軍事調査委員
元帥府	陸軍各元帥
軍事参議院	陸軍各参議官
参謀本部	総長，次長，各部長，各課長，在外武官（英，仏，米，伊，露，独，中，スイス大公使館附武官），測量部，大学校
教育総監部	総監，本部長，各課長，各兵監，各兵学校，各教導隊，砲工学校，戸山学校，士官学校，同予科，幼年学校
陸軍技術本部	本部，科学研究所，検査部，工科学校
陸軍航空部	本部，補給部，航空学校
築城部本部	
陸軍運輸部	本部
軍馬補充部	本部，各支部
陸軍兵器本廠	本廠，各支廠
東京砲兵工廠	本部，各製造所
大阪砲兵工廠	本部，各製造所
陸軍東京経理部	
陸軍経理学校	
千住製絨所	
陸軍被服本廠	本廠，各支廠
陸軍糧秣本廠	本廠，各支廠
陸軍軍医学校	
陸軍衛生材料廠	
陸軍獣医学校	
軍用鳩調査委員	
憲兵司令部	
台湾軍	司令官，幕僚，各部，守備隊司令部，守備各兵連（大）隊，要塞司令部，病院
関東軍	司令官，幕僚，各部，独立守備隊，重砲大隊，要塞司令部，病院，倉庫
支那駐屯軍	司令部，歩兵隊
中支那派遣隊	司令部，派遣隊
青島守備軍	司令官，幕僚，守備隊司令官，歩兵隊，民政部
朝鮮軍	司令官，幕僚，各部，要塞司令部，病院，倉庫
朝鮮憲兵隊	司令部
各師団	師団長，幕僚，各部，各兵旅団，各兵連（大）隊，連隊区司令部，要塞司令部，病院
浦潮派遣軍司令部	司令官，幕僚，各部
薩哈嗹州派遣軍	司令官，幕僚，各部，歩兵旅団，歩兵連隊，工兵大隊
国際連盟会議	陸軍代表，空軍代表
内閣	総理大臣，書記官長，国勢院，法制局，拓殖局
各省	大臣，次官（海軍省ハ本省及軍令部）
馬政局	
航空局	
東京偕行社	
在郷将官談話会	
在郷軍人会本部	
貴衆両議院	

表3　意見進達一覧表

申達年月日	件　名	受領官
大正6年		
1月15日	工業動員計画ニ関スル件	大臣
6月21日	欧州戦ノ実験ニ鑑ミ制式制定若クハ改正ノ目的ヲ以テ研究ニ資スヘキ兵器ノ件	大臣
大正7年		
5月20日	国家総動員機関ノ設置ニ関スル意見ノ件	大臣
11月8日	野砲問題ニ関スル件	大臣，技術審査部第一部長
12月24日	参考用トシテ新式兵器購入ノ件	大臣
大正8年		
4月10日	連合戦争統一指導要領ニ関スル意見	大臣
6月2日	軍隊内務書改正意見送付ノ件	大臣
6月7日	帝国陸軍々人待遇改善ニ関スル一部意見ノ件	大臣
7月28日	兵器弾薬製造経営法ニ関スル意見ノ件	大臣
8月21日	各兵操典改正要領ニ関スル意見	大臣
9月19日	陸軍衛生制度ニ関スル意見	大臣
大正9年		
3月12日	一〇年後ニ於テ帝国ノ整備シ得ヘキ最大兵力概定ニ関スル意見ノ件	大臣
4月1日	交戦各国々民復員ノ概況並之ヨリ得タル教訓及所見（月報特別号）	大臣
4月16日	物質的国防要素充実ニ関スル意見ノ件（月報特別号）	大臣
5月	国家総動員ニ関スル意見（月報特別号）	大臣
5月6日	戦時ニ於ケル幹部ノ補充及教育並ニ之ニ対スル平時ノ準備ニ関スル意見ノ件	大臣，教育総監
5月20日	戦時ニ於ケル兵員資源ノ運用補充制度ノ改正ニ関スル意見ノ件	大臣
5月28日	騎工及輜重兵操典改正意見ノ件	教育総監部本部長
7月22日	騎工及輜重兵操典改正意見ノ件	大臣
7月24日	戦時高等司令部編制改正ニ関スル意見ノ件	大臣
7月29日	野戦築城教範草案及坑道教範草案改正ニ関スル件	大臣，教育総監
8月12日	野戦軍馬衛生機関並ニ軍馬補充機関ノ改善及蹄鉄工卒制度改正ニ関スル意見ノ件	大臣
8月21日	実施学校制度改正意見ノ件	大臣，教育総監
9月27日	戦時国軍ノ給養ニ関スル意見ノ件	大臣
10月1日	歩兵射撃教範改正ニ関スル意見ノ件	大臣，教育総監
10月15日	航空機ノ型式航空隊配属，編制並補給補充ニ関スル意見ノ件	大臣
12月15日	統帥綱領改定ニ関スル件	参謀本部総務部
12月27日	四五式一五珊加農及四五式二四珊榴弾砲砲架以下改造ニ関スル意見並陣地使用ノ大口径曲射砲ニ関スル意見	大臣
大正10年		
1月4日	兵役問題ニ関スル意見戦後ニ於ケル交戦国ノ兵役問題ニ関スル概観及教育上ヨリ見タル兵役問題ニ関スル件	大臣
1月18日	青年教育ニ関スル意見ノ件	大臣
2月1日	戦略単位ノ編制ニ関スル意見ノ件	大臣
4月26日	歩兵隊ノ編制ニ関スル意見ノ件	大臣
6月28日	馬政ニ関スル意見ノ件	大臣

申達年月日	件　　名	受領官
7月6日	測量教範制定ニ関スル意見ノ件	大臣，教育総監
9月8日	戦略単位以上ニ配属スヘキ部隊ニ関スル意見	大臣
9月15日	交通教範並築営教範改正ニ関スル意見	大臣，教育総監
12月14日	通信隊編制器材並其用法ニ関スル意見ノ件	大臣，教育総監

2　意見進達について

臨時軍事調査委員の調査研究のうち、「国軍改善ノ資ニ供」すべき意見は随時『月報』中に発表されていたが、とくに軍事行政上必要と認められる事項に関しては、そのつど陸軍大臣や教育総監などに報告され、政策立案上の参考資料とされた。最初の意見進達は一九一七年一月一五日付で、大島健一陸軍大臣に対しておこなわれているが、その後の分も含めて示せば、表3のとおりである。[28]

以上のように、一九一七年一月一五日から一九二一年一二月一四日の間に、全部で三七回おこなわれているが、年度別にみると、一九一七年二回、一八年三回、一九年六回、二〇年一七回、二一年九回となっており、大戦後の田中陸軍大臣のもとで、多くの意見進達がおこなわれていたことがわかる。なお進達先も、二例以外は陸軍大臣宛てである（そのうち七回が教育総監と同じ）。

3　質疑諮問に対する応答

臨時軍事調査委員がおこなった調査研究の政策立案過程への反映は、陸軍部内からよせられた質疑諮問に対する応答というかたちでもなされていた。最初の応答は一九一七年一月二〇日付であるが、ちなみに一覧表で示せば、表4のとおりである。[29]

表4　質疑諮問に対する応答

年 月 日	件　　名	受 領 官
	制度ノ部	
大正7年6月	帝国陸軍技術制度改正意見	次官，各局長，課長
12月6日	復員時期ニ於ケル調査希望事項	講和大使随員，二宮中佐，軍事課
大正8年1月22日	帝国陸軍々人俸給，恩給，救恤諸制度改善ニ関スル意見ノ大綱　附参考資料	大臣，次官，人事局長，軍務局長，経理局長，恩給課長，軍事課長，主計課長
5月22日	航空勤務者優遇法ニ関スル意見	人事局長
8月28日	戦時陸軍技術将校ノ位置ニ在リテ服務スヘキ予後備役士官ノ一年志願兵ヨリ採用スル件ニ関スル件	
10月10日	外国駐在員ニ関スル改正意見	軍事課
10月25日	砲兵工廠工卒隊設置ニ関スル研究	次官
10月27日	将校相当官ノ待遇改善ニ関スル意見	次官，軍務局長，人事局長，医務局長，経理局長，軍事課長
大正9年7月12日	簡閲点呼執行規則改正要旨	歩兵課長
8月9日	軍隊教育令改正案	軍事課長
大正10年6月28日	港湾法要領ノ件	工兵課長
7月4日	航空法ニ関スル件	航空課長
8月13日	臨時運輸業務検査ニ関スル件	工兵課長
	編制ノ部	
大正6年1月20日	戦略単位（師団）ノ砲兵	畑砲兵少佐
1月20日	航空隊編制ニ関スル意見	服部騎兵中佐
1月31日	各兵種ノ戦時使用スヘキ主要兵器ニ対スル改正意見	軍務局長
2月12日	軍砲兵ノ研究	軍務局長
2月28日	電信隊ノ用法及編制ニ関スル意見	軍務局長
2月28日	鉄道隊ノ用法及編制ニ関スル意見	軍務局長
2月28日	騎兵ノ用法及編制ニ関スル意見	軍務局長
3月5日	各兵種ノ戦時使用スヘキ主要兵器ニ対スル改正意見	軍務局長
大正8年2月4日	航空隊編制用法ニ関スル研究事項	参謀本部
3月25日	戦時陸軍航空兵力ノ策定ニ関スル意見	臨時航空術練習委員
10月18日	現行戦時編制一部改正主旨ニ関スル意見（第一，第二回）	軍事課
10月21日	陸軍省局課編制案	次官，軍務局長
12月23日	戦時編制改正ノ方針及要領	軍事課
大正9年4月9日	航空部隊ノ動員ト平戦両時ノ航空兵力ニ就テノ意見	軍事課
5月13日	参謀本部研究会第一二回議題　兵站諸部隊編成改正案ノ可否ニ関スル意見	軍事課
5月17日	兵站諸部隊戦時編制ニ関スル意見	軍事課
5月29日	陸軍戦時編制改正要領（第一案）ニ対スル意見	軍事課
6月15日	陸軍戦時編制改正要領（第一追加）ニ対スル意見	軍事課
6月19日	帝国陸軍戦時航空兵力ニ関スル意見	参謀本部第七課
7月15日	陸軍戦時編制改正要領（第二追加）ニ対スル意見	軍事課

年 月 日	件　　名	受 領 官
	典範令ノ部	
大正８年５月18日	野戦砲兵操典草案改正要旨	軍事課
８月30日	歩兵操典改正案編纂要旨ニ対スル意見	教育総監
９月４日	歩兵操典改正案編纂要旨ニ対スル意見	軍事課
大正９年２月18日	改正歩兵機関銃射撃教範ニ対スル意見	軍事課
４月20日	統帥綱領改正意見	軍事課
４月24日	歩兵操典改正案ニ対スル総括的意見	軍事課
５月20日	自動車操縦教範草案ニ対スル意見	軍事課
６月２日	歩兵操典改正案ニ対スル再意見	軍事課
６月５日	軍隊教育令改正要旨ニ対スル意見	軍事課
６月	対壕教範草案	軍事課
９月６日	野戦重砲兵操典草案編纂要旨	軍事課
10月28日	体操教範改正要旨	軍事課
11月18日	野戦重砲兵重砲兵射撃教範草案第一部編纂要旨	軍事課
大正10年３月22日	工兵通信教範編纂要旨	軍事課
４月22日	電信教範編纂要旨	軍事課
５月10日	騎兵操典草案編纂要旨	軍事課
５月10日	騎兵通信教範編纂要旨	軍事課
５月16日	野戦重砲兵操典草案ニ関スル意見	軍事課
７月９日	騎兵操典草案ニ関スル意見	軍事課
８月15日	野戦重砲兵重砲兵射撃教範草案第一部改正ニ関スル意見	軍事課
８月18日	軍隊教育令中一部改正案	軍事課
９月10日	輜重兵操典草案編纂要旨	軍事課
10月19日	歩兵通信教範草案	軍事課
10月25日	船舶輸送勤務令（第五案）ニ対スル意見	軍事課
12月５日	輜重兵輓駄馬調教々範草案改正要旨ニ対スル意見	軍事課
12月14日	体操教範草案ニ対スル意見	軍事課
	雑ノ部	
大正６年12月20日	世界戦争ノ終局ニ対スル観察	大臣
大正７年10月19日	西伯利ニ於テ軍事上研究スヘキ事項ニ関スル研究	軍事課長
12月11日	国際連盟及軍備制限ノ問題ノ研究ニ資スル目的ヲ以テ調査事項	軍事課長
大正９年６月	国勢調査ニ対スル希望	次官，統計
６月	国勢調査ニ対スル緊急希望	次官，統計
10月19日	弾丸効力調査ノ件	砲兵課

質疑諮問の内容は、とりあえず「制度」「編制」「典範令」「雑」の四つに分けることができるが、回数はそれぞれ一三、二〇、二六、六であり、全部で六五回おこなわれている。

年度別にみると、「制度」の場合、一九一八年二回、一九年六回、二〇年二回、二一年三回、「編制」の場合、一九一七年八回、一九年五回、二〇年七回、「典範令」の場合、一九一九年三回、二〇年一〇回、二一年一三回、「雑」の場合、一九一七年一回、一八年二回、二〇年三回となっている。

したがって合計すると、一九一七年九回、一八年四回、一九年一四回、二〇年二二回、二一年一六回となり、やはり戦後に多くおこなわれていたことがわかる。

また応答の相手先としては、軍事課長および軍事課宛てが四〇回ともっとも多く（ただしそのうち三例が複数の相手先）、そのほか主なところをみると、軍務局長宛てが一〇回（そのうち四例が複数の相手先）、次官宛てが七回（そのうち六例が複数の相手先）、大臣宛てが一回などとなっている。大臣宛てが少ないのは、おそらく質疑諮問を受けてというよりも、前述のように積極的な意見の進達を調査委員がおこなっていたためと思われる。

なお、全体的に課レベルの応答先が多いのは、それだけ個別案件の実務を担う担当課が、第一次世界大戦の影響を踏まえた政策を展開するうえで、調査委員の意見を必要とし、重要視していたことの証左といえよう。

二　陸軍省新聞班の成立と活動

田中軍政を考察するうえで特筆すべきことは、一般社会に対する「積極的普伝」と「世論指導」とを明確な目的とする新聞班という組織が、陸軍省内に設置されたことである。こうした機関の創設は、良兵即良民主義の立場から自ら精力的な執筆活動や講演をおこなっていた田中陸相自身の資質もさることながら、総力戦が平戦両時の政策遂行上における国民要因の比重を相対的に高めたことと、「大正デモクラシー」状況の高揚という、陸軍をとりまく内外環境の変化がしからしめたものということができよう。

昭和期に活発な活動を展開した新聞班に関しては、その重要性にもかかわらず、さしたる研究がおこなわれてこなかったが、ここでは臨時軍事調査委員の「民間に対する軍事宣伝」活動の一環としておこなわれた、その初期の活動について紹介することにしたい(30)。ただしその前に、まず新聞班の成立について述べることにする。

1　新聞班の成立

一九一九年一月六日「時勢ノ進運ト西伯利時局ノ変化ニ伴ヒ輿論ノ軽視ス可カラサル所以ト之カ指導ノ必要ヲ認メラレタル結果」、臨時軍事調査委員秦真次歩兵中佐が、陸軍大臣官房御用掛を仰せ付けられ、新聞係に命じられた。これが新聞班の設立につながる直接の契機である(31)。

新聞係創設以前の陸軍省における新聞関係業務には、主として新聞検閲委員があたっていたが、これは、シベリア出兵の機運が国内で進展するにつれて新聞記事の取り締まりの必要性が認識され、内務省、司法省、各府県知事その他関係官庁に通報して「軍機軍略等ニ関スル秘密保持」をおこなうために新聞の検閲に従事する機関であった(32)。またシベリア出兵の「戦報ノ公表」も業務としていたが、とくに積極的宣伝の意味をもつものではなかった。このほか新聞情報の収集に関しては、主として大臣秘書官があたっていたが、新聞記者の引見や応接には大臣秘書官、大臣官房副官のほか、随時各局課員があたることになっており、とくに規定があるわけではなかった。

そこで新聞係に任命された秦中佐は、田中陸軍大臣の意図にもとづき、つぎのような業務大綱を規定し、関係各部の承認をえたのであった。

（1）日々左ノ新聞雑誌等ヲ通読シ緊要ナル事項ヲ大臣及次官ニ報告ス
　東京大新聞
　地方重要新聞
　特ニ必要ナル雑誌及新刊書籍
（2）大臣ヨリ特ニ指示セラレタル書類ヲ通読シ要点ヲ報告ス
（3）新聞通信員ノ希望ニ基キ材料ヲ供給ス
（4）新聞ニ掲載スヘキ記事ヲ起案シ高級副官及各局課ト連絡ヲ取リ之ヲ印刷シテ新聞通信員ニ分配ス
（5）社会一般ノ思想ト軍隊ニ於ケル思想トノ関係ニ注意シ一般社会ニ軍事思想ヲ普伝ス要スレハ憲兵、内務省、文部省、警視庁及有力ナル思想家ト連絡ス
（6）憲兵報告及外国電報（参謀本部及外務省通報）ヲ通読ス
（7）軍事思想普伝ノ目的ヲ以テ時々地方ニ講話者ヲ派遣シ又ハ雑誌ニ投書ス

このように、これまで主に大臣秘書官と新聞検閲委員の業務であった新聞情報の収集、記事の発表、新聞記者の応接など新聞関係のいっさいの業務が、すべて新聞係の担当となったのである（新聞検閲業務に関しては後述）。それと同時に、「一般社会ニ陸軍ヲ諒解セシメ軍事思想ヲ普及セムトスル積極的普伝」の端緒がここに開かれたのであった。ただし新聞係の陣容は当初、秦中佐のもとに大尉一名が配属されただけであり、きわめて貧弱であった。しかし、一九一九年五月に新聞記者に対する参謀本部の閉鎖がおこなわれたのを契機に新聞係が拡張され、ここに新聞班が成立することになったのである。

すなわち、従来参謀本部は新聞記者に対して「開放的態度」をとり、非公式に情報主任を任命して、時日を定めて

新聞記者に接見し、情報材料を提供する一方、第二部長（情報部長）自ら毎週一回新聞記者会見をしていたのであるが、五月上旬新聞記者の出入りを禁止し、陸軍の新聞関係業務はすべて新聞係で統一実施することになった。したがって参謀本部において実施していた普及宣伝事項も、その案を新聞係に移し、また海外からの情報も参謀本部から陸軍省新聞係に送付し、そこでの審査のうえ発表することとなったのである。

表5　新聞班業務分担表

区　分	任務の概要	担任者	
第一班	一　新聞雑誌の点検 一　情報の点検 一　新聞記事の作成（情報に関するもの） 一　新聞記者の引見 一　参謀本部との連絡	香椎中佐	仁禮少佐 葉室大尉 田北中尉
第二班	一　輿論概観の作成 一　大臣，次官への報告 一　新聞記事の作成（省内常務に関するもの） 一　憲兵報告の点検 一　省内各局課との連絡 一　雑務	秦中佐	

それと同時に陸軍省内においても、新聞記者の自由な出入りをかなり制限し、新聞記者の接見はすべて原則として新聞係がおこなうこととし、その専門的な質問に対しては仲介の労をとることを建前としたのであった。これまでのように、新聞記者が随時各局課に出入りして接見を求めるのは、各局課員の煩に堪えないところであったからである。

以上のように、新聞係の業務範囲が大幅に拡大した結果、その人事編成も拡張を迫られることになった。そこで臨時軍事調査委員長村岡長太郎少将を新聞係監督の位置におき、臨時軍事調査委員香椎浩平歩兵中佐を兼勤とするなどの増員をおこない、こうして陸軍省官制外の組織ではあるが、とりあえずひとつの班としての実力を備えることになったのである。ちなみに一九一九年五月段階における新聞班の編成と業務分担を示せば、表5のとおりである。

こうして新聞係が新聞班へと拡大したのであるが、その後ロシア、中国、アメリカ方面の情報主任、調査主任、外字新聞主任等を増加して、一九二〇年の初頭にはおおむね「時勢ノ進運」にともなう普及宣伝機関としての第一期の拡張を完

表6　職員表

監督（臨時軍事調査委員長兼任）	村岡長太郎陸軍少将
班長（臨時軍事調査委員）	秦真次歩兵中佐
班員（臨時軍事調査委員）	岡村寧次歩兵少佐
同　（臨時軍事調査委員）	林大八歩兵大尉
同　（軍事参議官副官兼臨時軍事調査委員）	加藤一平歩兵大尉
同　（臨時軍事調査委員）	山口直人歩兵大尉
同　（陸軍大臣官房勤務）	田北惟歩兵中尉
嘱託	庄子廣吉
同	小山精一郎
書記	五名
給仕	一名

＊なおこのほかに，香椎浩平歩兵中佐（参謀本部部員兼臨時軍事調査委員）が，参謀本部と新聞班との連絡に任じている．

表7　新聞班業務分担表

区　分	任務の概要	担任者	
第一班	一　新聞点検（論説，政治，社会等） 一　憲兵報告 一　省内各局課との連絡 一　雑誌 一　輿論概観の作成 一　新聞記事の作成（海外情報を除く） 一　新聞記事の発表	秦中佐 岡村少佐	田北中尉 庄子嘱託
第二班	一　外電，参電，参謀の点検 一　新聞（電報）通信の点検 一　電報検閲 一　新聞記者の引見 一　新聞記事の作成 一　参謀本部との連絡 一　情報日誌の作成	香椎中佐 岡村少佐	林大尉 田北中尉
庶　務	一　新聞，雑誌，書類の授受 一　書類の整理 一　印刷配付 一　其他一般雑務		山口大尉

結したのである。二〇年三月時点での職員と編成業務分担の概要を示せば、表6、7のとおりである。

こうして新聞班の基礎が確立し、着々任務にむかい邁進することになったのであるが(33)、一九二二年三月末の臨時軍事調査委員の解散にともない、新聞班以外の調査委員の業務はおおむね、作戦資材整備会議専任幹事に引き継がれることになった。

したがって調査委員が陸軍内外にわたり広範な普及活動をおこなうと同時に、定員外の組織でもあったために、調査委員が新聞班業務を担当していた面があったわけであるが、その調査委員の解散によって新聞班は文字通り、大臣直轄の機関として存在することになったのである。ただし大臣官房に籍を有する将校以下の新聞班員は、以後、作戦資材整備会議に転属して新聞関係事項を処理することになったのである。

2 新聞班の活動

それでは新聞班は、どのような活動をおこなっていたのであろうか。その業務をあらかじめ述べれば、つぎのように大別することができる。

一、内外ノ情勢、輿論ノ傾向ヲ考察シテ之ヲ大臣以下ノ実行機関ニ知悉セシメ軍事施設上ニ社会的省察ヲ与ヘシムル消極的半面

二、一般社会ニ軍事思想ヲ普及セシメ又軍事施設ニ関シテ輿論ヲ指導セムトスル所謂「普伝」ナル積極的半面

尚付帯業務トシテ新聞検閲ノ事ニ関掌ス

以下、新聞係創設から一九二二年三月までの活動の大要について、紹介することにしたい。

(1)「輿論概観」の発行

秦中佐は新聞係に就任するとただちに、前述の「業務大綱」にもあるとおり、毎日の新聞論調を田中陸軍大臣に直接口頭報告することになった。しかし、業務が多忙になるにつれて、すべての新聞に目をとおすことができなくなる一方、田中大臣自身もきわめて繁忙で、秦中佐の報告を聞くために多くの時間を割けないような状況になってきたた

め、「輿論概観」を作成し、大臣の閲覧に供することになった。

これは、秦が部下に命じて新聞論説の要旨を抄録させ、自ら審査したうえで作成したものであり、同時に若干の局課長へも配布したものである。第一号の「輿論概観」は、一九一九年三月二六日付で発行され、第七号までは毎日だされていたが、第八号からは週二回、水曜日と土曜日に発行されることになった。

「輿論概観」は、きわめて多忙な業務に忙殺されている実務者にとって、多数の新聞を閲読したのと同じ効果を収めることができるため、非常に便利なものであり、それゆえ大変な好評を博すことになった。そこで配布の希望も次第に増加し、一九一九年五月段階の発行部数が一〇部であったのが、二〇年一月には約八〇部となり、さらに陸軍省内だけでなく、参謀本部や浦潮派遣軍、元帥、軍事参議官などにも配布されるようになったため、二一年はじめには約一二〇部が発行されるまでにいたっている。

また外字新聞の「輿論」を付録として添付するようになると、配布希望はいちだんと増加し、一九二一年末には約一五〇部の発行部数となった。

ちなみに、一九二一年九月時点での配布先は、大臣官房（陸軍大臣、次官、高級副官、秘書官、副官）をはじめとする陸軍省各局課、参謀本部、教育総監部、陸軍大学校などの各学校、元帥、軍事参議官、在外軍司令部、在中国各武官、憲兵司令部、佐藤鋼次郎、大迫尚道、坂西利八郎などの陸軍関係各機関や個人のほか、外務省などであるが、印刷機の能力の関係から、配布希望があっても断るほどの状況であったのである。

なお、この外字新聞の所論は当初、「輿論概観」中にときおり挿入する程度であったのが、小谷部全一郎が嘱託となったのを契機に毎回付録とし、一九二一年一〇月一五日からは週報として週一回発行されることになった。しかし、一週に一回では読了に困難なため、同年一一月二三日一週二回の発行に改められ、毎回の「輿論概観」に付録として添付されることになったのである。

そのほか「輿論概観」の付帯事業として、軍備制限会議や社会主義の研究等の「輿論」を収録した小冊子を作成して、関係者に配布している。

以上のように、新聞班の業務中の「消極的半面」である世論の総合観察と実行機関への周知方に関しては、直接当事者へ報告するほか、「輿論概観」の発行によってその実現がはかられていたのである。(34)

(2)　新聞「普伝」

新聞班の任務の「積極的半面」である「普伝」(普及宣伝)に関しては、主として新聞をとおした、つぎのような活動がおこなわれていた。

①　シベリア出兵に関係する戦報その他軍事関係事項の公表

一九一八年以降シベリア出兵がおこなわれ、「西伯利派遣軍カ過激派討伐及長大ナル鉄道線守備ノ為多大ノ労苦ヲ嘗メアルニモ拘ハラス国民ノ態度ハ甚タ冷淡ニシテ往々派遣将卒ノ志気ニ悪影響ヲ及」ぼすような状況があったため、新聞班は戦闘公報をはじめとして、派遣軍の行動に関する発表を努めて頻繁におこない「国民ノ視聴ヲ刺激」するようにしていたが、さらにシベリア問題に関係して「軍閥外交ノ非難等陸軍ニ対スル諸種ノ反感誤解」がおこったため、国民に「正当ニ諒解セシムル為進ンテ軍事ノ諸施設ヲ発表スルヲ有利ト認」め、機を逸しないように公表することに努めたのであった。

②　新聞記事のための情報材料の提供

陸軍が必要な時期に有効な宣伝をおこなうためには、日頃新聞記者と絶えず密接な連絡をとりあうことが必要であったが、そのために特別な「普伝効果」がないものでも、記事の材料として北斗会(陸軍省記者クラブ)記者に対して毎日二、三種の情報を提供していた。また記者の質問に対しては、煩を厭わず説明をおこない、専門事項に関しても当事者に問い合わせたうえで説明をおこなうなどしていた。

③　軍政上の施設の「普伝」と作戦上特別の目的をもっておこなう「普伝」

新聞記者に提供する材料のなかには、ときに「普伝資料ヲ混入シ不知不識ノ間ニ普伝ノ効果ヲ収」めるものもあったが、時局問題に関する特別な「普伝目的」のためには新聞の論説を動かす必要があったため、特殊の手段をとることがあった。

たとえば一九一九年の「満蒙除外問題、砲兵工廠罷業問題」、一九二〇年の「黒竜州撤退問題」などに関してである。それらの場合、新聞論説の論調を「記者ヲ通シ或ハ通信員ヲ通シテ一変セシメ相当ノ効果ヲ得」た。しかし、一九一九年二月に都下の新聞の主筆、編集長などと会談し、シベリア派遣軍の作戦行動に関して了解をえようとしたときには、大きな効果はなかった。

④　情報の収集および発表

陸軍省の入手する情報中、電報はその写しがおおむね新聞班に配布されていたが、筆記報告類の多くも、やはり新聞班に回覧されていた。また参謀本部に到着する情報の場合には、陸軍省に配布されたものの回覧をうけ、新聞班の資料としていた。なおシベリア関係の情報は、浦潮派遣軍「弘報部」からも直接通報をうけていた。

こうして入手した情報のうち、どれを発表資料とするのかの選択に関しては、新聞班員自らがおこなったほか、上長の指示や他の局課の請求によってもおこなわれていた。そしておおむねつぎのような形式で、発表がなされていた。

「陸軍省公表」「陸軍省発表」「陸軍省着電」「陸軍当局談」「某所着電」「某地発情報」「出所不明」

(3)　対外「普伝」

新聞班の設置当初においては、対外的に普及宣伝をおこなう直接の機関がなく、国内の新聞をとおして間接的におこなうだけであったが、一九一九年末以降、つぎのような方策を講ずることになった。

①　陸宣電報

一九一九年一一月、参謀本部と陸軍省との間で「支那軍司令部等へ宣伝資料供給ニ関スル内規」を協定し、以後「陸宣乙」は毎日、「陸宣甲」は必要に応じてその都度、各地に発送されることになった。「陸宣乙」は、はじめは浦潮派遣軍参謀長に対してのみ発送されていたが、一九二〇年六月以降、チタ特務機関とハルピン特務機関へも送付されるようになった。しかし一九二一年五月一一日からは再び浦潮派遣軍参謀長に対してのみとなり、同時に一週二回と回数も減少したが、大連会議の開催とともに同会議顧問にも送られることとなった。「陸宣甲」の場合には、「普伝」資料の性質と価値によって異なっているが、京城、旅順、北京、天津、上海、漢口、青島、台湾などの各地にも発送されていた。なお欧米に在住する陸軍関係者に対しては、大公使館付武官が参謀総長の隷下にあるため、参謀本部の手に委ねられていた。またそのほかに、とくに「普伝」材料を北京にいる坂西利八郎中将に送付する必要が認められ、一九二一年九月二〇日から坂西にも送られている。

② 外国通信記者、英字新聞の操縦

一九二〇年はじめ頃より日蘭通信記者ビュールマンほか若干の外国通信記者が出入りするようになったため、彼らに材料を提供するとともに、二月以後加藤一平歩兵大尉を外国記者掛とし、その任にあたらせるようになった。また加藤大尉は同時に、従来「毒筆ヲ逞フセル『ジャパン、アドヴァタイザー』紙」の懐柔をも担当することになり、「漸次良好ノ成績ヲ挙」げたのであった。

(4) その他の「普伝」事業

① 雑誌

『戦友』『我が家』等の軍事関係雑誌に寄稿したり、材料を提供したりしたほか、博文館発行の青年団機関雑誌『新青年』や『太陽』などにときどき記事材料や写真を提供するなどしていた。なお『新青年』には、一九二〇年五月号に田所成恭歩兵大佐（歩兵第七二連隊長）の手記「田中支隊全滅の光景」を寄稿掲載したのがはじまりである。

② 活動写真

活動写真を用いての宣伝に関しては、その必要性がよく認識されていたにもかかわらず、いまだ十分な業績をあげえない状態であったが、一九二一年度後半になっておおいに進歩し、軍隊や軍学校における生活、演習の実況などを撮影したものが上映されるようになった。具体例としては、つぎのようなものをあげることができる。

a　一九一九年六月オムスク特務機関から「普伝」資料として活動写真フィルムの送付を参謀本部に要求してきた際、参謀本部の委嘱によりフィルムの選択を新聞班がおこなった。

b　一九二〇年六月文部省主催の「時の展覧会」に軍事に関する活動写真の出品が議せられた際、新聞班は副官部と協力して第一師団各部隊に対して、出品のための活動写真撮影の計画および指導をおこなった。

c　一九二〇年六月日本基督教青年会恤兵部がシベリア派遣軍に従軍して撮影したフィルムを検閲し、また各地方に対する宣伝に便宜を与えた。同部のニコラエフスク従軍も斡旋した。

d　一九二一年一一月特別大演習に活動写真撮影会社が従軍して、演習の実況を国民に紹介するのにおおいに努力した。国際活映株式会社撮影のフィルムを点検し、画面の整理を援助した。なお演習終了後、東京市内の各常設館が競ってこれを上映したので、軍事知識の普及に多大の効果をもたらした。

③ 通俗講演

通俗軍事教育会（主幹松川次郎）に非公式な後援を与え、伊藤龍城の通俗軍事講演をこれに合併させて、各地方軍隊に対する通俗軍事の「普伝」に任じさせた。教育会はその純益金四千円を恤兵費として献納した。

④ 見学視察の指導

新聞記者に軍事上の見学や視察をさせることは、記者の軍事知識を向上し、また陸軍を了解させるうえで多大な効果があるため、機会あるごとに記者の指導に努めた。

a　一九一九年七月貴衆両院議員の各務ケ原飛行場の見学に際して、北斗会会員二〇名の記者を同行見学させた。
b　一九一九年一二月下旬から二〇年二月にかけて、林大八歩兵大尉の指導のもとに、北斗会会員一〇名にシベリア各地を視察させた。
c　一九二一年八月辛酉倶楽部員に砲兵工廠、千住製絨所を見学させた。

⑤　師団対抗演習および特別大演習

陸軍のことを広く国民に了解させるのにもっとも効果があるのが、師団対抗演習と特別大演習である。これらの演習に従軍する記者の骨幹は、陸軍省出入りの新聞通信記者であるため、特別大演習等の新聞記者掛長に新聞班長を任命してその任にあたらせた。そのため一九一九年以降の演習記事は面目を一新し、これらを利用する軍事「普伝」もおおいに進歩し、その成績に顕著なものがあった。とくに一九一九年に阪神地方でおこなわれた特別大演習と東京地方の特殊演習および特別大演習では「異常ノ進歩」をみた。

(5)　新聞検閲業務

新聞検閲業務はもともと新聞検閲委員の管掌事項であったが、一九一八年末以来のシベリア戦局の鎮静化にともない、検閲業務は新聞班（新聞係）と検閲委員の残務を処理する陸軍省法務局との協力により実施されることとなった。そのため一時両者の分担がすこぶるあいまいとなったが、一九二〇年はじめ頃より大要つぎのような業務分担が規定されることになった。

一、新聞班ハ新聞禁止事項ノ発令同違反ニ対スル処分ニ関シ案ヲ具シテ法務局ニ移ス
二、法務局ハ右新聞班ノ提案ニ基キ実務ヲ処理ス
三、新聞ノ検閲ハ両者協力シテ行フ

四、陸軍省令ニ関セサル禁止事項ハ新聞班ヨリ内務省警保局ニ委嘱ス

なお海外との往復電報の検閲に関しては、逓信省外信課から非公式に新聞班に対する諮問があり、新聞班がその判定を与える慣例となっていた。

おわりに

以上みてきたように、臨時軍事調査委員の活動は多岐にわたるものであったが、それは、陸軍が第一次世界大戦の衝撃（ロシア革命の衝撃を含む）と「大正デモクラシー」状況の高揚（それ自体が一面、第一次世界大戦の衝撃を受けてのものである）という新たな内外環境に直面するなかで、それらにいかに対応するのかという文脈のもとなされたものであった。その意味で、大戦後の新しい時代に見合う、新しい陸軍の創出に取り組んだ田中軍政と調査委員とは、密接不可分な関係にあったのである。

とりわけ新聞班（新聞係）の創設は、内外環境の変動に真剣に取り組もうとした田中軍政の、象徴的施策のひとつであった。そしてその新聞班が、やがて昭和戦前期の陸軍の広報宣伝活動の中心機関となり、日本の「太平洋戦争への道」に深くかかわるようになったのである。一九三四（昭和九）年に陸軍省新聞班名で公表、刊行された『国防の本義と其の強化の提唱』が、陸軍の革新的な内外政策体系を堂々と打ちだし、政界のみならず広く一般社会にも大きな衝撃を与えたのは、その象徴的な出来事であったのである。

（1）　黒沢文貴『大戦間期の日本陸軍』（みすず書房、二〇〇〇年）参照。

（2）同右、第一章参照。
（3）『欧受大日記』大正一三年三冊之内其三に所収（防衛省防衛研究所戦史研究センター所蔵）。
（4）ただし『臨時軍事調査委員月報其他総目録』（一九二二年二月二五日陸軍省印刷）には、特別号の題名として八〇の題名が記載されている。そうした『顚末書』にない題名のうち一三は、「各国機関銃一覧表」のような一覧表である。なお同じ報告書と思われるが、『総目録』記載の特別号の題名と、『顚末書』掲載のそれとに若干の違いがあるものもある。また『顚末書』記載の『月報』の発行年月日に、若干の誤りがある。
　ちなみに『総目録』は、一九二二年三月八日付配布表によれば、九八〇部印刷され、そのうち九六三部が配布されている（内閣八部、各省一七部、貴族院一〇部、衆議院一〇部、陸軍出身の貴族院議員一四部など、「臨時軍事調査委員月報其他総目録配付表」『欧受大日記』大正一一年三月其三所収、防衛省防衛研究所戦史研究センター所蔵）。
（5）「臨時軍事調査委員月報提出ノ件」（『欧受大日記』大正五年四月所収、防衛省防衛研究所戦史研究センター所蔵）。
（6）「臨時軍事調査委員月報配付ノ件」（『欧受大日記』大正五年四月所収）。なお『月報』配布の増加希望に関しては、たとえば以下参照。「臨時軍事調査委員月報第二号調製報告ノ件」（『欧受大日記』大正五年四月所収、臨時軍事調査委員長菅野尚一より陸軍大臣大島健一宛て）、「臨時軍事調査委員月報配賦ノ件照会」（『欧受大日記』大正五年六月所収、防衛省防衛研究所戦史研究センター所蔵、第一師団参謀長早川新太郎より陸軍省副官和田亀治宛ての増加要求）、「臨時軍事調査委員月報配付ノ件」（『欧受大日記』大正五年八月所収、防衛省防衛研究所戦史研究センター所蔵、臨時軍事調査委員長菅野尚一より陸軍省副官和田亀治宛て、「月報第一号追加配付表」一九一六年八月一二日付、二〇〇部印刷、一八二部配布）、「秘密書類配付数増加ノ件」（『欧受大日記』大正五年八月所収、青島守備軍参謀長森岡守重より陸軍省副官和田亀治宛ての増加要求）、「臨時軍事調査委員月報ヲ検査部及兵器支廠ニ配賦相成度件上申」（「臨時軍事調査委員月報増加配賦方ノ件」『欧受大日記』大正六年一月所収、防衛省防衛研究所戦史研究センター所蔵、陸軍兵器本廠長町田彦二より陸軍大臣大島健一宛ての増加要求）、「臨時軍事調査委員月報配布ノ件照会」（『欧受大日記』大正六年一月所収、朝鮮駐箚軍参謀長白水淡より陸軍省副官和田亀治宛て）、「臨時軍事調査委員月報配布追加ノ件通牒」（「書類配付ノ件」『欧受大日記』大正六年二月所収、防衛省防衛研究所戦史研究センター所蔵、臨時軍事調査委員長菅野尚一より陸軍省副官和田亀治宛て、在中国日本公使館付武官への配布）、「臨時軍事調査委員月報配布追加ノ件通牒」（「臨時軍事調査委員月報送付ノ件」『欧受大日記』大正六年二月所収、臨時軍事調査委員長菅野尚一より陸軍省副官和田亀治宛て、朝鮮総督府政務総監用として配布）、「臨時軍事調査委員月報類増

加配布ノ件」(『欧受大日記』大正六年二月所収、参謀本部庶務課長中屋則哲より陸軍省副官和田亀治宛て、第二部用としての増加要求)。
(7)「臨時軍事調査委員月報配付ノ件」(『欧受大日記』大正五年五月所収、防衛省防衛研究所戦史研究センター所蔵)。
(8)「臨時軍事調査委員月報配付ノ件」(『欧受大日記』大正五年六月所収)。
(9)同右。
(10)「臨時軍事調査委員月報配付ノ件」(『欧受大日記』大正六年一月所収)。
(11)「臨時軍事調査委員月報配付ノ件」(『欧受大日記』大正六年一一月所収、防衛省防衛研究所戦史研究センター所蔵)。
(12)「臨時軍事調査委員月報配付ノ件」(『欧受大日記』大正七年九月所収、防衛省防衛研究所戦史研究センター所蔵)。
(13)「臨時軍事調査委員月報配付ノ件」(『欧受大日記』大正七年一一月所収、防衛省防衛研究所戦史研究センター所蔵)。
(14)「臨時軍事調査委員月報配付ノ件」(『欧受大日記』大正七年一一月所収)。
(15)「臨時軍事調査委員月報第五十七号配付ノ件」(『欧受大日記』大正九年三月四月所収、防衛省防衛研究所戦史研究センター所蔵)。第五七号の印刷日付は表1とは異なるが、同史料掲載の日付を採用した。
(16)「臨時軍事調査委員月報配布ノ件」(『欧受大日記』大正一一年二月所収、防衛省防衛研究所戦史研究センター所蔵)。
(17)「臨時軍事調査委員月報第二号調製報告ノ件」(『欧受大日記』大正五年四月所収)。
(18)「臨時軍事調査委員月報配付ノ件」(『欧受大日記』大正六年一月所収)。
(19)「臨時軍事調査委員月報配付ノ件」(『欧受大日記』大正七年一一月所収)。
(20)「臨時軍事調査委員年報配付ノ件通牒」(『欧受大日記』大正六年二月所収)、「臨時軍事調査委員第二年報配付之件」(『欧受大日記』大正七年三月所収、防衛省防衛研究所戦史研究センター所蔵)、「臨時軍事調査委員第三年報配付ノ件」(『欧受大日記』大正八年三月所収、防衛省防衛研究所戦史研究センター所蔵)、「臨時軍事調査委員第四年報配付ノ件」(『欧受大日記』大正九年二月所収、防衛省防衛研究所戦史研究センター所蔵)、「臨時軍事調査委員第五年報配付ノ件」(『欧受大日記』大正一〇年自一月至三月所収、防衛省防衛研究所戦史研究センター所蔵)。
(21)「書籍配付ノ件」(「書籍請求ニ関スル件」『欧受大日記』大正六年三月所収、防衛省防衛研究所戦史研究センター所蔵)。
(22)「書籍配布ノ件」および「臨時軍事調査委員月報配付ノ件」(『欧受大日記』大正七年四月所収、防衛省防衛研究所戦史研究センター所蔵)。

(23)「参戦諸国ノ陸軍ニ就テ(第五版)配付ノ件」(『欧受大日記』大正九年一月所収、防衛省防衛研究所戦史研究センター所蔵)。

(24)「参戦諸国ノ陸軍ニ就テ(第五版)第二回配付ノ件通牒」(「書籍配布ノ件」『欧受大日記』大正九年二月所収)。

(25)「国家総動員ニ関スル意見配付方ノ件」(『欧受大日記』大正九年五月六月所収、防衛省防衛研究所戦史研究センター所蔵)。

(26) 一九一七年一一月七日付で大蔵省臨時調査局長市来乙彦から陸軍次官山田隆一宛てに、また同月一〇日付で大蔵省臨時産業調査局第四部長岡実から陸軍次官宛てに『月報』寄贈の依頼があり、第二五号(一九一七年一一月一日付)から配布されたということである(「調査月報寄贈方依頼ノ件」『欧受大日記』大正六年一一月所収)。配布表には第二六号から、「大蔵省臨時調査局長」の名前を確認することができる(「臨時軍事調査委員月報配付ノ件」『欧受大日記』大正六年一二月所収、防衛省防衛研究所戦史研究センター所蔵)。

なお農商務省調査局長宛ても同じく第二六号の配布表から、また外務省西伯利経済援助委員会宛ては第三八号の配布表から名前を確認することができる。ただし、大蔵省臨時調査局長宛ても含めて、それらの名前がその後の配布表に記載されていない場合もある。ちなみに「陸軍記念日号　日露戦争ト欧州大戦」は、九九四部が文部省をとおして師範学校(女子を除く)、中学校、師団司令部所在地の市内小学校に配布されている(「書籍送付ノ件」『欧受大日記』大正七年三月所収)。

(27) 臨時軍事調査委員の配布物としてはほかに、『海外差遣者報告』があり、一九一八年末から陸軍部内(軍・各師団を除く)に配布されている。たとえば『海外差遣者報告臨時第一号』(一九一八年一二月二〇日付配布表)は三一〇部印刷され、二九五部配布(「海外差遣者報告臨時第一号配付ノ件」『欧受大日記』大正七年一二月所収、防衛省防衛研究所戦史研究センター所蔵)、『臨時第二号』も三一〇部印刷の二九五部配布(一九一九年一月七日付配布表、「海外差遣者報告臨時第二号配付ノ件」『欧受大日記』大正八年一月所収、防衛省防衛研究所戦史研究センター所蔵)、『臨時第三号』も三一〇部印刷(一九一九年二月一日付配布表、「海外差遣者報告第三号配付ノ件」『欧受大日記』大正八年二月所収、防衛省防衛研究所戦史研究センター所蔵)、『臨時第四号』も三一〇部印刷(一九一九年二月二五日付配布表、「海外差遣者報告臨時第四号配付ノ件」『欧受大日記』大正八年三月所収、防衛省防衛研究所戦史研究センター所蔵)、『臨時第五号』も三一〇部印刷(一九一九年三月一二日付配布表、「海外差遣者報告臨時第五号配付ノ件」『欧受大日記』大正八年三月所収)、『臨時第六号』は三〇〇部印刷(一九一九年三月二六日付配布表、「海外差遣者報告臨時第六号配付ノ件」『欧受大日記』大正八年三月所収)。

なお第一次世界大戦に関する調査・研究には参謀本部も従事しており、各種の配布物があるが、そのなかのひとつである『欧州戦争叢書』は「極メテ通俗平易ヲ旨トシ且ツ成ルヘク秘密事項ノ記述ヲ避ケ以テ広ク閲覧繙読ノ便ヲ図リ之ニ依リテ該戦争ノ事実及教訓ヲ我軍事界ニ知悉セシメントスルノ趣旨」をもって発行されていたものである（『欧州戦争叢書配布部数ノ件」『欧受大日記』大正六年一月所収）。

(28) 前掲『臨時軍事調査委員月報其他総目録』に添付されている「臨時軍事調査委員ヨリ提出シタル意見総目次」は、『顚末書』記載の「意見進達」と「質疑諮問に対する応答」とを合わせた内容である。両者の間には、日付、件名、受領官のそれぞれについて異なる点が散見されるが、併せて参照されるべきものである。

「表3」の作成にあたっては、『顚末書』をもとにしたが、二点にわたって「意見総目次」にしたがったところがある。第一は、大正九年一二月二七日付件名中「大口径曲射程」を「大口径曲射砲」に改めたこと、第二は、不明であった大正一〇年一月四日付意見の受領官に、「大臣」を明記したことである。

(29) 「表4」の出典は『顚末書』であるが、「臨時軍事調査委員ヨリ提出シタル意見総目次」記載の日付、件名、受領官とはやはり異なる点があるので、併せてご参照いただきたい。

(30) 以下の本文の記述は、『顚末書』第四章第七節「民間ニ対スル軍事宣伝」にもとづいている。

(31) ただし秦郁彦氏によれば、新聞班の創設は一九一九年二月のことであり、秦真次中佐の任期は、同年二月一〇日から二二年二月八日までとなっている（秦郁彦編著『日本陸海軍総合事典』東京大学出版会、一九九一年、二八六頁参照）。

(32) 新聞係創設以前の時期における臨時軍事調査委員の「本然ノ任務以外ニ於ケル臨時業務」として、一九一八年四月に「新聞其ノ他刊行物検閲制度」「軍機保護対間諜取締ニ関スル諸施設」等についての研究をおこない、これを上司に報告するとともに、研究結果を内閣書記官長へも送付するなどの活動をおこなっている（『顚末書』第四章第九節参照）。

(33) ちなみに一九二二年二月一日現在の新聞班のメンバーは、つぎのとおりである（『顚末書』参照）。秦真次歩兵中佐、仙波安芸歩兵中佐（秦中佐の補佐）、小野弘毅歩兵少佐、田北切歩兵大尉、天谷直次郎歩兵大尉、温井泰歩兵大尉、小谷部全一郎嘱託、庄子廣吉嘱託。なお田北切大尉は、『顚末書』所載の「職員一覧表」によれば技術本部所属で、新聞班には一九二一年八月一八日に任命されている。また仙波中佐は二二年二月八日から同年七月まで、秦の後任として新聞班長を務めている（『日本陸海軍総合事典』二八六頁）。

(34) なお「輿論概観」との関係は定かでないが、『偕行社記事』第五八三号（一九二三年三月）から第五九八号（一九二四年七月）には、同じように新聞記事等を要約した「時論抄録」が掲載されている。推測の域をでないが、「輿論概観」が引きつづき作成されていたとすれば、なんらかのかたちで利用された可能性が大きいものと思われる。

第六章　「大国」アメリカへの新たな眼差し
——日本陸軍のアメリカ認識

はじめに

アメリカ研究の第一人者新渡戸稲造は、第一次世界大戦終結後の論稿「米国研究の急務」において、「何をしても疑の眼を以て見、疑の耳を以て聞くのが今日米人に対する邦人の態度」であり、世界大戦についても「何一として米国より得べき点がない様に思惟した連中が少くなかつた。殊に聞く所によればこの種の論者が軍人の中にあつたらしい」と述べている。(1)

たしかに当該期の日本人、とりわけ軍人の多くにアメリカ（軍）を軽視する傾向があったことは否めない。しかし、前著『大戦間期の日本陸軍』においてすでに明らかにしたように、陸軍軍人のなかにも大戦を契機としてアメリカ（軍）に着目し、従来の先入観にあまりとらわれないでその実態を高く評価し、日本陸軍の参考例のひとつにさえしようとする論者たちが存在したことも事実である。

すなわち、一部の陸軍軍人たちはアメリカ研究の必要性をつぎの四点、第一に、軟弱にみえた従来のイメージからは想像もつかない、はつらつとした「進取的英気」に富む軍隊としてのアメリカ陸軍そのものへの着目、第二に、総力戦を戦い抜いたアメリカの驚くべき「戦争力」への着目、第三に、第一次世界大戦後の東アジア・太平洋方面におけるアメリカとの衝突の可能性、第四に、「大正デモクラシー」下の陸軍軍人および日本人の「覚醒」をうながす材料もしくは参考例のひとつとしてのアメリカへの関心、にみいだしていたが、いずれにせよ、これまでさしたる関心を払ってこなかったアメリカ（軍）に対する「驚き」や「敬嘆」や「羨望」の念が、アメリカ研究に彼らを向かわせる動機の基底に流れていたのである。

アメリカは第一次世界大戦を契機として、明治維新と同様な大きな変化を起こしており、それゆえその陸軍に対しても、これまでのような皮相の観察にもとづき劣等視するのは大いなる「謬見」というのが、彼らに共通する認識であった(2)。

そこで本章では、これまで取りあげられることの少なかった日本陸軍のアメリカ研究に焦点をあて、その対米認識の一端を、とくにアメリカ国民性の理解を中心に明らかにすることにしたい。アメリカ国民性の理解に注目する理由は、それが陸軍のアメリカ研究者たちに「米国ヲ了解スル為メニ常ニ理解(3)」しなければならない、アメリカ研究上の必要不可欠な事項として認識されていたためである。

なお、考察の対象とする年代は、史料上の制約から、第一次世界大戦終結前後から満州事変頃までの時期（以下、一九二〇年代と総称する）と一九四〇年代前半の時期である。

一　一九二〇年代のアメリカ国民性に対する認識

一九二〇年代は、日本陸軍の本格的なアメリカ研究の草創期にあたる。この時期には、多くのアメリカ駐在員からの報告や『偕行社記事』掲載のアメリカ関係の諸論稿を散見することができ、陸軍部内におけるアメリカ（軍）に対する関心の高まりをうかがい知ることができる。

とくに参謀本部が編纂し、偕行社から出版された『欧州戦争ニ於ケル米国陸軍』（一九二一年）と『世界大戦に於ける米軍の数字的記録』（一九二六年）は、ともに「昭和初期の米国研究のバイブル」とされたもので、「第一次世界大戦を研究した時代の将校なら、当時は必ず持っていたもの」(4)といわれている。

ところで、そうした陸軍におけるアメリカ研究の関心対象は、なにも純軍事的分野にかぎられていたわけではなく、多岐にわたるものであった。それは、その多様な関心の基底につぎの二点、すなわち第一に、「外国ノ事ヲ了解セント欲セハ之ヲ各種ノ方面ヨリセサルヘカラサルコト勿論ナリ」(5)という一般的必要性と、第二に、第一次世界大戦が総力戦という新しい戦争形態を生みだしたことからくる問題関心の肥大化とがあったからである(6)。

こうして「軍事以外ニ於テ大戦争ノ米国ニ及ホシタル各種ノ影響ヲ研究」するのは「頗ル必要且興味アル」ことであったが、なかでも「米国ノ研究上欠ク可カラサル事項」にして「殊ニ吾人カ公平冷眼以テ之ヲ認容セサル可カラサルモノ」(7)と認識されたのが、「国民性」であった。

なぜなら、第一に、総力戦段階における戦争に占める国民要因の比重の飛躍的増大、第二に、アメリカにおいては「常備軍ハ戦時国軍ノ一部ニ過キス其大部ヲ成形スルモノハ国民」(8)という一般国民を重視し、それに決定的に依存するアメリカ軍編制の特殊事情、そして第三に、アメリカ独自の国民性の形成という認識（建国以来一五〇年を経過するアメリカは「今日既ニ一ノ特殊ナル国民性ヲ有」する、その「祖先ノ欧州人ナルニ関セス思想上ニ於テ欧米人間ニハ著シキ相違」があることを「発見」する、「同シク白人タルノ故ヲ以テ一概ニ欧米人ヲ同様ト看做スコトハ大ナル誤」である、「是レ米国ノ万事ヲ解釈スルニ方リ第一ニ考慮ノ中ニ置クヘキ事ナリ」(9)）があったからである。

それでは、一九二〇年代の日本陸軍において、アメリカの国民性はどのように認識されていたのであろうか。それをまとめてみれば、およそつぎの一一項目になろう。

1　進取的気象

（一）新しいものを好み、旧慣に束縛されるのを喜ばない気風――これは発明力を増進させ、軍事を含むあらゆる事物・制度の著しい進歩・発達をもたらす反面、アメリカ人の「軽卒突飛」な性格や「冒険的気象」を大いに発達させ、「勇敢有為ナル軍人ヲ作ルノ一要素」ともなっている(10)。

（二）世界第一主義の標榜――それゆえ「誇張、稚気ヲ帯フコト多々アル」も、その「気宇ノ大ナル点」は「吾々ノ大ニ学フヘキ点」である(11)。

（三）旺盛な意気・志気――アメリカ人は粗野傲慢で軽薄にもみえるが、「極メテ向フ意気ノ強キ国民」であり、それは敵愾心の強さにも通じる（「米国ハ建国以来未タ嘗テ外国トノ戦争ニ敗レタルコトナキ歴史ヲ有」し、「戦ヘハ必ス結局ニ於テハ勝ツト云フ信念深」く、「戦時ニ於ケル敵愾心盛」ん）。また「計画ハ密ナラサルモ」、大規模な事業を好み、きわめて強い「実行ノ意志」でよく成功する(12)。

2　「自治心(13)」に富み、「独力運命を開拓せんとする奮闘的精神(14)」をもつ

（一）彼らは「自己ノ住スル都市ニ完全ナル水道及下水ノ設備」がなく、「立派ナル公園、大学、図書館、『ホテル』等」がないのは「恥辱ナリトノ念甚タ強」く、「費用ヲ惜マス此ノ事ヲ完美スルノ美風」がある、そしてこれらの「施設ハ皆都市又ハ各地方ノ人民自己ノ力ニテ為スヘキモノ」にして「一々中央政府ノ施設、補助ヲ俟ツヘキモノトハ考」へていない、「翻テ我国ノ現状ヲ見ル」に、「我国人ハ口ヲ開ケハ日本ハ世界ノ一等国ナリト云」うも、「水道、下水ノ設備完全ナル都市果シテ幾何カアル都市又ハ地方ノ青年子弟ヲ収容シ之ニ充分ノ教育ヲ施スニ足ル丈ケノ学校ノ設備ヲ都市又ハ地方毎ニ施設セル処何処」にあるや、「自治精神ノ振ハサルモ亦甚シト謂フヘシ(15)」。

（二）「私はハーバード大学の夏季講習に這入った〔中略〕大学と云ふから其学生達は二十才前後の青年子女のみ

かと思ふていた、豈図らんや集まり来る学生達は二十、三十、四十、五十才と各年代の代表者の如く、而も中年老年者の数が極めて多いのに驚いた〔中略〕四十の初老紳士五十の中老婆さん等が寄宿舎生としゃれ込んで、而も真面目に勉強し教授連と意見を闘はしている様は誠に私は異に感じた、固より之は大学の正規学生の課程でないから此様にいろ〳〵の人が集まるのだらうが、驚異の次第であった。

ある所でホテルに泊った、其所のエレベーターボーイは十七、八才の品のよい青年であった、然しとうも〔ママ〕エレベーターの操縦が素人臭くて円滑にゆかない、聞いて見ると彼は本年中学を卒業して大学に入る為勉強中であって、丁度今夏休みだから学費自給の為働いているとのことだ、こんな青年子女は非常に多い、相当な家の息子や息女にでも珍らしくないといふ事だ、下劣でもなければ貧汚でもない、自分が勉強したい為に出来る丈自分で働くといふのだ。

以上二つの事実は何を物語るか、前者は年をとっても一つ勉強として社会人として実力をつけたいといふ反面、中年老年者の意気頗る旺なることを立証するものであらう、日本人たるもの若いものはもとより年寄連でも皆此勃々たる元気と而として進取的実行力とが理屈抜きに必要事た〔ママ〕と思ふ今日の世態に鑑み特に然りだ、大国民たらんとする重大なる一要素は正に之だ。後者は青年の独力運命を開拓せんとする奮闘的精神を示すものではあるまいか[16]」。

3　実行力があり、忍耐強い

「米人ノ多クハ『アングロサクソン』ノ血ヲ享ケ一旦決シタル事ハ徹底的ニ遂行セスンハ止マサルノ特性」がある、すなわち「所謂ネバリ強シ」、それゆえ「他面ニ於テ煽動セラレ易キ性質ト冒険性等ト相俟」って、「指揮者ニシテ良好ナラハ良兵タリ且精鋭ナル軍隊ヲ作リ得ヘシ」、米軍戦史に徴するも「米人カ良好ナル軍人トナリ得ヘキ素質ヲ具備スルコトハ明ナリ[17]」。

4　尚武的気象

平和主義者が多いとはいえ、一般アメリカ人は日本人の想像以上に、軍事思想や軍事の必要性を理解している[18]。日本との対比でいえば、「米国に於ては兵役の義務はありませんが〔中略〕国防は国民全部の当然の義務なりとの観念が国民間に横溢[19]」している。また「元来米国民の多数は冒険を喜ぶ好戦的性格の持主[20]」であり、「個人トシテハ又勇壮ナル競技ヲ好ミ体軀ヲ練ルト共ニ武士的精神ヲ練磨スルコトニ努メ概シテ尚武ノ気象ニ富[21]」んでいる。そうした運動好きのスポーツ的国民性、「野性的気分[22]」と「労苦ヲ甘受シ艱難ヲ制〔征〕服セントスル気魄」〔進取敢為の精神〕が軍事に対する理解と相まって、野営訓練の盛況さをもたらしている。なお「有事の際、米国民が奮然戦に趣かんとする奮闘性を多分に持つことを認むる必要[23]」もある。

5　「常識ニ富ミ理性ニ長」じていること〔「婦人ニ於テモ亦然リ」〕

アメリカ人はよく新聞を読み、よく活動写真を見る、新聞と活動写真は「米人ノ常識ト理性ノ養成ニ多大ノ貢献ヲ為シツツア[24]」る。しかし、「常識ニ富ム」と同時に「表面的名義ノ善ナルヲ尚フノ余」り、「弁解ノ途タニアラハ随分思ヒ切リタル大言」もしくは「不実ノ言ヲ為スコトアリ[25]」。

またアメリカ人は突飛的な反面、「『アングロサクソン』特有の石橋式の性質を多分に持つて居ることも、わきまへねばならない。即ち米国人は何事でも成功の公算確実になる迄は案外大事をとる性質がある[26]」。「物質の進化的なるに比し心性」は「保守的[27]」でもある。

6　義務心

（一）「国民ノ義務心極メテ強」く、「教育アルモノ程率先躬行国難ニ赴クヲ栄誉」としている、また「其ノ子弟ヲ鞭韃シテ義勇報公ノ実ヲ挙ケシムルヲ以テ最大ノ光栄ト考」えている――「一例ヲ挙クレハ上院議員ニシテ米国参戦ト共ニ職ヲ辞シ進テ軍隊ニ身ヲ投シタル者アリ」、また「全国ノ大学ト云フ大学ハ悉ク学生ヲ以テ各兵種ノ軍隊ヲ組織シ予備将校ニ必要ナル訓練ヲ施セリ」(28)。

(二)「自己ノ権利ヲ擁護」するとともに、「他ノ権利ヲ尊重」する、したがって「国民ノ自制心強シ」(29)――「一例ヲ挙クレハ労働者カ給料ノ増加ヲ資本家ニ迫ルニ当リテモ団体ノ力ヲ以テ平和ノ手段ニ依リ解決セントス」、したがって「『ストライキ』ヲ以テ資本家ノ反省ヲ促ス」ことはあるも、「イキナリ電車ノ焼打トナリ或ハ米騒動ノ如キ不祥事ヲ起スカ如キコトナシ」。

(三)「訓練アル団体的行動ニ長」(30)じている――「彼等は非常に集団を好み」「団体生活を好み喜んで統制に服従するの傾向を増大しつ、あるは注目に値する所」である。この「傾向は特に欧州大戦を画して一段の隆昌を来した現象と見て」(31)よい(「各種雑多ノ人種ヨリ成リ戦前一国トシテノ結束如何ヲ疑ハレタル米国」が、「参戦ト共ニ星条旗ノ下ニ結束シ国民一致シテ大統領ヲ助」け、「大統領ノ希望ハ民間ノ諸団体ニ依リテ充分ニ達成」された、これは「政府当局者及智職階級ノ人々ノ指導適当ナリシニ依ル」といえども、「一ニハ又一般国民カ進テ義務ヲ果スノ精神強ク平素ヨリ団体的行動ニ慣レタル結果ト信ス」(32))。

7 自由・独立の尊重、個人主義

これは「立国ノ根本精神」であり、「米人ヲシテ国家的ニモ個人的ニモ諸種ノ成功ヲ為サシメタルモノ」である。しかし「同時ニ野心アル政治家等ニ利用セラルルコト」が、しばしばある。たとえば、この「自由ナル名義カ国民ヲ駆テ甘ンシテ戦争ノ渦中ニ投セシメ」、また「実際ニ於テハ個人ノ自由ヲ束縛スル徴兵令ノ実施ヲ却テ容易ナラシメ」、さらに「美名ノ下ニ強制的ニ二百五十億円ノ内債募集ニ成功セシメタル等ノ事ヲ生」(33)じた(大戦の影響により一面、「個人ノ自由ハ国家ノ自由ヲ得ンカ為ニハ絶対ニ犠牲タラシムルモノナリトノ観念」が「漸次向上」(34)しつつある)。

なお、この「性格ハ又反対ニ他国内ニ於ケル反乱ノ煽動、弱国ニ対スル強制圧迫ノ具ニ用」いられ、あるいは

「自家勢力ノ拡張ニ悪用セラルルコト」[35]がある。

8　資本主義的精神

（一）「米国人ハ努メテ人力ヲ節約シ器械ノ応用ニ工夫ヲ凝ラス」「実に米国は器械万能の国」である。「大なる生産工業は固より、一私人の生活に至るまで各種器械の中に埋まって居り、器械を通じて自然に接しある感じがする、科学の取り入れ即ち能率発揮を人生の根本哲学となし、人文発達の為器械は緊要無二の侶伴者たる如く研究し使用している〔中略〕器械に或る種の親しみを持ち、自動車もさては飛行機乗りも何等危険なものでないとの両天的信念を持っている様だ。〔中略〕いざ鎌倉といふ時にさてどんなものを戦場に持ち出すだらうか」[36]。

（二）「世界ヲ相手ニ広ク商業ヲ営マントスルノ感念強」く、「販路ノ拡張、得意先ノ多カランコトニ努力」する、したがって「約束ヲ守リ信用ヲ重ンスルコト非常ナリ」[37]。

（三）「消極的ノ勤倹貯蓄ヨリモ積極的ニ大規模ノ富ヲ得ルニ苦心」する、いかなる「下層ノ人間」といえども「明日ヲ如何ニ暮サンカト煩悶スル者ハ殆ントナシ」[38]。

（四）物質栄華、自由享楽の気風[39]。

9　日常生活習慣・スタイルの差

（一）実務的・率直・唐突・無遠慮――「米人ハ実務的」にして「迂遠ナル処置又ハ所謂外交的ナル巧妙複雑ナル言廻シヲ好マス率直ニシテ修飾ナキ所作ヲ喜フモノナリ」、ゆえに「一面ニ於テ事務上ニ於テモ個人ノ応対ニ於テモ吾人ノ眼ヲ以テ見レハ甚タ唐突或ハ無遠慮ナルコト多」し、「米人ノ施設ヲ観察シ或ハ米人ト応接スルニハ此点ノ理解充分ナルヲ要」す、「大ナル謙遜ノ如キハ決シテ善徳ト考ヘ居ラサルナリ」[40]。

（二）公平――「米人ハ概シテ公平」にして、「能ク他人ノ言ヲ容ルルノ雅量アリ」[41]。

（三）粗野・傲慢・無邪気・淡泊・直言で裏がない――アメリカの「一般人民は、日本人は非常に敏捷狡猾で戦争好きな国民位の概念しか持つて居りません、又日本に於ても米人と云へば誰しも傲慢な国民だ位しか知られて居ないやうでありますが、粗野傲慢の一面には無邪気、淡泊、直言で裏のないと云ふ美点もあります故、案外付合ひ易いのであります」[42]。

(四) 世話好き――「米人は敢て親切といはんよりも、人を助けたい世話したいといふ自己本能の観念が強い、之は此国建設の歴史より見て近隣相倚相扶けて外敵に当り逐次発展した伝統を有するし、また生活に余裕のあるのも其一因であらう、汽車で一寸旅行する。一人ボンヤリと居ると、そこらから見知らぬ米人が傍にやって来て愛想よく快活に話しかけ忽ち旧知の如くなる、求めなくともいろ〳〵の説明をして呉れる、うるさい位に世話したがる、一寸軽薄にも見えるが然し其心根はサッ《ママ》クバランで好感を持てる、日本で二等車なんかに乗るとまるで人に話しかけたら損とでも思ふか、箝がおちるとでも考へるか六つかしい顔をして時には親の仇にでも逢ふた様な風の人もないではない、大分に違ふと思ふことがよくある」[43]。

(五) 強い自信――「米軍予備将校」たると「学生」たるとを問わず、「任務ニ関スル事項」もしくは「研究事項ノ発表等」にあたり、「案ノ内容ハ兎ニ角トシテ強キ自信ヲ有シ決シテ人ニ憶セサルノ特性ヲ有」す、「如何ニモ斯道ノ専問《ママ》家ナルカ如ク得々タリ」(「此風長」じて「時ニ傍若無人ノ誹ヲ招ク一因ヲ成ス」)[44]。

10　国民精神の統一(「国家主義」の高揚)

「最近一般人士ノ米国ニ対スル観察」は「大ニ其趣ヲ改メタリ」といえども、ややもすればアメリカを「尚各種国民ノ雑居セル一植民地ニ過キス」とする者がいるのは「吾人ノ極メテ遺憾トスル所」であり、「米国国民ノ骨幹タルヘキ白人ノ大部」は「彼ノ一獲千金ヲ夢ミテ渡来シタルモノト異」なり、「本国ノ宗教的虐待ヲ嫌厭シ自由ノ天地ニ墳墓ノ地ヲ索ムル為メ決然扁舟ニ身ヲ託シ茫々タル大西洋ヲ横断シテ移住シタル所謂決死ノ士ノ子孫末流」なるがゆえに、「自由、独立ヲ以テ根本トシ旧慣ニ捉ハルルヲ喜ハス頗ル進取敢為ノ精神ヲ有シ」、それに加えて「欧州戦参戦以来一般有識者カ国民精神統一ノ必要ヲ認メテ極力愛国心ノ鼓吹ニ努メ」たのと「戦後米国ノ国威発揚」とともに、「米国民ハ皆米国人トシテ他国ニ対スルノ利益ナルヲ悟」った結果、「今ヤ進ンテ強固ナル国家ヲ成形」しようとし、「一度国際間ノ問題ニシテ苟モ自国ノ利害ニ関スル」においては、「凡ユル国内ノ反感ヲ離レテ一致団結シ他国ニ対セントスルノ気象顕著トナルニ至レル」は「世人ノ看過スヘカラサル所ノモノナリ」(45)。

11　民主制

アメリカは世論勢力の偉大な国であり、また「国民政治ヲ以テ自発的ニ専制政治ノ為シ得ル所ノ事ヲ完全ニ行ヒ軍国主義的態度ヲ執ルニ極メテ便ナル国民性」をもっている（「戦時政府ノ施設ハ徹底的ニシテ独断的ノコト多カリシモ国民ハ能ク之ニ服従セリ〔中略〕米人ハ由来事ヲ定ムルマテニハ論議ニ時間ヲ費スコト多キモ、一度事決定セハ唯誠実ナル服行アルノミ」、しかし「国家非常ノ場合ニハ当局者ハ論議ヲ盡サスシテ事ヲ決行スルモ、尚能ク国民ノ服行ヲ期シ得ヘシ」(46))。

以上のように、一九二〇年代のアメリカ国民性に対する陸軍の認識は、多方面にわたり、当時の民間における研究(47)に比しても、かなり水準の高いものであったと思われる。

では、それらをとおして陸軍のアメリカ研究・理解の態度には、どのような特徴がみられるのであろうか。

それはまず第一に、短所よりも長所を重視する、好意的な態度である。すなわち、そうした姿勢が「米国病」(48)「恐米病」「崇米病」(49)という「誤解」を生じさせる恐れがあることを予期しつつも、「所謂採長補短ノ主義」により、「米国及米国民ノ短所欠点ト認ムヘキ事項ハ之ヲ省キ専ラ彼ノ長所、美点」について述べるという態度である。

なぜなら、「徒ラニ彼ノ短所欠点ヲ指摘シ一時ノ快ヲ貪ルモ何等我国民ノ向上発展ニ資スル所ナキ」のみならず、かえって「我国民ノ自惚心唯盲目的ニ増長セシメ世界ノ進運ニ後ルルノ弊害アルニ過キ」(50)ないからであった（しかし、満州事変後の史料には、アメリカの「弱点、欠点ヲ捕捉スルノ価値アルヲ痛感ス」[51]とも指摘されるようになる)。

第二は第一とも関係するが、感情（とくに悪感情）を離れた「冷静ナル総合的観察」の態度である。すなわち、山東問題や日本人移民排斥問題など「特殊問題ノミヲ以テ一概ニ米国ヲ憎悪」し、また「是等我邦人ノ反米感情ニ投合セントスル阿世者ノ詭弁ニ惑ハサレテ米国ノ欠点ノミヲ非難シ以テ快トスルカ如キ態度」は、「米国研究上ノ最大障碍ニシテ最モ採ラサル所」[52]なのであった。

第三は、「米国ノ事物ヲ観察スルニハ常ニ我尺度ヲ以テ之ヲ測ラス彼ノ立場ヨリ判断」[53]し、日米「双方共に他の立場を理解」[54]しようとする客観的な態度である。

また、これらのほかにも特徴的な態度として、自己の経験・認識の限界性に対する自覚をみいだすことができる。つまり「之は経験乏しき自分の私見で今後再びどう観察が変るか判らぬ、盾の一面どころか僅に一点しか見ていないのだ」[55]という意識である。

これは一般に、アメリカに心酔してみたり、憎んでみたりという好悪の極端な対米認識が当時みられるなかで、冷静かつ客観的な分析をおこなうために、ぜひとも必要な態度であったと思われる。とりわけアメリカの劣っている（悪い）と思われる面を針小棒大に鼓吹し、定型化する危険性を免れるためには必要不可欠なものであったといえよう。いうまでもなく、アメリカのどの面を強調するかによって、対米認識は大きく変わりうるが、定型的認識こそが真の理解を妨げるものであるからである。

なお最後に、「総合的観察」の態度についても一言しておきたい。たとえば、アメリカの軍事力を、国力や国民性など他の要素と関連づけて総合的に判断しようとする態度は、アメリカの力を客観的に把握しうる反面、状況の変化に応じて力点の異なる評価を生みだす可能性をもつものであったともいえる。

つまり一九二九年の世界大恐慌を契機として、強大な資本主義国から「脆い巨人」「病めるアメリカ」へと対米認識が大きく転換するのに対応して、米軍認識そのものも、一九二〇年代のプラス評価からマイナス評価へと変化する可能性をもっていたといえよう。(56)

ましてやアメリカの劣っている(悪い)と思われる側面を針小棒大に定型化する視点がそれに加わるとき、アメリカ(軍)に対する軽蔑や軽視の傾向は、さらに強まったものと思われる。とくにこうした傾向性は、もともとアメリカ(軍)を蔑視・過小評価し、真剣に理解しようとしない論者たちにおいては、はなはだしいものであったといえよう。

二　一九四〇年代前半のアメリカ国民性に対する認識

一九二〇年代に多くみられたアメリカ関係の文書類も、一九三〇年代に入ると、管見のかぎり極端に減少する。おそらく満州事変以降の国際環境の変化、とくに「満州国」の建国と中国との事実上の戦争状態の進行や、陸軍本来の仮想敵国であるソ連の脅威化という対外関係におけるソ連要因の増大が、第一次世界大戦後芽生えた陸軍のアメリカに対する関心の比重を、相対的に低下させたものと思われる。

そもそも一九二〇年代の日本陸軍は、ロシアの崩壊によって明確な仮想敵国を見失っており、アメリカに対しても関心は高まったものの、日本内外でデモクラシー的風潮と国際協調の機運が高まるなか、いわゆるイデオロギー的に敵対する「絶対的敵」としても、実際上の利害得失をめぐる「現実的敵」としても、アメリカに対する「敵」意識は稀薄であった。(57)

さらに満州事変の勃発が、陸軍の主たる「敵」意識の比重を、中国とソ連の方向によりいっそう振り向けることになるのであり、したがって、「満州事変以降、アメリカは強硬な態度に出てきたが、軍の上層部は犬の遠吠えぐらい」(58)

の認識しかもっていなかったのである（ただし、「大正デモクラシー」の後退と「昭和ファシズム」の進展にともない、「絶対的敵」意識は高まった可能性がある）。

しかし、一九四一年一二月の日米開戦以降、とりわけガダルカナル戦（一九四二年八月―一九四三年二月）における敗北を契機として、陸軍の対米認識は大きく変化する。対米「敵」意識、とくに「現実的敵」としてのアメリカ軍に対する関心が、いっきに高まったのである。

たとえば、小冊子類にかぎってみても、つぎのようなアメリカ軍関係の文書の存在を確認することができる(59)。『対米軍作戦参考資料ノ一部』（大本営陸軍部、一九四二年一一月二〇日）、『米軍概覧』（参謀本部、一九四二年一一月三〇日）、『米軍戦法要覧』（参謀本部、一九四二年一二月一日）、『米英軍常識』（教育総監部、一九四三年一二月）、『米英関係情報参謀（将校）勤務ノ参考』（参謀本部、一九四四年一月二〇日）、『米軍概覧補遺（其二）』（参謀本部、一九四四年四月三〇日）、『敵軍戦法早わかり（米軍ノ上陸作戦）』（大本営陸軍部、一九四四年九月二四日）、『対米軍戦闘必勝虎の巻』（台湾軍司令部市川参謀、一九四五年一月二〇日）、『敵（米）軍作戦重要諸元概覧』（大本営陸軍部、一九四五年三月三〇日）

なお、陸軍が教育訓練の内容を、対ソ戦から対米戦を想定したものへと転換し、歩兵操典などを改正したのは、ガダルカナル戦敗北後の一九四三年後半のことである(60)。

それでは、これらの文献にみられる陸軍のアメリカ国民性認識は、いかなるものであったのであろうか。それはおおむね、つぎのように六点にまとめることができよう。

1 国民精神

（一）「優越的国家観念個人主義ニ基調スル愛国心旺盛」にして「団結相当鞏固ナリ」。

①「米人ノ愛国観念」は「各自生活ノ為ニ国家ヲ求メ其共通利益ノ為ニ国家ヲ成立シ之ヲ擁護セントスルモノ」にして、「牢固タル精神的基礎ノ上ニ立ツモノニアラス」、これは主として、その「歴史ニ由来スル所」である、

しかし「米人ノ国家ニ対スル意識」はその「必要ヲ感知スルニ従ヒ益々強盛」にして、ついに「鞏固ナル団結心ヲ誘起スルニ至」る、これがため「開戦当初劣等ノ軍隊モ時ノ経過ト共ニ其能力ヲ向上スルニ至」る、かつ「最後ノ勝利ニ対スル自信強」く、「戦争ノ持久性大ナリ」。

「元来米国人ハ欧州人ノ寄合世帯」にして「組成分子ノ多種複雑」なるは「米国民ノ団結力カ本質的ニ鞏固ナリト謂フ能ハサルモノアリ」、しかし「植民並地理的配在ニ原因スル南北思想ノ懸隔」は「南北戦争ノ荒療治」により「之ヲ医」し、また「欧州祖国愛ニ原因スル不和」は「世界大戦ニヨリ是正」せられ、なおかつ「米国市民数ノ増加」と「時代ノ推移」とは「漸時団結心ヲ鞏固ナラシメツツアリ」、ちなみにこれを観察するに、「平時ノ軍隊ハ団結鞏固ナラサル如ク認メラルルモノアルモ是制度ニ起因スルモノ」にして、「之ヲ以テ戦時ノ団結鞏固ナラスト断定スルコト能ハス」、もちろん「帝国軍ト比較スルコト能ハス」といえども、「戦時米軍ノ団結ハ相当鞏固ナルモノアリト謂フヲ得ヘシ」[61]（「指揮官以下ノ団結」は「特ニ鞏固ナリト認メ難キ」も、「一般市民ノ国家ヲ中心トスル奉公的態度」においては「侮リ難キモノアリ」、したがって「戦時ニ於ケル指揮官以下ノ団結ハ相当鞏固ナルモノアルヘシ」[62]）。

②「自由主義ヲ標榜シ正義人道ヲ高唱シ且各種民族ヲ包含シ各種宗教ヲ信仰シ又世論ノ威力大ナリト喧伝セラル米国」は、ややもすれば「国家的団結鞏固ナラス、愛国心低調ニシテ巧利的」なりと「皮相ノ観察」がおこなわれることなしとしないが、すでに「従来ヨリ個人ノ自由ト利益擁護」のための「便宜主義」を基調とする「愛国心旺盛」にして、さらに「第一次世界大戦以来米国ノ世界的優越感ニ伴ヒ益々之ヲ向上」し、「輓近内外情勢ノ影響ハ尚急激ニ其ノ度ヲ加ヘタリ」。

しかし今や「大東亜戦争ノ長期化」にともない、「朝野カ其ノ仮面的性格タル国際主義、人類自由平等思想ヲ一擲」し、「完全ナル独裁的国防国家体制」のもとに「無限ノ国力ヲ挙ケテ世界制覇ノ野望達成ニ驀進セントスルニ伴」い、「愛国心ト団結力」とは「自動的発露」と「他動的作用」とにより「著シク旺盛強固トナレルヲ予期セサルヘカラサルモノトス」[63]。

(二)「国家ニ核心無キ米国民」は「国旗ヲ米国ノ表徴トシテ尊重」し、また「憲法ニ依リ契約的ニ成立セル建国ノ歴史ニ因由」し、「法律、条約其ノ他ノ諸規約ヲ重視ス」――「此ノ種特性ヲ有スル米国民」は「星条旗ノ下ニ全力ヲ傾倒シ死命ヲ捧クル熱狂的性格ヲ発露」し、あるいは「命令、計画、規定ヲ遵守服行スルノ熱意ヲ発揮スルモノトス」。

しかしまた他の一面において、「野蛮的性格」を有し、「道徳観念低劣」かつ「個人ノ自由」を主張し、「由来『英国人ハ僅少ノ法律ヲ制定シ之ヲ確実ニ実行スルニ反シ、米国人ハ多クノ法律ヲ制定スルモ実行セラルル法律極メテ稀ナリ』ト謂ハルル如ク無秩序、無統制ナル矛盾セル性格」あり、また条約といえども「自国ニ不利ナルモノハ弊履ノ如ク之ヲ捨」て、あるいは「有利ナラサルモノハ勝手ニ都合好キ如ク修正」するの「専横性」あり[64]。

2　進取的＝尚武的気象

(一)「大東亜戦争ニ関スル米国民ノ必勝ノ信念ハ旺盛ナリ」――「国力ノ優越ニ対スル自負」は「必勝ノ信念ノ基礎」となり、また「独立戦争以来彼等ハ敗レタルコト無シト僭称ス」[65]。

(二)「闘争心旺盛」[66]にして「冒険ヲ好ミ」[67]、「進取放膽、猪突的勇猛心」を有するのみならず、「強キ自信力と自惚心」とを有し、かつ「時トシテ突飛ナル行動ニ出ツルコトアリ」。

①「米国民族ノ祖先」は「欧州天地ニ飽キ足ラサル不平家」が「渺々タル大西洋ヲ渡航」し、「新天地ニ信教ノ自由ト政治ノ自由トヲ求ムル一派」と「新大陸ニ一攫千金ヲ夢見ル純殖民的一派」とあるも、「共ニ多クノ先住民族ヲ制覇」し、「自然的諸障碍ヲ排除」し「建国セルモノ」にして、その「祖先ノ不撓ノ熱意ト勇猛心」とは「脈々トシテ後裔ニ伝承セル」のみならず、「国家ノ優越感ハ個人ノ性格ニモ反映」し、「自信力ト自惚心トヲ醸

成」せり(68)。

②「新大陸ニ足跡ヲ印セシ以来他民族ト断エサル争闘ヲ続ケ培ハレタル弱肉強食ノ体験」と「古キ因習ニ捉ハレサル環境」とは、「勢ヒ之等ノ性情ヲ具有スルニ至ラシメ」たり、この「性格ハ心身共ニ健全ニシテ積極的ヲ推賞シ攻撃心ヲ刺激」す、「兵卒ハ不注意ナルモ個人的武者ニ富メルコト教育ニ欠クル所多シ」といえども「任務ヲ無頓着ニ実行」し、「危険ニ対シテモ全ク之ヲ眼中ニ置カス不撓不屈ノ精神ヲ有スルコト等」は「世界大戦間独軍将校ノ斉シク認ムル所」なりとす、その「冒険的突飛性ハ時ニ大ナル失敗ヲ招キ」つつも、「志気ノ旺盛ヲ以テ結局成功スルコト少カラス」、しかし「功名心ニ駆ラレタル過度ノ猪突性」は「全般ノ統一ヲ紊ルコトアルニ鑑」み、「上司ノ統一ヲ以テ抑制スルノ風ヲ生シ来レリ」。

「闘争心及冒険思想」は「運動ヲ好ミ勝敗ヲ争ヒ殊ニ戦場ニ於ケル冒険的動作ト勝敗ノ帰趨ニ多大ノ興味ヲ唆リ」、これがため「自然ノ間ニ戦場ニ於テ必要ナル素質ヲ涵養」せられ、「特ニ射撃馬術ニ長スルモノ多シ(69)」。

③「戦闘ノ勝敗ニ対スル感受性極メテ大」にして、「殊ニ緒戦ノ勝敗ハ爾後ノ作戦ニ影響スル所大ナリ」。すなわち「米国民ハ其特質上強キ自信力及自惚心ト猪突的勇猛心」とにより、「一度順境ニ立ツヤ圧倒的ニ進攻」し、「異常ノ努力ヲ傾倒シテ意外ノ成功ヲ収ムル」は、「単ニ戦史ノミナラス米国ノ今日迄ノ発展史ヲ緒ケハ容易ニ認メ得ル所」にして、これに反して、その「単純率直ナル性格」は「一度相手ノ強硬ナル態度」もしくは「優越ナル実力」に「遭遇シ打撃ヲ蒙ル時」は、その「感受性亦極メテ大」にして「志気沮喪スルニ至ル弱点ヲ有ス(70)」。

④「米国人ハ個人トシテハ戦士的要素ヲ多分ニ具有」するも、「実戦的訓練ニ関スル著想不適当」にして、「特ニ大部隊ノ指揮運用ニ練達」せず、しかも「動モスレハ物質的打算ニ陥」り、かつ「部隊ノ運用機械的」にして「情況即応ノ妙ニ欠クルコト多シ」。

しかし「元来米人ハ非常ニ臨ミ努力シ成功ノ必然ヲ期スル特性」あり、「吾人ハ自由放埒ノ其平時的外貌ノミヲ目」し、その「戦闘能力ヲ軽々ニ判定スルノ危険アルヲ思ハサルヘカラス」(71)。

(三)「楽観且開放的ナリ」(72)。

①「米国民」は「物質力ノ優越ト国際紛争ノ圏外ニ超越セル地理的、歴史的関係」とにより「頗ル楽観的」なり(73)。それゆえ「一般ニ希望雄大新奇ノ壮図ヲ好」み、「事ヲ行フニ方リテハ成功ノ必然ヲ期シテ中途ニ於ケル困難失敗等ヲ取越苦労スルコトナク楽観断行」す、しかし「失敗スレハ更ニ他ノ策ニ出ツルヲ煩」とせず、「世界大戦間攻撃ヲ再挙スル為受ケタル損害ヲ直ニ充実スル点」においては「連合側ニ於テ異彩ヲ放テル事実」あり、すなわち、この「特性ハ敗退セル軍隊」をして「志気ノ回復比較的容易ナラシムルモノアルヘシ」とともに、しばしば「捜索警戒ノ不十分ヲ招来」し、また「戦勝後ノ追撃ヲ断念セシムルコトアリ」(74)。

②「思想単純ニシテ率直開放的」なるは「容易ニ人ノ言説ヲ信スルノ風ヲ助長」し、「宣伝ニ乗セラレ易」く、また「秘密保持ニ適」せず、「一度事ヲ構ヘタル後」といえども、その「非ヲ覚ランカ翻然主張ヲ挫折スルニ至ルコト」あり、「理ニ反シ名ナキ戦争」は「終ニ内部崩壊ノ公算大ナルモノアリ」(75)。

③「一面淡泊ニシテ執着性ニ乏シキ国民性」は、「作戦及戦闘ノ指導」において「粘著性ヲ欠」き、「一頓挫ニ遭ヘハ直チニ之ヲ放棄」して「他ノ考案ニ出ツルコトアリ」(76)。

(四)「断行力強ク斬新奇抜ヲ好ミ創意ニ長ス」――「米人」はあえて「優秀ナル才幹卓抜セル著眼ヲ有スル国民ニ非」ず、しかし「組織的能力ヲ有」し、「一度其必要ヲ自覚セハ放膽ナル断行力ヲ有」す、すなわち「自己ノ職責ニ対シテハ如何ナル努力ヲモ吝」まず、あえて「旧慣ヲ脱シテ新奇ニ就キ創意ヲ廻ラスノ性格」は「編制装備ノ変更ハ固ヨリ戦闘法ニ至リ」ても、「所要ニ応シ容易ニ変換スルモノアルヘシ」(77)。

3　自由主義精神

(一)「統一ト独断並協同動作」――「極端ナル個人ノ自由」は「勢ヒ或種ノ束縛統一ヲ必要」とする、「国内今ヤ此動向アル」をみる、「剰へ世界大戦ノ経験ハ上級指揮官ノ統制ヲシテ其度ヲ越エシムルモノ」あり、したがって「下級指揮官ノ独断企図心ヲ消磨セルコト事実ナリ」。「統一下ニアル分業的色彩ト個人主義ノ思想」とは「自己ノ責務」に対しては「大ニ之務」めるも、「協同連繋ノ念慮ヲ欠カシムルモノアリ」(78)。

(二)「自由平等ヲ口ニスル反面階級思想ニ捉」われ、また「自尊心高キニ反シ動モスレハ容易ニ強者ニ屈スル風アリ」――これらは「理想ト現実ノ世相トノ不一致ヨリ来ル矛盾ノ現象」にして、「生存競争ハ米国人ヲシテ自己ニシテ優越感ヲ得ルトキハ虎ノ如」く、しかし「一度之ヲ失ヘハ猫ノ如キモノアラシム」、したがって「緒戦ヲ勝利ニ導クノ価値特ニ著大ナルモノアルヲ認ムヘシ」(79)。

(三)「権利、義務ニ関スル観念強ク之ヲ以テ軍紀ヲ維持セントシアリ」(80)。

4　民主制

(一)「合議的ナレトモ実行ニ忠実ナルノ性格ヲ有ス」(81)(「独立自由ノ思想」と「合議決定ニ関スル合流観念」とは「相反スル現象ヲ伴」うなど「指導者ノ如何ニヨリ効果ヲ左右スルコト大ナリ」(82))。

①「米国民」は「事ヲ行フニ方リ大イニ議論ヲ行」うも「議論倒レニ終ルコト無」く、かつ「一度決定セシトキハ快ヨク服従」して「必ス実行スルノ美風アリ」。

したがって「論議ノ指導適切ナラサルトキ」は「討議ニ時日ヲ要シ実行ヲ遅延スル」のみならず、「方策中庸妥協的ニ陥ルコト無シ」とせざるも、「指導者ノ統裁、指導宜シキヲ得」ば「大イニ其ノ価値ヲ発揮シ得ヘシ」(83)。

②「独立自由ノ思想」は「服従ヲ求ムルニ自覚ヲ与フルノ要」あるとともに、他面、「合議制ニ洗練セラレアル国民性」は「決定事項ニ恬然合流スルノ特徴アリ」、この間において「指導者其人ヲ得ルト否トハ全体ノ価値ヲ

左右スルコト大ナルモノアリ(84)」。

③「民主制ニ基因シ合議的ナルヲ以テ実行ニ方リ遅延スルコト少シトセス」、したがって「作戦殊ニ戦闘指導」にあたり「多数幕僚ノ合議」によって「計画ノ立案」またはこれが「実行」など「遅延」し、「戦機ヲ逸スルコト少カラサルヘシ(85)」。

（二）「世論ノ力極メテ強シ」。

①「米国ハ政治万能ノ国」なり、「世論ハ米国ニ於テ激発ノ性質ヲ帯フルコト多」く、「戦争ニ関スルモノ」において「特ニ然リ」、過去の史実に徴するに「米国政府ハ世論激昂ノ潮時ヲ見テ宣戦シ国民ノ敵愾心ヲ巧ニ利用スルヲ常套政略」となす、これに反し、「軍事ニ盲目ナル政治家連ノ統帥ニ干渉」し「不結果ニ陥リシコト一再ニシテ止ラス」「南北戦争ニ於ケル北軍総司令官ノ短期屡次ノ更迭ハ特ニ著シキ例」なりとす、「世界大戦ニ於テモ『パーシング』及『ウッド』ノ両将米軍ノ総司令官ノ候補ニ挙ケラレ両党ノ角逐大」なりしこと、「決定後ト雖政治世論ノ軍事ニ影響ヲ与ヘシ事例少カラサリシコト」、その他「将官ノ人事ハ上院ノ承認ヲ得ルヲ要スルコト」など「皆然リ(86)」（「政治世論ノ統帥権ニ及ホス影響甚大」にして「政略ハ戦略ヲ超越スルコト多シ(87)」）。

②「独立自由ヲ高唱スル米国」において「世論ノ力大ナルハ当然」なるも、「逐次此ノ種性格ハ控制セラレアリ」、しかし「現時ニ於ケル世論ハ対国内問題ニ就テハ相当ノ力アリ」といえども、「爾他ノ範囲ニ於テハ其ノ威力低下セシノミナラス逐次為政者、指導者ノ意志ニ帰一シツツアリ」。

しかし「従来米国世論ノ特長ハ名義」にして、「米国人ノ心理ヲ衝クモノ」であるが、「事件ノ内容如何ニ拘ラス大勢之ニ従ヒテ動キ時トシテ正邪利害ヲ超越スルコトアリ(88)」。

5　資本主義的精神

（一）「物質万能ノ思想強ク精神戦力ノ要求低調」にして「極度ニ人命ヲ尊重ス(89)」。

（二）「各種科学技術ニ長ス」――「発達セル国内工業」により「自然ノ間ニ科学特ニ器械ニ関スル技術的能力陶冶セラレアリ」、したがって「戦闘ニ方リ技術能力ヲ発揚（無線方向探知ノ優越、短期間ニ組織的築城ノ構築、夜襲探知用トシテ聴音器ノ陣地前配置等軽易ニ戦場ニ技術ヲ応用ス）スル」だけでなく、「戦時召集セラルル国民ノ大部ハ技術能力ヲ保有スル」をもって、「日本軍ニ比シ短小時日ヲ以テ訓練目的ヲ達成シ得ヘシ」(90)。

（三）「機械力ニ親炙信頼シ計画亦機械的ニシ計数ノ心理強シ」――「米人ハ戦術ヨリモ技術ニ長」ず、「物質万能ノ思想」は「勢ヒ機械力ヲ過信シ組織的系統ヲ尚ヒ数理ヲ重要視」す、世界大戦において「陣地戦的訓練ヲ経タル米軍ニ於テ特ニ然リトス」、これをもって「機械技術ニ関スル能力優秀ニシテヨク之ニ親炙ス」、すなわち「軍事科学ヲ遺憾ナク利用セントスル訓練上米軍ニ裨益スル所頗ル大ナリ」(91)。

（四）「組織的性格ヲ有ス」――「技術ニ長スル米国民」は「自ラ組織的性格ヲ陶冶」されているだけでなく、「建国以来ノ個人ノ独立自由ノ思潮」も「近時政治、経済、軍事、文化等ノ総テ」にわたる「総合、統制ノ要請」にもとづき、逐次「組織ノ内ニ束縛」されることになり、「事ヲ行フニ方リテ過度ニ組織的ニ之ヲ行フノ性格ヲ有」す、しかし「組織ハ統帥者、指導者ノ運営宜シキヲ得ハ偉大ナル価値、能力ヲ発揮」することができるが、「組織的確ヲ欠」き、あるいは「一度組織ニ破綻ヲ生センカ大イニ又其ノ不利ヲ暴露スルモノトス」。

なお「組織的性格ノ陶冶」にともない「米国民ハ分業ヲ尊重シ、自己ノ職責ヲ極メテ熱心ニ遂行」す、しかしその反面においては「与ヘラレタル職務ノミニ没頭シ企図心ヲ欠キ連繫協同ヲ失」し、また「独断心ヲ消磨ス」(92)。

（五）「利害観念旺盛ニシテ所有権ニ対シ敏感ナリ」。

①「利害ヲ考ヘ得失ヲ念フハ物質主義ヲ謳歌スル米人ノ通有性」なり、「攻防ノ決心」においても「兵力ノ優劣ヲ重視シ比較的慎重ニ考慮」(93)し、むしろその「進取放膽」(94)「暴進突飛性」と「相矛盾スルモノアリ」(95)。

②「米人ノ優越観」は「物質文明」とくにその「富力ニ胚胎ス」、したがって「国家ト個人」とを問わず「所有

権」に対し「頗ル敏感」なり、その反面、「危険ニ対スル警戒心強」く、とくに「戦術上側背ニ対スル脅威」に関し「至大ノ考慮ヲ払フヲ常トス」(96)。

(六)「享楽気分濃厚」にして「超世間的価値観念ニ乏シ」――「米国人ハ社会的現世的」にして「精神ヲ尊フヨリモ五官ニ関スル現実ヲ尊重ス」、ゆえに「状況不利ナル場合」においては「最後迄報国献身的ニ行動スルコトナシ」、すなわち「善ク働キ善ク享楽スル」は「米国人ノ標語」なり、「労力ノ反面必ス享楽アリ」、これを「戦場ノ実際」にみるとき「動モスレハ大ナル危険ヲ包蔵スルモノアルヘシ」(97)、しかし「道徳的観念欠如シ頽廃的気風アリ」といえども、これをもって「直チニ米国民ハ堕落シ気概無シト見ルヘカラス」(98)(「米軍ノ素質」は「米国民全般ノ特性ヲ観察スルコト必要」にして、たんに「自由主義頽廃的ナル享楽主義ノ一部面」をもって「米軍弱シトノミ判断」するは「大ナル誤ナリ」(99))。

6　人種観念

(一)「他人種トノ融和協調性十分ナラス」――「感情ニ刺激」されやすく、「自国内ニ多数ノ異人種ヲ交ヘアル関係上他民族ニ対スル自己ノ優越観ハ益々他人種特ニ有色人種ヲ排斥シ」、これらの「有色人種ノ対米人反感極メテ強シ」(100)。

(二)「有色人種(日本人ヲ含ム)ニ対スル優越感」は「強烈徹底的」にして「本能化セル感アリ」――この「優越感」は「放膽ナル作戦」となり、あるいは「猪突猛進的行動ヲ誘致」し、もしくは「大ナル油断ヲ生セシメ」、その「敵愾心」は「他ノ敵性白人種国家ニ対スルモノ」よりも「更ニ一層激化スル公算アリ」(101)。

以上が、一九四〇年代前半のアメリカ国民性に関する、日本陸軍のおおよその認識である。一九四〇年代前半のアメリカ(軍)研究においても、国民性の理解は必要不可欠なものと意識されていたが、その主たる理由は一九二〇年

代と同様、つぎのようなものであった。(102)

一国ニ於ケル民族ノ歴史的、政治的、社会的特性ハ其ノ国軍特性ノ基調タルモノニシテ戦争指導、戦略、戦術思想等ニ反映スルコト頗ル大ナルモノトス殊ニ米陸軍ハ其ノ国防的環境ニ基キ平時兵力僅少ニシテ戦時急速ニ動員拡張セラレ十分ノ訓練ヲ経スシテ戦場ニ派遣セラルルノミナラス平時ノ教育訓練ハ一般ニ低調ニシテ将校以下真剣ナル錬磨ヲ欠クト共ニ少数兵力ノ分散駐屯ニ依リ大部隊ヲ以テスル訓練ノ機会乏シキ（但シ一九四〇年及四一年ハ此ノ弊ニ鑑ミ大部隊演練ニ努力ヲ傾注セリ）等ニ依リ列強大陸軍国ニ比シ戦時米陸軍ノ性格ハ多分ニ米国民衆ノ特性ヲ反映スルモノアリ

すなわち、第一に、国軍の特性の基調には、その国の民族の歴史的・政治的・社会的特性があり、とくに戦争指導、戦略・戦術思想にそれらが大いに反映するからであり、第二に、平時兵力が僅少で、戦時に急速動員し拡張するアメリカ陸軍の性格が、多分に国民の特性を反映するものであったからである。

それでは、当該期の陸軍のアメリカ国民性認識には、どのような特徴がみられるのであろうか。

まず第一は、戦争の観点を中心にしてより有機的に幅広く理解されているということである。

第二は、短所のみならず、その反面としての長所にも言及されており、複眼的な視座がみられるということである（「国家ノ歴史ト発達ノ関係上其国民性ハ他ノ列強ニ於ケルカ如ク単純明確ナラサルモノアリテ時ニハ矛盾ノ現象ヲ見ルコトサへ之有リ」(103)）。

第三は、その意味で、冷静かつ客観的・総合的な分析がなされており、(104)一九三〇年代に一般的であったと思われるアメリカ軍軽視の風潮を戒めているということである（「米軍ノ素質ハ米国民全般ノ特性ヲ観察スルコト必要」にして、たん

に「自由主義頽廃的ナル享楽主義ノ一部面ヲ以テ米軍弱シトノミ判断スルハ大ナル誤ナリ」）。

第四に、したがって基本的な認識そのものには、一九二〇年代のそれとあまり大きな変化がみられず、アメリカ（軍）研究のレベルは依然として高い水準を保っていたということである。

最後の点に関しては、一九三〇年代の史料が乏しいため、一九二〇年代の認識と一九四〇年代のそれとがどのように結びつくのかを明らかにすることはむずかしいが、おそらくアメリカ研究者のレベルにおいては、かなりの程度の連続性がみられるのではないかと思われる。

なぜなら、第一に、国民性という認識対象そのものが大きな変化を促すものではないということ、第二に、陸軍のアメリカ（軍）研究において国民性研究は基礎的前提的な位置を占めており、そのかぎりではきわめて重要ではあるが、いかに対米戦に勝利するかという一九四〇年代の政策合理性の観点からいえば、研究の比重は相対的には高くなかったと思われること、それゆえ大きく変化する必要性がないということ、第三に、陸軍部内におけるアメリカ（軍）情報の軽視が逆に、外部の雑音から研究を遮断し、その連続性を可能にしたのではないかと思われること、などの理由が考えられるからである。

おわりに

何れの国民にしても他の国民の心理を理解するに苦しむものである。特に日本人が米国人を理解するに当りては第一人種が異ふ、第二風土が同じでない、第三歴史に類した所がない。第四に風俗習慣が違ふ。第五に国体が違ふ、これだけでさへ既に渡るべからざる溝渠があると思ひなして更に理解するに努めぬものがある。之を理解するを危険と思ふもある。(105)

第一次世界大戦終結後に、新渡戸稲造は日本人のアメリカ理解の困難さをこう指摘したうえで、さらに当時の対米認識の風潮についても、つぎのように述べている。[106]

一から十まで誤解或は曲解を逞ふして誤解や曲解を益々募らせて、見れば見る程、其真相の見えない様に仕向けることを以て或は愛国或は忠君と心得ている者が少くない。

たしかに新渡戸がくり返し指摘するように、一般国民や軍人のなかにアメリカを理解しようとしなかったり、「誤解」や「曲解」をたくましくする論者たちが数多くいたことは事実であろう。しかし、対象を陸軍にかぎってみても、アメリカ（軍）を真剣に研究し、客観的に理解しようとする論者たちがいたことは、本章と『大戦間期の日本陸軍』において不十分ながらも明らかにしたとおりである。

ただし、そうしたアメリカ（軍）研究の成果が、陸軍上層部をはじめとして部内にあまり浸透せず、とくに一九三〇年代以降少なくとも一九四三年後半の頃までは、政策にもさほど反映されなかったことも事実である。たとえば、『米英関係情報参謀（将校）勤務ノ参考』は、参謀本部が一九四四年に刊行したものであるが、アメリカ軍との激闘を繰り広げていたその段階でさえ、「米英（軍）ニ関スル基礎知識ノ普及資料ノ活用」と題する項目のなかで、「（1）米英（軍）ニ関スル各種資料ヲ配付シアルニ拘ラス秘密図書トシテ格納シ一般ノ利用ニ供セサル向多ク資料ノ存在ヲサヘ関知セサルモノアリ、（2）第一線軍情報参謀ニシテ軍隊ニ対シ米英ニ関スル情報ノ普及ヲ図ル著意ナク」という、米英軍情報の普及の実態に関する批判的な指摘がなされていたのである。[107]

したがってアメリカ（軍）情報（より広くいえば情報一般）に対する軽視の姿勢に、陸軍の組織としての問題性を指摘することもできよう。とりわけ日本陸軍の「太平洋戦争への道」と実際に直面した戦争の実相を考えるとき、そうした情報の取り扱われかた如何が、大きな問題として浮かび上がってくるのである[108]。

しかし、仮に合理的認識や判断が陸軍部内に浸透したとしても、それが合理的な政策形成をもたらしたとは必ずしもいえないのではないだろうか[109]（もちろん合理的な選択の幅や可能性は拡がるが）。この点に関して詳述する紙幅はもはや残されていないが、今後の研究課題のひとつとして一応指摘しておきたい。

最後に、本章を閉じるにあたって、新渡戸稲造のすでに取りあげてきた論稿のなかから、つぎの文章を紹介しておきたい[110]。

米国の勃興と勢力の増大とは鏡にかけて見るが如く明であつて、而して世界は此消息を無視するわけには行かぬ、就中我国の如きは善かれ悪かれその影響を免るゝことは出来ぬ。此時に当り米国及米国人に対する正しき解釈と了解とを怠れば、我国そのもの、未来を危ふするものとして憂ひざるを得ない。

ここで表明されている彼の危惧が、後年まさに現実のものとなったのである。

（1）新渡戸稲造「米国研究の急務」（『実業之日本』一九一九年四月一日号）二四頁。

（2）黒沢文貴『大戦間期の日本陸軍』（みすず書房、二〇〇〇年）第五章参照。なお筆者宛ての杉田一次書簡（一九八九年九月二一日付）によれば、一九二〇年代に作られた日本の学校教練制度は、アメリカの予備将校養成団（R.O.T.C）の制度をまねて作られたものであるということである。

（3）渡久雄（大尉）「米国ノ近情」（『偕行社記事』第五四八号付録、一九二〇年四月）七頁。なお渡は、一九三〇年に在米大使館付武官から参謀本部欧米課長に転任する、アメリカ通の軍人のひとりである。

(4) 堀栄三『大本営参謀の情報戦記』(文藝春秋、一九八九年)七二、七五頁。なお『欧州戦争ニ於ケル米国陸軍』は渡久雄たちが、『世界大戦に於ける米軍の数字的記録』は寺本熊市たちが作成したものといわれている(堀『大本営参謀の情報戦記』七二、七六頁)。
(5) 渡「米国ノ近情」七頁。
(6) 黒沢『大戦間期の日本陸軍』第二章参照。ほかに渡「米国ノ近情」七頁。
(7) 渡「米国ノ近情」七頁。
(8) 長谷川美代次(大尉)「米国国民軍事教育ノ現状」(『偕行社記事』第五六七号、一九二一年一一月)一〇二頁。
(9) 渡「米国ノ近情」七頁。鷲津鈆平少佐は「米国を御研究になるには国民性の根本に差異あることを御了解になる必要がありまます」と述べている(「現在の米国」『偕行社記事』第五七〇号、一九二二年二月、八三頁)。
(10) 渡「米国ノ近情」八―九頁。ほかに水町竹三(中佐)「米国ノ富強ニ対スル我国民ノ覚醒」(『偕行社記事』第五四三号付録、一九一九年一一月)五頁も参照。
(11) 水町「米国ノ富強ニ対スル我国民ノ覚醒」四―五頁。
(12) 同右、六頁。
(13) 同右、四頁。
(14) 木村松治郎(少佐)「アメリカ便り」(一九三一年九月二三日、『米国駐在報告綴(其二)』、防衛省防衛研究所戦史研究センター所蔵)七頁。
(15) 水町「米国ノ富強ニ対スル我国民ノ覚醒」五頁。
(16) 木村「アメリカ便り」五―七頁。なお史料の引用に際しては、適宜読点を付した。以下、本章においては同様とする。
(17) 渡「米国ノ近情」九頁。
(18) 同右、八頁。長谷川「米国国民軍事教育ノ現状」一〇一頁。中山寧人(大尉)「米軍参謀次長の観たる産業と国防との関係」(『偕行社記事』第六八三号、一九三一年八月)六頁。渡久雄(大佐)「米国の近況と其の陸軍」(『偕行社記事』第六八三号)一八六頁。
(19) 鷲津「現在の米国」八五―八六頁。
(20) ＭＫ生「列強の軍備」(『偕行社記事』第六六七号、一九三〇年四月)一八八頁。

(21) 渡「米国ノ近情」八頁。
(22) 木村松治郎（少佐）「米国普通学校ニ於ケル軍事教育ノ状況報告」（一九三三年三月二〇日、『米国駐在報告綴（其一）』、防衛省防衛研究所戦史研究センター所蔵）八五頁。
(23) 一社員「米国陸軍に就て」（『偕行社記事』第六七七号、一九三一年二月）一四六頁。ほかに木村「アメリカ便り」一九―二〇頁。
(24) 水町「米国ノ富強ニ対スル我国民ノ覚醒」六頁。
(25) 渡「米国ノ近情」九頁。
(26) 一社員「再び米国陸軍に就て」（『偕行社記事』第六七九号、一九三一年四月）二二一頁。
(27) 木村松治郎（少佐）「任務終了報告」（一九三三年六月三日、『米国駐在報告綴（其二）』）。ほかに木村「米国普通学校ニ於ケル軍事教育ノ状況報告」緒言、一社員「再び米国陸軍に就て」二二一頁参照。
(28) 水町「米国ノ富強ニ対スル我国民ノ覚醒」五頁。
(29) 同右。
(30) 同右、七頁。
(31) 木村「アメリカ便り」九頁。
(32) 水町「米国ノ富強ニ対スル我国民ノ覚醒」七頁。
(33) 渡「米国ノ近情」八頁。
(34) 筑紫熊七（中将）「米国視察報告（第貳号）」（一九一八年五月一〇日、『永存書類』大正八年乙輯第一類、防衛省防衛研究所戦史研究センター所蔵）二四五頁。
(35) 渡「米国ノ近情」八頁。
(36) 木村「アメリカ便り」五頁。ほかに水町「米国ノ富強ニ対スル我国民ノ覚醒」六頁。
(37) 水町「米国ノ富強ニ対スル我国民ノ覚醒」六頁。
(38) 同右、六―七頁。
(39) 木村「米国普通学校ニ於ケル軍事教育ノ状況報告」八四、一四〇頁。
(40) 渡「米国ノ近情」九頁。

(41) 同右。
(42) 鷲津「現在の米国」八三頁。
(43) 木村「アメリカ便り」八頁。
(44) 木村「米国普通学校ニ於ケル軍事教育ノ状況報告」一四七頁。
(45) 長谷川「米国国民軍事教育ノ現状」一〇〇―一〇一頁。ほかにMK生「列強の軍備」一八五頁。
(46) 水町「米国ノ富強ニ対スル我国民ノ覚醒」七頁。
(47) たとえば『実業之日本』一九一九年四月一〇日号（『亜米利加号』）を参照。
(48) 水町「米国ノ富強ニ対スル我国民ノ覚醒」一頁。
(49) 一社員「再び米国陸軍に就て」一五〇頁。
(50) 水町「米国ノ富強ニ対スル我国民ノ覚醒」一頁。
(51) 木村「任務終了報告」。
(52) 渡「米国ノ近情」一一頁。ほかに一社員「米国陸軍に就て」一四五頁。
(53) 渡「米国ノ近情」九頁。
(54) 鷲津「現在の米国」八三頁。なお木村松治郎少佐は「習性ノ差異ハ吾人ノ奇異トスルモノ少カラス〔中略〕民情慣習ヨリ来ル結果ニシテ之ヲ以テ直ニ米軍価値ヲ云々スルハ必スシモ中ラス慣習ヲ異ニスル外国軍隊ニ対シ吾人ノ正視スルヲ要スヘキ一事ナリト信ス」と述べている（木村「米国普通学校ニ於ケル軍事教育ノ状況報告」八四、八五頁）。
(55) 木村「アメリカ便り」二〇頁。ほかに渡「米国ノ近情」九頁。
(56) 黒沢『大戦間期の日本陸軍』第五章、二七九頁。
(57) 同右、二八〇―二八一頁。
(58) 杉田一次「大東亜戦争開戦前後誤まれる対米認識は何故生まれたか」（『軍事研究』一九八七年一二月号）九二頁。一九三〇年代におけるアメリカ（軍）関係の報告書類は、管見のかぎりきわめて乏しいが、『偕行社記事』誌上には、すでに本章で言及した記事のほかにも、アメリカの外交政策、軍備、経済等に関係する記事や翻訳などが相応に掲載されている。ただし、そこから一九三〇年代の陸軍が抱いていたアメリカ国民性認識を析出することは、いささか困難である。
ちなみに、一九三〇年代におけるアメリカを記事名に含む掲載記事としては、以下のようなものがある（すでに本章で言

及した記事は除く）。高橋貞夫（大佐）「米国工業技術の概観」（『偕行社記事』第六七一号、一九三〇年八月）、平岡閏造（少佐）訳「世界の現勢と日米戦争（故「ベルンハルディ」将軍の絶筆）」（『偕行社記事』第六七六号、一九三一年一月）、OM生「米国と満蒙」（『偕行社記事』第六七八号、一九三一年三月）、YN生「新軍に対する米国参謀総長の所見」（『偕行社記事』第六八〇号、一九三一年五月）、YN生「米軍参謀次長の観たる産業と国防との関係」（『偕行社記事』第六八二号、一九三一年七月）、中山寧人（大尉）「米軍参謀次長の観たる産業と国防との関係（承前）」（『偕行社記事』第六八三号、一九三一年八月）、蘇南生「米国の科学的諜報一班」（『偕行社記事』第六八五号、一九三一年一〇月）、霞洋生「米陸軍化学戦部長の瓦斯戦に関する意見」（『偕行社記事』第六八六号、一九三一年一一月）、覆洋生「米国大統領軍備の重要性を高調す」（『偕行社記事』第六八九号、一九三二年二月）、名越愛徳（大尉）「民間航空より見たる米国の動き」（『偕行社記事』第六九二号、一九三二年五月）、霞岳生「米軍の機械化及自動車化」（『偕行社記事』第六九三号、一九三二年六月）、覆洋生「前米国航空局長ミッチエルの日米戦争観」（『偕行社記事』第六九二号）、霞洋生「米国の対日態度に対する『ギボンス』博士の批判」（『偕行社記事』第六九五号、一九三二年八月）、下野一霍（中佐）「米国大戦参加の経緯を観察し極東政策に及ぶ」（『偕行社記事』第七〇一号、一九三三年二月）、経済時事研究部「米国金融恐慌とその波紋」（『偕行社記事』第七〇四号、一九三三年五月）、御手洗林造（大尉）「米国の苦悩」（『偕行社記事』第七〇五号、一九三三年六月）、経済時事研究部「アメリカ青鷲運動に就て」（『偕行社記事』第七一〇号、一九三三年一一月）、OM生「最近の米国事情」（『偕行社記事』第七一四号、一九三四年三月）、山内正文（中佐）「米軍の編制（其一）」（『偕行社記事』第七一六号付録、一九三四年五月）、山内正文（中佐）「米軍の編制（其二）」（『偕行社記事』第七一七号付録、一九三四年六月）、鎌田銓一（少佐）「米軍工兵に就て」（『偕行社記事』第七一九号付録、一九三四年八月）、山内正文（中佐）訳「米軍の編制（其三）」（『偕行社記事』第七二一号付録、一九三四年一〇月）、山内正文（中佐）訳「米軍の編制（其四）」（『偕行社記事』第七二二号付録、一九三四年一一月）、山内正文（中佐）訳「米軍の編制（其五）（完）」（『偕行社記事』第七二四号付録、一九三五年一月）、BH生「米国の動向」（『偕行社記事』第七二四号）、「米軍の斥候及巡察」（『偕行社記事』第七二五号付録、一九三五年二月）、山内正文（中佐）「米軍の持久戦に就て」（『偕行社記事』第七二八号付録、一九三五年五月）、山内正文（中佐）「米軍の防禦に就て」（『偕行社特報』第五号、一九三五年一一月）、今野源八郎「アメリカ及独逸の現状」（『偕行社記事』第七四〇号、一九三六年五月）、大島高精（満州国帝国大同学院）「米国戦略思想の根拠」（『偕行社記事』第七四一号、一九三六年六月）、一社員「北米合衆国に欠乏せる資源」（『偕行社記事』第七四七号、一九三六年一二月）、山内正文（大佐）「米軍の海岸防禦に就て」

（『偕行社特報』第二三号、一九三七年五月）、陸軍省情報部「陸軍軍備を基調とせる欧米情勢の観察」（『偕行社記事』第七七八号、一九三八年七月）。

(59) いずれも防衛省防衛研究所戦史研究センター所蔵。『米軍概覧』は、「昭和十年当部編纂米国軍要覧配付以後ニ於テ変化セル事項ニ就キソノ概要ヲ摘録セルモノ」である。なお、このほかに以下の文献も参照。杉田一次（少佐）「米国観察上の著眼に就て」（『偕行社特報』第六四号、一九四〇年一一月）、樺山正照（大尉）「米軍装甲兵団の新編成に就て」（『偕行社特報』第六五号、一九四〇年一二月）、杉田一次（少佐）「対米観念の基本的考案」（『偕行社特報』第六六号、一九四一年一月）、ＩＳ生「日米若し戦はば」（『偕行社記事』第七九六号、一九四一年一月）、近藤新一（海軍中佐）「太平洋に於ける米国の政略とその戦略」（『偕行社特報』第六七号、一九四一年二月）、斎藤彌（少佐）「米国の二心」（『偕行社記事』第八〇三号、一九四一年八月）、井上栄一（中尉）「米・英戦闘機の現状並に傾向に就て」（『偕行社記事』特号第八一六号、一九四二年九月）、谷萩那華雄（大佐、大本営陸軍報道部長）「開戦後に於ける米国の反攻態勢」（『偕行社記事』特号第八一九号、一九四二年一二月）、西義章（大佐）「日米開戦後に於ける米国国情の一班」（『偕行社記事』特号第八一九号）、陸軍省報道部「米国の軍事情勢に就て」（『偕行社記事』特号第八二四号、一九四三年五月）、陸軍偕行社編纂部「米国を中心とする敵の思想謀略に就て」（『偕行社記事』特号第八二五号、一九四三年六月）、大本営陸軍部「米英軍に関する資料」（『偕行社記事』特号第八三八号別冊第一付録、一九四四年七月）、参謀本部一職員「米国事情」（『偕行社記事』特号第八三九号、一九四四年八月）、桑木崇明（中将）「米国の弱点」（『偕行社記事』特号第八四二号、一九四四年一一月）。

(60) 波多野澄雄「日中戦争から日英米戦争へ」（『日中戦争から日英米戦争へ（国際政治九一）』有斐閣、一九八九年）九頁。

(61) 『米軍戦法要覧』（参謀本部、一九四二年）三頁。ほかに『米英軍常識』（教育総監部、一九四三年）一―二頁。なお『米英軍常識』は、一九四四年秋に一般軍人に向けて発売されたもののようである。

(62) 『米軍戦法要覧』二九頁。

(63) 『対米軍作戦参考資料ノ一部』（大本営陸軍部、一九四二年）一頁。

(64) 同右、二頁。

(65) 同右、一―二頁。

(66) 同右、二頁。

(67) 『米軍戦法要覧』三頁。

(68)『対米軍作戦参考資料ノ一部』二頁。
(69)『米軍戦法要覧』三頁。ほかに『米英軍常識』三頁、『対米軍作戦参考資料ノ一部』二頁。
(70)『米軍戦法要覧』二頁。ほかに『対米軍作戦参考資料ノ一部』二頁、『米英軍常識』五頁。なお西「日米開戦後に於ける米国国情の一班」五七頁も参照。
(71)『米軍戦法要覧』二―三頁。ほかに『対米軍作戦参考資料ノ一部』七頁。
(72)『米軍戦法要覧』四頁。
(73)『対米軍作戦参考資料ノ一部』三頁。
(74)『米軍戦法要覧』四頁。ほかに『米英軍常識』三―四頁、『対米軍作戦参考資料ノ一部』三頁。
(75)『米軍戦法要覧』四頁。
(76)『対米軍作戦参考資料ノ一部』一〇頁。ほかに『米軍戦法要覧』二―三頁。
(77)『米軍戦法要覧』四頁。ほかに『米英軍常識』五頁、『対米軍作戦参考資料ノ一部』四頁。なお井上「米・英戦闘機の現状並に傾向に就て」九八頁も参照。
(78)『米軍戦法要覧』四―五頁。ほかに『米英軍常識』四頁。
(79)『米軍戦法要覧』四頁。
(80)『米英軍常識』四頁。
(81)『対米軍作戦参考資料ノ一部』三頁。
(82)『米軍戦法要覧』五頁。
(83)『対米軍作戦参考資料ノ一部』三頁。
(84)『米軍戦法要覧』六頁。
(85)同右、一九頁。
(86)同右、五頁。ほかに『米英軍常識』六頁。
(87)『米軍戦法要覧』二頁。
(88)『対米軍作戦参考資料ノ一部』四頁。
(89)『米英軍常識』四頁。

(90) 『対米軍作戦参考資料ノ一部』三頁。
(91) 『米軍戦法要覧』五頁。ほかに『米英軍常識』二頁。
(92) 『対米軍作戦参考資料ノ一部』三―四頁。
(93) 『米軍戦法要覧』六頁。
(94) 『対米軍作戦参考資料ノ一部』四頁。
(95) 『米軍戦法要覧』六頁。
(96) 同右。
(97) 同右。
(98) 『対米軍作戦参考資料ノ一部』四―五頁。
(99) 『米軍戦法要覧』一頁。
(100) 同右、六頁。
(101) 『対米軍作戦参考資料ノ一部』四頁。
(102) 同右、一頁。なお『米英関係情報参謀（将校）勤務ノ参考』（参謀本部、一九四四年）は、「米英（軍）ニ関スル基礎知識ニ就テ」のなかで、「凡ソ敵ノ正当ナル判断ヲ得ンカ為ニハ単ニ時々刻々変化スヘキ現象ノミヲ捉フルニ専念スルコトナク予メ敵（軍）ニ関スル基礎知識ノ涵養ニ努メ大ニシテハ米英両国ノ歴史、民族、国民性、既往ノ諸政策、小ニシテハ敵軍ノ編制装備、戦法、訓練等ヲ研究シ以テ大局ノ判断ヲシテ過誤ナカラシムルニ努メサルヘカラス蓋シ基礎的知識ナクシテ判断ヲ為スハ透徹ヲ欠クノミナラス大ナル誤謬ニ陥ルコト多シ」と述べている（五頁）。
(103) 『米軍戦法要覧』二頁。ほかに『米英軍常識』一頁。
(104) たとえば杉田一次少佐も「往々欧州の一国或は日本を見る目を以て米国を観察し、米国の一辺境に永住せし米人或は在留邦人の言を聴き以てこれ米国の全貌なりとすること少なからず」と、偏りのある主観的な対米認識を批判している（「米国観察上の著眼に就て」二五頁）。
(105) 新渡戸稲造「米国人の特徴」（『実業之日本』一九一九年四月一〇日号）一四頁。
(106) 新渡戸「米国研究の急務」二五頁。
(107) 参謀本部『米英関係情報参謀（将校）勤務ノ参考』二三頁。さらに堀『大本営参謀の情報戦記』、杉田「大東亜戦争開戦前後誤まれる対米認識は何故生まれたか」のほか、杉田一次『情報なき戦争指導』（原書房、一九八七年）も参照。

(108)　たとえば総力戦研究所長を務めた飯村穣は、「私は、欧米課長時代（一九三三年三月―三五年三月、筆者注）、重大な過失を犯した。陸軍はソ連を、海軍は米国を、主なる情報目標とし、各々他を副目標とする業務分担を、海軍々令部の情報関係者ときめたことであり、こんな重要問題を、国防上の重要問題を、課長の専断できめたことである」と回想している（『戦史（戦争史）の落穂拾い＝縦割りの戦史（戦争史）』、一九六八年夏季、陸上自衛隊幹部学校における兵術講話、六六頁、防衛省防衛研究所戦史研究センター所蔵）。

さらに飯村は、つぎのようにも述べている（飯村『戦史（戦争史）の落穂拾い＝縦割りの戦史（戦争史）』六五頁）。

私の欧米課長当時、わが国には、海軍々縮問題に基因して、米国と戦うべしとの意見が、盛んに行なわれた。私は日米戦争を口にする人々が、米国と戦ったならば、どうなるかを真剣に考えているのかを疑い、永田少将に代った磯谷廉介少将〔中略〕の同意を得て、支那課を含めた第二部の部員を専習員として、米国と戦ったならばどうなるのか、図上演習を行なった。戦時財政を専問《〔ママ〕》に研究している森主計中佐にも参加して貰い、参謀本部の他の部員の参観も、随意にした。米軍には辰己少佐がなり、私の補佐官として記事の編サンに当ったのは磯村少佐であり、演習は毎日行なって一〇日程続いた。〔中略〕要は王手のない敵との戦争が如何に困難であるかを知って貰うためで辰己少佐が想定した敵の進路は、実際に行なわれたものと、全く同一であった。

(109)　たとえば戦前のアメリカ通のひとりで、アメリカに対する柔軟な認識をもっていたと思われる木村松治郎少佐は、アメリカ駐在を終えて提出した『任務終了報告』（一九三三年六月三日）のなかで、つぎのような意見を述べている。

将来我国ノ対米態度ニ関スル卑見

最近日支事変ト米国民性並民情等ヨリ帰納シテ将来我対米外交ヲ判決スルコト左ノ如シ

「陰然強盛ノ実力ヲ背景トシ文化的ニ善意ヲ以テ相互接近シ彼ヲシテ帝国ノ真価ヲ正知セシメ以テ其国策ヲ西セシメス東洋事情ニ関シテハ敬シテ遠サカシムルヲ以テ対米外交ノ要訣トス」

右方針ニ基ク指導要領左ノ如シ

一、勝算ナキ強敵ニ対スル闘争ヲ避クルハ米人ニ於テ特ニ然ルモノアルニ鑑ミ充実セル国力特ニ武力ヲ以テ無言ノ支援タラシム国家タルト個人タルトヲ問ハス決シテ弱味ヲ見セサルコト

二、善意ヲ以テ接近シ胸襟ヲ開キテ談笑スルハ価値大ニシテ此間日本ノ文化価値ヲ十分ニ認識セシムルト共ニ我ニ対スル尊敬信頼ノ念ヲ高上セシムルコト

三、日米戦ハ我ヨリ好ンテ之ヲ挑ムコトナク寧ロ軽挙ヲ戒ムルヲ可トス若シ開戦ノ止ムナキニ至レハ彼等ノ好ンテ用フル正義人道ニ名ヲ托スル口実ヲ我ニ把握シ漸次国内ノ崩壊ヲ促スコト

要之、彼等ヲシテ「日本ハ骨ノアル紳士ナリ」ト信セシムルニ在リ

なお「弱味」云々に関しては、駐米大使館付武官から帰任したばかりの渡久雄大佐も、満州事変直前の『偕行社記事』に掲載された論稿のなかで、「日米の将来といふものは融和して行かなければならぬものである。又それがお互の利益であると私も考へますが、どの強国に対しても此方が弱いといふ隙を見せたら髄分危険であるといふ事をお考えになつて戴き度いと思ふ。弱いと見られたら何が起るか分からない」と述べている（「米国の近況と其の陸軍」一八八頁）。

(110)　新渡戸「米国研究の急務」二七頁。

第七章　西洋国際秩序への挑戦？
――人道主義の後退

はじめに

赤十字国際委員会（ICRC）が、ナチス・ドイツの強制収容所、ヨーロッパ東部戦線の捕虜の処遇と並ぶ第二次世界大戦期の「三つの失敗」のひとつとして極東捕虜の虐待問題を指摘したように、(1) 日本軍による連合軍捕虜の取り扱いはきわめて過酷なものであった。

戦前日本の戦争責任と戦争犯罪とを裁いた極東国際軍事裁判の資料によれば、イギリスをはじめ欧米六か国の捕虜一三万二一三四人のうち、二七・一パーセントにあたる三万五七五六人が死亡したとされている。(2) これは大戦中、ドイツ軍とイタリア軍に捕獲された英米人捕虜の死亡率約四パーセントに比し、はるかに高い数値である。またイギリス人捕虜にかぎってみても、ドイツ・イタリア両軍捕獲下の死亡率が五・一パーセントであるのに対して、日本軍捕虜の場合には二四・八パーセントとなっている。(3)

戦争の非人道的側面をあらわす捕虜虐待が、大戦中の日本軍にだけみられる戦争犯罪であったとはいえないが、ただそれにしても他のケースと比較した場合、その死亡率が高率であったことは否めない（ちなみにソ連によるシベリア抑留は、たいへん過酷なものであったといわれている。戦争中の出来事ではないので単純な比較はできないが、しかしそれでも日本人抑留者の死亡率は約一〇パーセントである)。

したがって日本軍による連合軍捕虜の虐待問題が、戦後、虐待を受けた元捕虜とその家族に大きな傷跡を残すとともに、欧米諸国内に「残虐な日本」というイメージをもたらし、そうした元捕虜および国々と日本との戦後和解を困難にする、大きな阻害要因となったのである(4)。

では明治維新以降、近代日本の国家建設とともに形成されてきた近代的な日本軍は、そもそも当初から戦時国際法をまったく理解しない「野蛮な軍隊」であったのであろうか。

そこで近代日本の戦争の歴史をひもとくとき、そこには太平洋戦争期とはまったく異なる、「文明的」な捕虜の取り扱いを日本軍がしていた事実を、容易に知ることができる。日露戦争時の松山俘虜収容所や第一次世界大戦（日独戦争）期の板東俘虜収容所（徳島）に代表される、ロシア人捕虜（約八万人）とドイツ人捕虜（約四七〇〇人）に対する人道的取り扱いが、それぞれ「厚遇」といえるほどのものであったことは有名である。

たとえば、日露戦争時のロシア人捕虜の死亡率が、わずか〇・五パーセントときわめて低率であったこと、第一次世界大戦期のドイツ人捕虜が、パンやソーセージやバームクーヘンの製造法を日本人に教え、日本初のベートーヴェンの「第九」や「運命」の演奏会を開くなど、地域住民との交流を盛んにおこない、戦後に日本残留を希望した多くの元捕虜がいたことなどが、なによりもそうした「厚遇」ぶりを雄弁に物語っている(5)。

それゆえここで問題となるのは、日本軍の西洋人捕虜に対する取り扱いに、第一次世界大戦までと一九四一（昭和一六）年一二月にはじまる太平洋戦争期とでは、なぜにこのような大きな違いが生じてしまったのか、ということになる。そこで本章では、これまでの諸研究の成果を踏まえながら、その理由の一端を、主として歴史的・構造的に考察することにしたい(6)。

一　捕虜虐待の諸相とその客観的・物理的環境

まず欧米人捕虜が「虐待」と感じた日本軍の諸行為は、衣食住の劣悪さや医療の貧困をはじめとして、殴打、拷問、苛め、侮辱、過酷な処罰、強制労働、過酷な移動、赤十字救恤品の不支給など多岐にわたっている。したがって日本軍による捕虜虐待の原因も、いくつかの要因の複合的なものと考えたほうが適切である。

たとえば、虐待状態をもたらす原因のひとつとして、衣食住にかかわる食材や風俗・生活レベルの差異、お辞儀や正座など躾に関する文化習慣の違いなど、欧米と日本との文化・風俗・習慣の違いをあげることができる(7)。まさに赤十字国際委員会顧問フレデリック・ジオルデが戦後の報告書のなかで、「日本兵の習慣は白人にとっては飢えと病の制度」であったと述べていたとおりである(8)。

また捕虜のおかれた客観的・物理的な環境という観点から、太平洋戦争開戦時の食事情に関していえば、すでに一九四〇年段階で、東京での豚肉販売の中止や青果物の配給統制の実施など、日本人にとっても現実的にかなりきびしい状況にあったことを指摘することができる。

さらに、第一に、捕虜収容所の設置など十分な捕虜取り扱いの体制が整わないうちに、一九四二年四月の段階で、日本軍の予想をはるかに超える約二五万人という大量の連合軍捕虜が生じたこと。他方、第二に、日本の労働力不足を補うために白人捕虜の労務動員の方針が開戦直後から模索され、一九四二年五月の「俘虜処理要領」で正式方針となったこと。第三に、作戦第一の日本軍における捕虜政策の優先順位のそもそもの低さと捕虜取り扱い体制の脆弱さ（日本軍の政策と組織の問題）。第四に、捕虜収容所が日本内外、とくに日本本土から遠く離れ、補給の問題をはじめ国内以上に劣悪な環境下にあった国外に多く開設されたこと。第五に、捕虜収容所長など人的要因にもとづく捕虜取り扱い方の差異の存在(9)。第六に、私的制裁の横行した日本軍の体質。第七に、戦況の悪化にともなう衣食住環境などのいっそうの劣悪化。そして、第八に、戦争後半期において玉砕や特攻など死がとくに美化され、日本人にとって死が身近な時代となったことなども、(10)捕虜虐待をもたらす環境要因としてあげることができよう。

このようにかつてない悲惨な戦争が進行するなか、どのような客観的・物理的な状況下で捕虜が虐待を受けたのかを明らかにすることも、とくに直接的かつ短期的な原因という意味で、見過ごすことのできない視点である。なぜなら、それらが捕虜虐待をもたらす原因の大きな比重を占めるのみならず、仮に日本軍および軍人が捕虜虐待の意図を主観的にはもっていなかったとしても、そうした直接的かつ短期的原因によって、結果として、捕虜虐待の状況にならざるをえないこともあるからである。

ただしここでは主として、第一次世界大戦以前の時期と比較して、日本および日本軍の何がどのように変化したのかに焦点をあてることによって、昭和期の日本軍の捕虜虐待の、とくに歴史的・構造的な原因に迫ることにしたい。すなわち、日本軍の捕虜虐待を考察するに際しては、直接的かつ短期的要因のみならず、その背景に横たわるそもそもの歴史的・構造的な要因を明らかにすることが、とりわけ重要であると考えるからである。

二　西洋世界との距離感の違い――捕虜虐待の歴史的・構造的原因その1

まず、第一の原因として指摘しうるのは、両時代における西洋世界との距離感の違いである。西洋的な「文明国」標準を必死に習得することで、なんとか西洋国際社会への仲間入りを果たそうとしていた明治・大正期の日本から、むしろ日本の自立と独自性に価値をおき、反西洋的な風潮に傾斜した昭和戦前期の日本への変化である。(11)すなわち、親西洋・西洋標準の受容から反西洋・日本主義およびナショナリズムの強調という、いわば西洋近代を超克した新たな「文明国」としての日本への転換である。

たとえば、日清戦争（一八九四―九五年）、日露戦争（一九〇四―〇五年）、第一次世界大戦（一九一四―一八年）においては、「皇帝」（日清戦争では「大日本帝国皇帝」、日露・第一次世界大戦では「大日本国皇帝」）の名のもとに宣戦の詔勅がだされたが、太平洋戦争（一九四一―四五年）では、「天皇」（一九三六年以降「大日本帝国天皇」を対外的呼称として使用）の名によって宣戦の詔書が発せられている。

しかも前者の三つの戦争では、宣戦の詔勅において、「苟モ国際法ニ戻ラサル限リ各々権能ニ応シテ一切ノ手段ヲ尽スニ於テ必ス遺漏ナカラムコトヲ期セヨ」（日清戦争）、「凡ソ国際条規ノ範囲ニ於テ、一切ノ手段ヲ尽シ、遺算ナカラムコトヲ期セヨ」（日露戦争）、「凡ソ国際条規ノ範囲ニ於テ一切ノ手段ヲ尽シ必ス遺算ナカラムコトヲ期セヨ」（第一次世界大戦）など[12]、国際法の遵守が高らかに謳われ、「文明国」としての戦争を心がけた日本であったが、後者の太平洋戦争での宣戦の詔書からは、中立国タイ領内への上陸作戦の実施という作戦上の観点を重視する東条英機首相兼陸相の意向があり[13]、国際法遵守の文言そのものが抜け落ちることとなった。それゆえ太平洋戦争の開戦にあたっては、そもそも捕虜の人道的処遇に対する配慮が、当初から政府・軍の大方針として確立していなかったといえるのである。

したがって、一九二九（昭和四）年の「俘虜ノ待遇ニ関スル条約」（ジュネーブ条約）を日本政府が批准していなかったとはいえ、その他の捕虜に関係する条約の拘束を受ける立場に変わりがないにもかかわらず、その運用が大きく変わることになったのである。

それはまさに太平洋戦争開戦後、ハーグ条約にもとづき設置された俘虜情報局のある局員が、捕虜の処遇に関して「日露戦争の頃は西洋崇拝的であったから、現在は日本主義的にした[14]」と述べているとおりである。

また、一九四二年三月二五日に善通寺俘虜収容所が東条英機陸相に提出した所見にも、捕虜の取り扱いに関する「現行諸法規ハ我国ノ国際的地位低キ遠キ過去ノ遺物ニシテ国際的主流ヲ転倒シタル現況ニ適合セズトノ見解ハ大イニ理由アリ[15]」という文言をみることができる。

さらに太平洋戦争を、アジア諸民族を白人から解放する聖戦であると宣伝していた政府・軍にしてみると、白人捕虜は日本国民やアジア民衆のなかにある英米依存の風や西洋崇拝観念の払拭に役立つとともに、アジア民衆に「大和民族ノ優秀性ヲ体得セシ(16)」め、大東亜共栄圏の建設に協力させるためにも利用しうるものであったのである(17)。

三　「国軍」から「皇軍」への転換――捕虜虐待の歴史的・構造的原因その2

原因の第二は、日本軍の「国軍」から「皇軍」への転換である。日本の近代軍は当初より天皇に直結し、天皇を大元帥とする「天皇の軍隊」であったが、同時に、いうまでもなく「国家の軍隊」でもあった。それは、明治・大正期に一般的に使われていた「国軍」という呼び名にもあらわれている。天皇に直結する側面を強調するいわゆる「皇軍」という呼称が一般的となるのは、一九三一年九月に勃発した満州事変後に就任した、荒木貞夫陸軍大臣以来のことといわれている。ちなみに彼を支持した陸軍内の派閥は皇道派と呼ばれ、きわめて精神主義的色彩の濃い政策グループであった。したがって昭和期には、軍そのものが、天皇主義と日本的価値観、武士道的価値観を極度に強調する精神主義的色彩の濃い軍隊へと変質していたといえる。

そうした皇軍のアジア各地における蛮行を、思想史的観点から、天皇との距離の近接さが個人と組織の価値を決めるという天皇制の仕組みとして明らかにし、「抑圧の移譲」という概念を用いて説明してみせたのが、丸山眞男氏である(18)。

いずれにせよ、そうした究極的価値の源泉である天皇を中心とする日本的価値と世界観にもとづく大東亜共栄圏建設のための聖戦をおこなっているのが皇軍であり、その管理下におかれたのが、異なる西洋的価値・世界観をもつ欧米人捕虜なのであった。それゆえ日本軍の立場からすれば、皇軍の論理のほうに「正義」「文明」のより高い価値があったのであり、そこから生まれた欧米人捕虜に対するある種の優越感が、虐待を生じさせる土壌となったのである。ただし、もちろんそれは一面、日本人が元来もつ、西洋コンプレックスの裏返しでもあった。

なお、その点に関してさらに述べれば、当該期における日本軍の、劣等感の裏返しとしての白人捕虜に対する優越感という心性の背景には、いうまでもなく前述した西洋崇拝観念の払拭という時代思潮の変化があったのであり、そこに人種主義的要素をみてとることは可能である(19)。ただし、そうした人種的優劣という、いわば上下の秩序意識の基底には、前近代以来の日本人にみられる階層的秩序観の存在を指摘することもできる。

明治初年以来、欧米諸国との対等関係を追い求めてきた日本は、たしかに第一次世界大戦終了後のパリ講和会議において、人種差別の撤廃を謳った人種平等決議案を真剣に提起したことがある。しかし日本人と欧米人、そしてアジア人との間の関係性を、上下の序列関係として認識する階層的秩序観は、実は徐々に弱まりながらも近代日本の秩序認識として、その底流に脈々と存在しつづけていたのである。その意味で、なによりも日本が、そして皇軍が追い求めた大東亜共栄圏にも、かつての東アジアに伝統的に存在した階層的国際秩序の復活という側面があったのである(20)。

四　一九三〇―四〇年代における軍事的価値の優越――捕虜虐待の歴史的・構造的原因その3

原因の第三は、満州事変（一九三一年）、日中戦争（一九三七年）と戦争がつづき、やがて日常化するなかで、しだいに軍が一九三〇年代の日本政治において優越的な地位を占めるようになったことである。それは一面では、軍事的合理性が以前にも増して貫徹しやすくなったことを意味している。すなわち、一九三〇年代は軍事的価値が徐々に優越しつつある過程として理解することができるが、やがて太平洋戦争という総力戦に突入した段階では、軍事的価値が他の諸価値を圧倒していたといえる。

もちろんその背景のひとつとして、日本が近代国家として政治・行政面における制度化・組織化をすすめるなかで、軍自体の官僚機構としての制度化・専門化（プロフェッショナリズム）・自立化が進行し、それにともない軍事的合理性を主張しやすくなったという側面を見逃すことはできない。

たとえば、一九二九年の「俘虜ノ待遇ニ関スル条約」（ジュネーブ条約）の批准に関していえば、軍はその反対理由として四点をあげているが、そのうちのたとえば「航空機搭乗員が捕虜として優遇されると、目的達成後捕虜となることを厭わず、遠距離からの空襲を仕掛けてくる危険性が増大する」という理由は[21]、後年のアメリカ軍のドゥーリットル爆撃隊による東京空襲（一九四二年四月）などを考えた場合、軍事的合理性として説得力のある反対理由であったといえる。よく知られているように、B25陸軍爆撃機による空母ホーネットからの片道攻撃をおこない、爆撃後中国東部に着陸したドゥーリットル空襲においては、軍のそうした危惧が現実のものとなったからである。

いずれにせよ、軍の優越的地位の頂点が、実質的には東条英機陸相が首相となり、太平洋戦争の開戦に踏み切ったことである。したがって捕虜問題との関係でいえば、作戦上の観点から宣戦の詔書に国際法の遵守が明記されないなか（それ自体、軍事的価値の優越の一事例である）、捕虜問題を主管する東条陸相のイニシアティブが決定的な重みをもつことになった。

なぜなら、日本軍における捕虜取り扱いの主管官庁は、もともと陸軍であったが、とくに「俘虜情報局官制」では「長官ハ陸軍大臣ノ指揮監督ヲ承ケ」るものとされ、また増大する捕虜業務を担うために一九四二年三月三一日付で陸軍省軍務局に新たに設置された俘虜管理部（スタッフは全員、俘虜情報局長官以下局員の兼務）の部長も、「陸軍大臣ノ命ヲ承ケ其ノ部務ヲ掌理」すると定められていたからである[22]。

それゆえ一九四二年五月三〇日に、東条陸相が俘虜収容所のおかれていた善通寺の師団長に与えたつぎの訓示は、それ以後の俘虜収容所長への訓示の原型となったという意味で、重要である[23]。

俘虜ハ人道ニ反シナイ限リ厳重ニ取締リ苟モ誤レル人道主義ニ陥リ又ハ収容久シキニ亘ル結果情実ニ陥ルカ如キコトノナイ様注意ヲ要シマス　又我国現下ノ情勢ハ一人トシテ無為徒食スルモノアルヲ許サナイノデアリマスカラ、俘虜モ亦此ノ趣旨ニ鑑ミ、大ニ之ヲ活用セラルル様注意ヲ望ミマス

ちなみに、その東条陸相が一九四一年一月八日に発したのが、「恥を知る者は強し。常に郷党家門の面目を思ひ、愈々奮励してその期待に答ふべし。生きて虜囚の辱を受けず、死して罪禍の汚名を残すこと勿れ」という言葉で有名な、当該期の日本軍人および日本国民の捕虜観に決定的な影響を与えた「戦陣訓」である。したがって東条陸相の捕虜観および人道観を考察することは、捕虜問題におけるひとつの大きなテーマである。

ただし「戦陣訓」成立の背景には、戦争目的が明確でなく、戦争の終末が見通せない泥沼化した日中戦争のなかで、捕虜となる日本兵が増大してきたという事実や、掠奪・強姦などの軍紀・風紀の乱れが多発しているという、軍首脳としては看過できない由々しき問題があり、そのかぎりにおいては、軍事的合理性に裏打ちされた捕虜増大問題への解決策、軍紀弛緩問題への対処としての意味があったのである(24)。

五　日本的な軍事的合理性にもとづく捕虜観の変化——捕虜虐待の歴史的・構造的原因その４

原因の第四は、以上述べてきたいくつかの変化を前提としたうえでの、捕虜観の変化である。ここでは仮に、捕虜観を二つに分けて考えることにする。

ひとつは、一八世紀以来の戦場の人道化の歴史からルール化されてきた西洋的捕虜観であり、これを合理主義的捕

虜観とすることにする。他方は、「捕虜は最大の恥辱であり、捕虜になるくらいなら死を選ぶべし」という「戦陣訓」に結実する昭和期日本の捕虜観であり、これを精神主義的もしくは名誉主義的捕虜観と呼ぶことにする。

以上の二類型をもとにすると、近代日本も国際法受容の当初においては、合理主義的捕虜観の受容に努めていたのであり、初の本格的な対外戦争である日清戦争から第一次世界大戦までは、それにもとづく捕虜の処遇をしていたことは、すでに述べたとおりである。たとえば日露戦争に際しては、国際法学者が法律顧問として日本軍に随伴していたし、ロシア軍に捕獲された日本人捕虜の氏名も官報に記載され、新聞報道までなされていたのである。

ただし、そうした明治・大正期の政府・軍の方針ではあったが、実際の戦争を経験するなかで、とくに敵国の捕虜となった日本軍人の取り扱いをめぐり、困難に直面することになる。「最善を尽くしたら、状況によっては捕虜となってもやむをえない」という合理主義的捕虜観にたった場合、なにをもって最善を尽くしたとするのか、どこまでやればもはや抵抗する意味がないとするのかの明確な線引きが、きわめて困難であったからである。

たとえば、日露戦争で捕虜となった日本軍人の場合、軍上層部は温情的な判断で、軍法会議による処罰をおこなっていない。ただし、軍内の俘虜取調委員会レベルでは、捕虜となった状況が最善を尽くしたといえるのかどうかがきびしく問われ、軍刑法に抵触するという判断が下されている場合もあった。したがって「最善を尽くす」という状況をいかに判断するかによって、捕虜となった軍人の処罰に大きな不公平を生じてしまう可能性があった。判断の難しい問題として、意識されることになったといえる。

さらにイギリスの観戦武官ハミルトン中将によれば、「日本人は捕虜の恥辱をうけるくらいなら割腹して死んでしまうといっている」(25)という側面もあった。したがって軍上層部の合理主義的捕虜観が、将兵や社会に完全に浸透していたというわけではなかったのである。先述の日本人捕虜の場合、多くの将校はやがて軍を辞めざるをえなかったのであり、故郷に帰った兵士たちのなかにも白眼視される者がいたともいわれている(26)。その反面で、西洋人捕虜に対する厚遇があった。

したがって明治・大正期においては、捕虜となった日本人には比較的きびしく、西洋人捕虜にはお客様扱いで甘いという、意識面・待遇面でのある種のダブルスタンダードが存在していたのである(27)。

そうしたなか、第一次世界大戦におけるドイツ人捕虜の処遇に関して、軍内に批判が登場することになる。すなわち給食に関して、捕虜の給食の程度は日本軍との対等を最大限にするということになっているにもかかわらず、いまだに日本軍人より捕虜のほうがはるかに良好であり、捕虜の人道的処遇が優遇に過ぎるという意見が、陸軍大臣から述べられるようになる(28)。この背景にはおそらく、第一次世界大戦の連合国として西洋列強の仲間入りを果たしたという、大国意識もしくは対等意識があったものと思われる。

さらに、第一次世界大戦期には、昭和期に確立する精神主義的捕虜観の原型が多く語られるようになる。たとえば、捕虜厚遇政策をすすめていた俘虜情報局においてさえ、一九一六(大正五)年九月に開催された俘虜収容所長会議のなかで、「既ニ武器ヲ棄テ、投降セル俘虜ニ対シテハ毫モ憎悪ノ念ヲ有スベキモノニアラズ故ニ我国民中彼等ノ境遇ヲ憫ミ之ヲ慰問シ救恤品ヲ給スルモノアルモ敢テ不可ナラズ」としながら、「然レドモ茲ニ注意スベキハ日本ト西洋トニ於イテ俘虜ニ対スル見解ヲ異ニスルコト之レナリ、則チ西洋ニ在テハ名誉ノ俘虜タリト雖モ本邦ニ在テハ最モ恥辱トスベキ俘虜タリ」という認識が示されている(29)。

また、大戦中の欧州戦場における捕虜の多さに衝撃を受けた奈良武次陸軍省軍務局長も、一九一八年六月の陸軍将校団の雑誌『偕行社記事』のなかで、それには広大な戦局、厖大な兵力動員数、兵器の進歩などヨーロッパ各国の戦争のやり方に種々の原因があるが、なによりも大きな原因は、戦争に対する「軍人ノ覚悟」の違いにあり、強い覚悟をもつ日本軍人は絶対に捕虜になることなく、捕虜を恥辱として死ぬまで戦わなければならないと論じている(30)。

他方、戦前の予想に反して長期化した第一次世界大戦の推移を注視していた日本軍部は、将来の戦争形態を国家総力戦と認識したが、資源に乏しく、工業化の発展途上にある日本においては、総力戦の要求する物的資源を満たすことはきわめて困難であった。軍においても、可能なかぎりの編制・装備の近代化を志向し、その実現に努めたが、大戦後の軍縮を求める世論と慢性的な経済不況という状況のもとで、その実現はすこぶる困難であった(31)。

そこで、そうした物的資源の制約が強く意識されるなか、精強な軍を作るためにあらためて強調されるようになったのが、精神主義である。一九二〇年代半ばから軍の近代化に着手した宇垣一成陸軍大臣は、一方で「必勝の精神」の重要性を強調した。それは昭和初年の「戦闘綱要」に日本陸軍の戦闘原則として初めて明文化されることになったが、ちなみにその草案作成過程における参謀本部のかつての責任者のひとりが、荒木貞夫であった。

こうして陸軍が第一次世界大戦の教訓を咀嚼する過程で、精強な軍を作るために、精神主義があらためて認識され、強調されつつあったまさにそのときに、一九二九年のジュネーブ条約の批准が問題となったのである。本質的に弱さをもつ人間に覚悟を定めさせ、最後まで戦闘を放棄させず、否が応でも最善を尽くさざるをえない立場に将兵を追い込むことによって、部隊の精強さを維持しようとする立場からいえば、合理主義的捕虜観をとることはきわめて困難であった。

条約の批准に反対する理由としてつぎの二点、第一に、「日本軍人は外国軍人と異なり捕虜となることはない。したがってこの条約は日本軍にとっては一方的な負担となる」、第二に、「捕虜は日本軍人と同様に処罰さるべく、しかも条約には日本軍人以上に捕虜を優遇する規定があるので、それに合わせて日本軍の懲罰令等を改正せねばならぬ。しかし、この緩和は日本軍の軍紀維持上好ましくない」が日本軍部によって唱えられた理由が、ここにあった(32)。

こうして軍首脳の捕虜観は、しだいに精神主義的捕虜観に傾斜していったのであり、満州事変と日中戦争という宣戦布告なき戦争、つまり戦時国際法の適用されない戦争における戦場経験を経て(33)、やがて「戦陣訓」に行き着くことになったのである。

なおその際、昭和期の精神主義的捕虜観が確立していく過程できわめて大きな意味をもったのが、一九三二年の第一次上海事変時に重傷を負い（二月）、人事不省のまま捕虜となった空閑昇少佐の自決であった。大隊長として出征し、捕われていた南京から三月一六日に上海に送還され、日本軍の兵站病院に収容されていた空閑少佐は、捕虜となった状況を問うた軍法会議では無罪となった。しかし、「事情はどうあれ、敵の手中に落ちた不名誉は、日本軍人として償わねばならない」という、所属する歩兵第七連隊（金沢）の将校団や陸軍士官学校の同期生（第一二期生）を中心とする軍内の圧力、そして捕虜の「汚名」を受けることになった家族に対する民衆の迫害や冷たい視線が存在するなか、戦死した林大八歩兵第七連隊長の戦死跡を弔った少佐はそのまま自決し（三月二八日）、それを新聞各紙が、中国軍の捕虜となった深い責任感にもとづく自決という軍国美談に仕立てて大きく伝えた。

たとえば、一九三二年四月二日付『東京朝日新聞』は、「江湾鎮激戦の勇者空閑少佐自殺　重傷捕はれしを恥ぢ送還後戦跡を弔つて」と、二面トップと七面で詳しく報じている。それによれば、捕虜となったのは「当時の事情にては何等非難すべき点なく真にやむを得ざりしに拘らず深き責任感」と「自分が支那軍に捕はれて生残つたのを深く恥とし、部下に対して相済まず」という考えから自殺を決行したとし、遺書には「空閑家伝来の武士道はすたれぬ武士道のため潔く死を選んだ」と認めてあったという。また荒木陸相の「帝国軍人が戦場に赴くのは勝利か死かである〔中略〕戦死とはその形こそ異れ精神においては立派なる名誉の戦死と同様である」という談話を伝えている[34]。

こうして空閑少佐の自決は、捕虜を恥としタブーとする観念が日本軍に定着していくうえでの、大きな分水嶺となったのである[35]。

そして、そうした精神主義的捕虜観がたんなる原則論、精神論にとどまらず、いっさいの例外を認めない実際上の建前として日本軍人および日本人の心性と行動様式とを縛ることによって、捕虜となった日本人にはきびしく、欧米外国人には甘いというダブルスタンダードが解消され、欧米人捕虜の虐待を生みやすくなったといえる。

このように、軍における合理主義的捕虜観から精神主義的もしくは名誉主義的捕虜観への転換は、国際法の観点からいえば、きわめて屈折した捕虜観であった。しかしそれは日本軍自体の、どのようにしたら精強な軍を作ることができるのかという、切実な軍事的欲求を直接的理由とするのであり、その意味で日本陸軍にとっては、ある種の合理的思索の結果でもあったのである。

おわりに

以上、昭和期の日本軍による捕虜虐待の歴史的・構造的な原因について、四点にわたって述べてきた。あらためて簡単に要約すれば、第一に、親西洋世界・西洋国標準の受容から反西洋・日本的価値ならびに日本的ナショナリズムの強調への変化という、価値観と世界観の大きな転換、第二に、そうした変化を背景とする「国軍」から「皇軍」への転換、第三に、軍の制度化・専門化・自立化が進行し、さらに昭和期の戦争がつづくなかでの軍事的価値の優越、第四に、将来の戦争を国家総力戦と認識するなかで、限られた物的条件のもとでいかにしたら精強な軍を作ることができるのかという、切実な軍事的思索から必要とされた精神主義的捕虜観への転換、の四点であり、それらは相互に深く連関し、捕虜虐待の歴史的・構造的な要因となったのである。

結論として総じていえば、屈折した捕虜観と偏狭なナショナリズムとが結びつき、しかも軍事的価値が他の価値を圧倒する状況のなかで、日本軍による捕虜虐待が起こることになったのである。したがって、そこに普遍的な人道的観点が入り込む余地は、残念ながらきわめて限られていたといえるのである。

（1）　小菅信子「捕虜問題の基礎的検討——連合軍捕虜の死亡率と虐待の背景」（『季刊戦争責任研究』第三号、一九九四年春季号）二一頁。

（2）日本側の俘虜情報局の記録では、日本軍が捕獲した連合軍捕虜・衛生部員の総数一六万七九三〇人中、三万八一三五人が死亡したとされている。この点に関しては、俘虜情報局編『俘虜取扱の記録』（一九五五年、緒言、三頁）を参照。ただし本章では、茶園義男編『十五年戦争重要文献シリーズ第八集　俘虜情報局・俘虜取扱の記録（付）海軍兵学校『国際法』』（不二出版、一九九二年）所収の復刻版（三五頁）を利用した。なお、これによっても死亡率は、二二・七パーセントと高率である。

（3）小菅「捕虜問題の基礎的検討――連合軍捕虜の死亡率と虐待の背景」一九―二〇頁。

（4）同右、一九頁。

（5）才神時雄『松山収容所』（中央公論社、一九六九年）、冨田弘『板東俘虜収容所』（法政大学出版局、一九九一年）、吹浦忠正『捕虜の文明史』（新潮社、一九九〇年）一四九―一五七、一九五―二〇六頁、内海愛子『日本軍の捕虜政策』（青木書店、二〇〇五年）七二―一〇九頁などを参照。

（6）本章の執筆にあたり、とくに参考にした研究書は、長谷川伸『日本捕虜志』（新小説社、一九五五年）、吹浦『捕虜の文明史』、油井大三郎・小菅信子『連合国捕虜虐待と戦後責任』（岩波書店、一九九三年）、秦郁彦『日本人捕虜』上・下（原書房、一九九八年）、木畑洋一、小菅信子、フィリップ・トウル編『戦争の記憶と捕虜問題』（東京大学出版会、二〇〇三年）、そして最新の研究成果である内海『日本軍の捕虜政策』などである。

（7）とくに食にかかわる問題に関しては、中尾知代「戦争捕虜問題の比較文化的考察」上・中・下（『季刊戦争責任研究』第二二、二三、二六号、一九九八年冬季号、一九九九年春季号、同年冬季号）のほか、内海『日本軍の捕虜政策』二六二―二七一頁を参照。また、たとえばイギリス人捕虜にとっては、イギリスと異なる日本や東南アジアの気候風土が、「虐待」を感じさせる背景としても大きかったのではないかと思われる。捕虜虐待問題の背景として、そうした自然環境の違いも、考慮される必要があるのかもしれない。

（8）小菅「捕虜問題の基礎的検討――連合軍捕虜の死亡率と虐待の背景」二二頁。この点に関しては、ローマ法王庁の駐日使節マレラ大司教も、つぎのような同様な見方を述べている。「暴行、虐殺は兎に角として、住居、被服に関する俘虜の状態は全く一般国民のそれと同じであった。〔中略〕日本に於ては生活水準は常に通常のものより遥かに低かったが、戦争中は一層極端に低下して国民は殆ど食べるものなく、衣服も一年分として割当てられた極く僅かの衣料切符で買ひ得たに過ぎなかった。彼等は殆ど重なり合ふ様にして住み〔中略〕此の様な状態は当然連合国軍人の人々には堪え難く残酷なものとなったが、日本人にとっては同程度の影響すら與へなかったのである」（小菅「捕虜問題の基礎的検討——連合軍捕虜の死亡率と虐待の背景」二五頁）。

（9）以上の諸点については、とくに内海『日本軍の捕虜政策』を参照。

（10）この点については、たとえば保阪正康『特攻と日本人』（講談社現代新書、二〇〇五年）参照。死が身近になったことが、捕虜への虐待行為に対する感性のさらなる鈍化を招いたと指摘することもできよう。また多くの日本人が死んでいる、あるいは衣食住に困難をきわめているのに、なぜ捕虜を特別扱いしなければいけないのかという国民の素朴な感情も、日本軍による捕虜虐待の背景のひとつとして存在していたといえよう。この点に関しては、内海『日本軍の捕虜政策』二七〇—二七一、三七一—三七二頁を参照。

（11）同様な視点から論じた先行研究としては、木畑洋一「『西欧文明』への挑戦？——日本軍による英軍捕虜虐待の歴史的背景」（木畑・小菅・トウル編『戦争の記憶と捕虜問題』）がある。

（12）「清国に対する宣戦の詔勅」については、外務省編『日本外交年表竝主要文書』上巻（日本国際連合協会、一九五五年）一五四頁を、「露国に対する宣戦の詔勅」については、同巻の二二二—二二三頁を参照。さらに日独戦争の際の詔勅に関しては、立作太郎『戦争と国際法』（外交時報社出版部、一九一六年）一七五頁参照。

（13）徳川義寛・岩井克己『侍従長の遺言——昭和天皇との五〇年』（朝日新聞社、一九九七年）四七頁。なお一九四一年一二月八日にだされた「宣戦の詔書」に関しては、外務省編『日本外交年表竝主要文書』下巻（日本国際連合協会、一九五五年）五七三—五七四頁を参照。

（14）清沢洌『暗黒日記』一九四四年二月一四日条（評論社、一九七九年、二五四頁）。

（15）「善通寺俘虜収容所旬報」第六号、国際検察局証拠文書 International Prosecution Section, Evidentiary Documents 九七五号。永井均「アジア太平洋戦争期の捕虜政策——陸軍中央と国際条規」（『季刊戦争責任研究』第九号、一九九五年秋季号）三五頁より再引用。

（16）「新任俘虜収容所長ニ与フル陸軍大臣訓示」（一九四二年六月二五日、於陸軍省、『俘虜月報』第五号、内海愛子・永井均編集・解説『東京裁判資料——俘虜情報局関係文書』所収、現代史料出版、一九九九年、一〇三頁）。この東条陸相の訓示は、新田満夫編『極東国際軍事裁判速記録』第三巻（雄松堂書店、一九六八年）所収の速記録第一四六号、八一二頁にも「新任

俘虜収容所長に与ふ　陸軍大臣訓示」として収録されている。なお同書によれば、七月七日にも同様の訓示がなされている。

(17)　内海愛子「日本の捕虜政策　戦時下の外国人の人権」（『季刊戦争責任研究』第三号）、内海『日本軍の捕虜政策』第三章Ⅲ、永井「アジア太平洋戦争期の捕虜政策――陸軍中央と国際条規」などを参照。

(18)　丸山眞男「超国家主義の論理と心理」（丸山眞男『増補版　現代政治の思想と行動』未来社、一九六四年）参照。

(19)　木畑「『西欧文明』への挑戦？――日本軍による英軍捕虜虐待の歴史的背景」参照。

(20)　本書総説参照。なお、パリ講和会議での人種平等決議案の否決や、アメリカにおける一九二四年の排日移民法の成立は、日本人にとって、西欧諸国の人種平等意識に対する大きな失望と疑念とを抱かせることになったのであり、あらためて階層的秩序観を呼び起こすひとつのきっかけにもなったものと思われる。

(21)　原文は、「俘虜に関する優遇の保証を与ふることとなるを以て例へば敵軍将士が其の目的達成後俘虜たることを期して空襲を企画する場合には航空機の行動半径倍大し帝国として被空襲の危険益大となる等我海軍の作戦上不利を招くに至る虞あり」（内海『日本軍の捕虜政策』一三〇頁）。

(22)　『極東国際軍事裁判速記録』第三巻所収の速記録第一四六号、八一四頁。永井「アジア太平洋戦争期の捕虜政策――陸軍中央と国際条規」三六頁。

(23)　一九四二年五月三〇日東条陸軍大臣善通寺師団視察の際同師団長に与へられたる訓示中俘虜に関する事項の抜粋（『俘虜月報』第五号、内海・永井編集・解説『東京裁判資料――俘虜情報局関係文書』一〇〇―一〇一頁、『極東国際軍事裁判速記録』第三巻所収の速記録第一四六号、八一二頁）。

(24)　内海『日本軍の捕虜政策』一三三―一三六頁参照。

(25)　秦郁彦「日本軍における捕虜観念の形成」（秦『日本人捕虜』上巻所収）一五頁。なお長谷川『日本捕虜志』（六頁）でも引用されている、このハミルトン中将の言葉の出典は、イアン・ハミルトン（松本泰訳）『思ひ出の日露戦争』（平凡社、一九三五年、七一頁）であるが、そのもととなったのは、彼の日記『観戦武官の手帳』（一九〇四年三月一六日から一九〇五年二月一三日）である。

(26)　秦「日本軍における捕虜観念の形成」一五―一九頁。

(27)　小菅「捕虜問題の基礎的検討――連合軍捕虜の死亡率と虐待の背景」一二三頁。さらに小菅氏が指摘するように、ロシア人やドイツ人という西洋人捕虜に対する「厚遇」と中国人捕虜に対する「残虐」というダブルスタンダードも存在していた

（同論文、一二三頁）。そうした差異が生じた背景について、ここでは全面的に論及することはできないが、本章で述べてきた文脈に即していえば、少なくとも「文明」と「野蛮」を基準とする階層的秩序観の存在を指摘することができよう。さらにその観点からいえば、太平洋戦争期の欧米外国人は、当該期の日本人にとっては、「文明国」の国民である日本人よりも劣る、一種の「野蛮人」として認識される対象であったのである。もちろんこれは、他面では、すでに本文でも触れたように、当該期の日本人の屈折した西洋コンプレックスの裏返しではあったが。

（28）たとえば、一九一六年九月一九日に陸軍省で開かれた俘虜収容所長会議において、大島健一陸軍大臣は「俘虜給養ノ程度ハ我軍隊ト対等ニスルヲ以テ最大限トスヘキハ嘗テ指示セル所ナリ然ルニ今尚ホ我軍隊ニ比シ遥ニ良好ノ給養ヲ与フルモノアルカ如キハ当ヲ得タルモノト謂フヘカラス各官ハ宜シク中央部ノ方針ニ遵ヒ逐次給養法ヲ改定シ其ノ本旨ヲ誤ラサルコトニ注意スヘシ」と口演している（「俘虜収容所長会同席ニ於ケル陸軍大臣口演要旨」一九一六年九月一九日、於陸軍省、俘虜情報局『自大正五・九至大正七・五　収容所長会議ニ関スル書類』防衛省防衛研究所戦史研究センター所蔵、請求番号陸軍省雑T五―四、三五）。神田文人「近代日本の戦争――捕虜政策を中心として」（『季刊戦争責任研究』第九号、一九九五年秋季号）一五頁も参照。

もっとも当該期の捕虜取り扱いの基本姿勢が、「俘虜ハ常ニ博愛ノ心ヲ以テ之ヲ遇スル」（俘虜情報局「大正五年九月　俘虜収容所長会議ニ於ケル訓示並ニ協定事項」『自大正五・九至大正七・五　収容所長会議ニ関スル書類』所収）、「俘虜ヲ待ツニ博愛ノ心ヲ以テスヘキハ国際ノ通義ナリ」（「俘虜収容所長会同席ニ於ケル陸軍大臣口演要旨」）、「俘虜モ亦人道ヲ以テ遇スヘキモノ」（後掲「俘虜収容所長会同ノ際軍務局長口演事項」）という、ジュネーブ条約等にもとづく普遍的な人道主義の立場にあったことはいうまでもない。なお、そうした捕虜の人道的取り扱いに関しては、黒沢文貴・河合利修編『日本赤十字社と人道援助』（東京大学出版会、二〇〇九年）参照。

さらに当該期の捕虜取り扱いをめぐっては、一九一六年一〇月二日におこなわれた俘虜収容所長会議の席で、収容所所員や衛兵による暴力行為への注意を喚起する、つぎのような奈良武次軍務局長の口演もあった（「俘虜収容所長会同ノ際軍務局長口演事項」一九一六年一〇月二日、於陸軍省印刷、『自大正五・九至大正七・五　収容所長会議ニ関スル書類』所収、傍点筆者）。

俘虜ヲ遇スルニ方リテハ極力我威信ヲ保持シテ其ノ隙ヲ窺フ能ハサラシメ終始厳正ナル監視ノ下ニ於テ応分ノ生活ヲ営

マシムルヲ以テ方針トスヘキハ大臣ノ特ニ注意セラレタル所ナリ然ルニ従来ノ諸報告ニ徴スルニ俘虜カ其ノ国民性タル無遠慮ナル性格ニ伴ヒ不遜ノ態度ヲ生シ収容所職員及衛兵ニ対シテ絶対ノ服従ト尊敬トヲ欠キ甚シキハ俘虜中俘虜将校ニ対シテハ敬礼ヲ行ヒ収容所職員ニ対シテハ敬礼ヲ行ハサルモノアルカ如キ或ハ俘虜ノ境遇ヲ省ミスシテ頻リニ過分ノ要求苦情等ヲ提出シ遂ニハ職員ヲ偽騙シ又ハ之ヲ罵詈スルニ至レルカ如キモノアリ若シ果シテ此ノ如クンハ実ニ我国威ヲ失墜スルモノニシテ当事者ハ深ク自省シ其ノ威信ヲ維持スルト共ニ厳ニ彼等ヲ戒飭シ悛メサレハ次クニ厳罰ヲ以テシ毫モ仮借スル所ナキヲ要ス然レトモ俘虜モ亦人道ヲ以テ遇スヘキモノナルニ依リ之ヲ御スルニハ緩急宜シキヲ得サルヘカラス彼ノ所員又ハ衛兵ヲシテ濫ニ之ニ暴力ヲ加ヘシメ或ハ反間苦肉ノ策ヲ施シ却テ俘虜ノ反感ヲ来シ為ニ所内ノ騒擾ヲ醸スカ如キハ却テ取締上不便ヲ生スルノミナラス事外間ニ漏レテ徒ニ世上ノ誤解ヲ招クニ至ルコトヲ思ハサルヘカラス

(29)「大正五年九月　俘虜収容所長会議ニ於ケル訓示並ニ協定事項」。藤原彰『飢死した英霊たち』（青木書店、二〇〇一年）二一九―二二〇頁も参照。一九一六年九月の俘虜収容所長会議においては、本文中の引用につづいて、さらにつぎのように訓示されている（「大正五年九月　俘虜収容所長会議ニ於ケル訓示並ニ協定事項」、傍点筆者）。

吾人ハ敵国ノ勇士ヲ遇スルニ其途ヲ以テスルコトノ我武士道ト合シ又国家ノ対《ママ》面上大国民タルノ襟度ヲ表示スルノ上ニ於テ必要ナル要件タルコトヲ信ズルト同時ニ一面又帝国々民トシテハ最後ニ至ル迄如何ニ力戦奮闘スルト雖モ死ノ栄アツテ俘虜タルノ耻辱ナカランコトヲ期セザル可カラズ之レ即チ相反スル顕象ニシテ動モスレバ彼是混交シテ其一方ニ偏スルカ又ハ無意味ニ中道ヲ取ラントスルハ共ニ其宜シキヲ得ザルヲ信ズ曾テ某収容所ニ於テ小学生徒ノ参観ニ来リ若干ノ寄贈ヲナセルモノアリ若シ此等小学児童ニシテ我名誉ノ戦死者ト等シク名誉ノ俘虜ナリトノ感想ヲ懐クモノアルトキハ国民教育上大害アルモノト言ハザルベカラズ故ニ所長ハ此等慰問者ノ動機、心情ヲ明ニシ適当ニ指導スルコトヲ忘ルベカラズ

このように、捕虜を人道的に取り扱うことは武士道に合致し、国家の体面上からも必要なことであったが、あくまでも日本軍人が捕虜になること自体は不名誉なことと認識されていたのである。

(30) 奈良武次「欧州大戦ニ於ケル俘虜ノ多キヲ見テ感アリ」(『偕行社記事』第五二七号、一九一八年六月)。奈良はつぎのように述べている(同論文、八—一〇頁、傍点筆者)。

「一旦計画ヲ立テ勝敗ヲ争フニ方リテハ〔中略〕敵ヲ敗ツテ生ヲ得ルカ否サレハ則チ死アルヘキノミ是レ軍人ノ本領ナリ」、しかし「戦争ノ状態ハ千変万化一様ナラス時ニ或ハ不可抗力ノ原因ニ依リ進ンテ敵ヲ敗ル能ハス退イテ死ヲ得ル能ハス遂ニ死生ノ中間タル俘虜トナルコトアルモ亦已ムヲ得サルコトトシテ古来人ノ容認スル所ナリ」。日清戦争では、中国人捕虜一六二一人に対して日本人捕虜一一人、日露戦争においては、ロシア人捕虜七万九五〇〇人に対して日本人捕虜二〇〇〇人であるが、第一次世界大戦では、連合国側に捕虜となった者二三六万人、同盟国側に捕虜となった者四二一万人と多くの捕虜を出しており、この捕虜の「数ノ多キ実ニ驚クノ外ナシ」。「戦局ノ広大ナル、参加人数ノ夥多ナル、使用兵器ノ進歩セル等種々ノ原因」あるといえども、「戦争ニ従事スル軍人ノ覚悟ニ就キ吾人ト欧米軍人トノ間ニ大ナル逕庭アルコトモ亦其ノ一大原因」である。

ところで「軍人ノ尊フ所ハ理由ノ可否ニ在ラスシテ其ノ結果如何ニ在リ苟モ結果不良ナランカ如何ナル理由モ弁解モ其ノ過失ヲ償ヒ其ノ責任ヲ免レシムル能ハサルナリ」。「我カ邦往古以来武士ノ戦場ニ望ムヤ生還ヲ期セス敵ヲ殲シテ凱旋スルカ否サレハ則チ死アルノミ換言スレハ敵ヲ殲スマテハ死ストモ戦ハサルヘカラス如何ニ悪戦苦闘シ力既ニ盡キタル場合ト雖モ之ヲ以テ敵ニ降ルノ理由トナスヲ許ササルナリ」、この崇高な精神は「吾人ノ卓越ナル美風トシテ世界各国ニ誇リ得ル所」である。

しかし欧米軍人においては、「多年ノ慣習トシテ彼等ハ最善ヲ盡シテ努力シ力尚及ハサレハ之ヲ以テ敵ニ降ルノ理由トナスヲ容認シ敵ニ俘虜タルヲ以テ軍人最大ノ恥辱トナササルノ風アリ」。もとより「負傷ノ為メ進退ノ自由ヲ失ヒタル結果俘虜トナルコトハ各国共ニ容認スル所」ではあるが、「欧州大戦ノ俘虜中此ノ種ノモノハ多分其ノ一部ニ過キサルヘシ」。

したがって「欧州大戦ニ於ケル俘虜ノ多キハ主トシテ欧米軍人カ戦争ニ対シ吾人ト覚悟ヲ異ニスルニ職由スルモノト論結」せざるをえないのである。

なお秦「日本軍における捕虜観念の形成」二二二頁も参照。

(31) 日本陸軍の総力戦認識とそれへの対応に関しては、黒沢文貴『大戦間期の日本陸軍』(みすず書房、二〇〇〇年)を参照。

(32)　原文はそれぞれ、第一が「帝国軍人の観念よりすれば俘虜たることは予期せざるに反し外国軍人の観念に於ては必しも然らず従て本条約は形式は相互的なるも事質上は我方のみ義務を負ふ片務的のものなり」、第二が「本条約の俘虜に対する処罰の規定は帝国軍人以上に俘虜を優遇しあるを以て海軍懲罰令、海軍刑法、海軍軍法会議法、海軍監獄令等諸法規の改正を要することとなるも右は軍紀維持を目的とする各法規の主旨に徴し不可なり」(内海『日本軍の捕虜政策』一三〇―一三一頁)。

(33)　一九三〇年代の日中間の戦争の経験が、その後の連合国捕虜の取り扱いに与えた影響に関しては、フィリップ・トウル(小菅信子訳)「ゲリラ戦と捕虜取扱い」(木畑・小菅・トウル編『戦争の記憶と捕虜問題』)を参照。なお、日本軍の国際法教育が捕虜虐待とどのように関係するのかという興味深い主題については、喜多義人氏の一連の論文があるが、ここではとりあえず、「日本軍の国際法認識と捕虜の取扱い」(平間洋一、イアン・ガウ、波多野澄雄編『日英交流史一六〇〇―二〇〇〇　軍事』第三巻、東京大学出版会、二〇〇一年)をあげておく。

(34)　新聞記事のもととなったのは、上海派遣軍司令部が空閑少佐自決の翌日の三月二九日付で発表した「空閑少佐行動の真相」であると思われる。その公表文の後半は、つぎのように記している(引用に際しては、句読点を付した。アジア歴史資料センター、レファレンスコード A03023765100「上海並満州事件ニ関スル新聞発表」国立公文書館所蔵)。

少佐俘虜となりし事情前述の如く全く武運に恵まれさるものにして状況真に已むを得さるものあり、爾後敵手に在る間自殺せんとすること数次に及びしも常に監視厳重にして其目的を達せす、其忍ふへからさるを忍ひて帰来せる所以のものは実に国軍を思ひ部下を思ひ一切の事情を明白にし全責任を一身に負はんか為にして其自決は少佐の胸中既に決しありしなり、是蓋少佐か帰来後陳述せる当時の戦況戦闘詳報及功績調査の完成後任大隊長に対する申送り等一糸乱れす一切の後事を清算せる結果に徴するも明かなり。

少佐性剛毅にして気節あり、一朝俘虜の身となるも遂に武士道を忘れす、其遺書中の一節に「自決するに武士の例に随ひ腹十文字に切腹致度候も御承知の通り少佐の軍刀は奮闘の結果刀尖折れ刀刃鋸の如く鞘に納め申候処抜けさる様に相成申候拳銃を使用することに致度候間其辺御含み取り被下度候」とあるに徴しても明かなり、又戦場に於て弾丸雨飛の間死処を選ふは比較的容易なるも、少佐の如く平常冷静時に於て公私一切を処理し従容自若死を見ること期するが如き行為は真に武士道を解し修養を積める士にあらされは難しとする所、少佐の真績中上官先輩に致せる十余通の遺書は理路整然一糸乱れす墨痕淋漓真に平常と異らさるものあり、以て其覚悟と修養の尋常一様にあらすして其死は国軍の為将又国民精神作興の為寄与すること大なるものあり武士道未た亡ひす、と謂ふへし。

ちなみに、同年秋には早くも、空閑を「武士道の権化として讃美」した島崎英世編著『武士道に生ける空閑少佐』(国防協会出版部、一九三二年)が出版されている。

(35) 秦郁彦「空閑大隊長の自決と爆弾三勇士」(秦『日本人捕虜』上巻)二九―四六頁。なお空閑少佐の自決後、たとえばある陸軍軍人は『偕行社記事』誌上で、捕虜をめぐる複雑な心境をつぎのように吐露しているが、一九三二年時点では、こうした吐露もまだ可能であったのである(野坂麓人「この矛盾を如何に解決すべきや」『偕行社記事』第六九六号付録、一九三二年九月、一五一―一五二頁)。

一、敵を知り己を知るは戦捷の第一歩である、故に敵情の捜索は何を措いても敢行せねばならん、是が為め多少の死傷者を出すが如きは全軍戦捷の犠牲として忍ばなければならない、否寧ろかゝる名誉な死処を得せしめることは指揮官として部下に対する愛護である、少しも躊躇することはない。どしどし斥候を派遣すべきである。

二、敵の捕虜となることを絶大の恥辱とする信念は吾が国民の伝統的精神である、是あるが為め吾が国軍の気節は稜々として其の鋭気を増し其の品位を高めて居るのである、吾人は将来益々此信念を保持し助長しなければならない、故に指揮官として部下に対する最大の愛護は、其の一兵たりとも断じて敵手に委せないことである。

三、前述の(一)と(二)を独立して見れば、いづれも当然平凡のことであつて何等の疑問もないのだが、戦場の常として(一)の名誉の負傷者は、(二)の最大不名誉の捕虜に転落する公算が頗る多いので、実際問題にぶつかると隊長は非常に頭を悩ますのである。

四、上海事件の最初の頃、私の部隊から長以下七名の斥候を出した、〔中略〕若しあの時一歩を誤まればきつと捕虜を出して居たに違ひない、今考へても慄然とする次第である。この事があつてから私は斥候を出すのがすつかり臆病になつてしまつた、その後ちよいちよい我軍から捕虜になつた者があるので此観念は強くなるばかり、殊に人事不省で敵手に落ちられた空閑少佐殿の留守宅にさへ石を投げる者があると聞いた時には全くいやになつてしまつた。

五、最愛の傷ついた部下を収容出来ずに、敵手に渡して捕虜にしてしまつたらもうおしまひである、部下に対する隊長

の威信は地を払つてなくなるであらう、父兄は其隊長を憾むで延いては国民と軍隊との間に隙を生ずるに至るであらう。〔後略〕

六、一方は戦術上の絶対要求である、一方は精神上及統率上の絶対要求である、しかもこの両者は相衝突して片方を立てれば片方が立たない〔中略〕場合が多い。此の矛盾を如何に解決すべきや、これが私の戦場に於て得た大なる疑問である。高等司令部あたりに居つて謀を廻らす人から見れば区々たる些事かも知れない。しかし実兵指揮者としては実に困まつた難問である、冀くは大方の諸賢此の矛盾を解決する鍵を与へられんことを。

〔附言〕捕虜になるのは決して斥候とのみ限つたことではないが、其他の場合のは自分も一処に危地に飛び込むのであるから、まだ気が楽なのである、斥候の場合は自分は後方に居つて其の者のみを危地に赴かせるのであるから、万一捕虜になつた時は非常に心苦しい、それで今回は特に斥候の場合のみを論じた次第である。

あとがき

本書は、およそこの十年あまりの間に（一篇を除き）筆者が執筆してきた論文を、「二つの『開国』と日本」という表題のもとに編み直したものである。

そこでまず、本書所収の各論文の初出を示せば、つぎのとおりである。

はじめに　書き下ろし。ただし一部が、「序論　日本外交の構想力とアイデンティティ」（『日本外交の国際認識と秩序構想（国際政治一三九）』有斐閣、二〇〇四年）

総説　「ウェストファリア体制下の日本外交の軌跡」（吉川元・加藤普章編『国際政治の行方』ナカニシヤ出版、二〇〇四年）

第一章　「序章　近代日本と赤十字」（黒沢文貴・河合利修編『日本赤十字社と人道援助』東京大学出版会、二〇〇九年）

第二章　「明治・大正時代における日本のベルギー認識」（東京女子大学学会編『論集』第五八巻第一号、二〇〇七年）

第三章　「ポーランド孤児と日本」（外務省外交史料館編『外交史料館報』第二三号、二〇〇九年）

第四章　書き下ろし。ただし草稿は、Japanese Views of International Order in the Interwar Period: With a Special Reference to Great Britain と題する報告原稿であり（ケンブリッジ大学チャーチル校で二〇〇一年一一月二四日から二六日にかけて開催された Anglo-Japanese Economic Relations Conference における

報告原稿）、それをもとに活字化したのが以下である。Great Britain and Japanese Views of the International Order, Philip Towle, Nobuko Margaret Kosuge eds, *BRITAIN AND JAPAN IN THE TWENTIETH CENTURY: One Hundred Years of Trade and Prejudice*, London: I.B.Tauris, 2007.

第五章　「臨時軍事調査委員と田中軍政」（黒沢文貴・斎藤聖二・櫻井良樹編『国際環境のなかの近代日本』芙蓉書房、二〇〇一年）

第六章　「戦前期日米関係の一断面――陸軍のアメリカ国民性認識をめぐって――」（『外交時報』第一二六四号、一九九〇年）

第七章　「日本軍による欧米人捕虜虐待の構図」（小菅信子、ヒューゴ・ドブソン編『戦争と和解の日英関係史』法政大学出版局、二〇一一年）。英語版は、Why Did the Japanese Imperial Army Abuse Allied Prisoners of War?, Hugo Dobson, KOSUGE Nobuko eds, *JAPAN AND BRITAIN AT WAR AND PEACE*, London and New York: Routledge, 2009.

本書のそもそものきっかけは、第一次世界大戦の日本に与えた影響が、幕末の開国にも比すべき、きわめて大きなものであったのではないかという、筆者の歴史的理解による。そうした理解は、研究者としての出発点となった「日本陸軍の総力戦構想」（『上智史学』第二七号、一九八二年）においてすでに示されていたが、前著『大戦間期の日本陸軍』（みすず書房、二〇〇〇年）に結実することになる、総力戦と大正デモクラシーをめぐる日本陸軍の対応と当該期の政治外交史に関する研究を進めるなかで、さらに強まることになった。

さらに「両大戦間期の体制変動と日本外交」（『外交時報』第一三四五号、一九九八年）と「ウェストファリア体制下の日本外交の軌跡」という小論を執筆し、また日本国際政治学会の機関誌である『国際政治』第一三九号を「日本外交の国際認識と秩序構想」というテーマで編集する機会を与えられることによって、日本をとりまく国際環境の大きな変動が国内体制の再構築に結びつくという歴史的理解、すなわち近現代日本における四つの「開国」という本書の基本的な枠組みが、構想されることになった。

なおその間にあって、前述した二〇〇一年のケンブリッジ大学における研究報告が、とくに第一次世界大戦後の日本の国際秩序認識のあり方を再考する絶好の機会となった。

ところで、「開国」という本書の基本的視座の直接の出発点は、先に触れたとおりであるが、「大国」「小国」という視点のはじまりは、磯見辰典・黒沢文貴・櫻井良樹『日本・ベルギー関係史』（白水社、一九八九年）の共同執筆にある。岩倉使節団をはじめとする近代日本の「小国」ベルギーに対する模範国としてのきわめて高い評価を知ることによって、あらためて対外認識の多様さと、それが自国の姿を映しだす鏡であることに気づかされることになったからである。

とりわけ明治期日本の「小国」としての自意識の高さと、「大国」の間に介在する国としての日本という意識のあり方に、強く印象づけられることになった。そこで相手国に対する認識のみならず、自らの国を「小国」もしくは「大国」とする自己認識が、国際認識のあり方にどのように関係するのかという問題意識が芽生えることになった。

その後ベルギーのルーヴァン・カトリック大学のウィリー・ヴァンドゥワラ教授が編者を務められたW. F. Vande Walle ed, *JAPAN AND BELGIUM: FOUR CENTURIES OF EXCHANGE*, Brussels: The Commissioners-General of the Belgium Government at the Universal Exposition of Aich 2005　に寄稿する機会を与えられ、さらに二〇〇五年から二〇〇七年にかけての、ヴァンドゥワラ教授と高木陽子文化女子大学教授を代表者とする日本・ベルギー関係史の共同研究に参加することをとおして、近代日本における「小国」のもつ意味をあらためて検討する機会をもちうることになった。それが、その後のポーランドと日本との関係に着目する、ひとつの伏線ともなっている（もとよりポーランドを「小国」とする認識は、日本の他者認識である）。

他方、本書のもうひとつの関心事は、西洋国際秩序と「文明国」日本との関係性如何という点にあるが、その考察に大きく寄与することになったのが、赤十字に代表される近代日本における「人道」理念の受容と展開というテーマである。そしてそうした問題の所在に気づかされたのは、ひとえに小菅信子山梨学院大学教授の主導された多くの研究プロジェクトへの参加をとおしてであった。ひとつは日英関係史のプロジェクトであり、もうひとつは日本赤十字社をテーマとする共同研究であったが、いずれにも共通するのは、ジュネーブ条約とハーグ条約の遵守、つまり捕虜の取り扱い（人道）をめぐる問題であった。

それらの研究プロジェクトへの参加によって、近代日本における「人道」理念（赤十字の理念）の受容と展開が、西洋世界との距離感の違いや、「小国」「大国」という自己認識のあり方とも密接に関係するのではないかという視点をもちうることになった。

また第一次世界大戦の終結が、近代日本の国際秩序認識の転換に大きな影響をおよぼしえたこと（まさに大戦の衝撃が、幕末の開国にも比すべききわめて大きなものであったということ）をあらためて確認することができたし、そうした秩序認識の構図がどのようなものであったのかについての理解を深めることができた。

さらに、これまで述べてきた諸問題をめぐる日本陸軍の認識がいかなるものであったのかに関しては、筆者が継続しておこなっている陸軍研究の一環としても、重要な関心事であった。

以上のように、本書は主として近代日本の国際秩序認識についての、筆者のこれまでの研究の流れのなかから編まれたものである。本書が考察の対象とする諸問題は、以上に述べてきたような意味において密接な関連性を有するものであるが、一書としてのまとまりという点からみるとき、いささか忸怩たる思いがあることも述べなければならない。それはひとえに、本書で提示した課題に十分に応えうるほどの実証研究が、いまだに不十分なことによる。その意味で本書は、筆者の問題関心を論証していくうえでの一里塚にしか過ぎないといえよう。

それにもかかわらず、本書を編んだのは、筆者の抱いた問題関心が、近代日本の国際認識や対外関係史を研究するうえで、多少なりとも意味のあるものではないかと考えたからである。今後とも本書で提起した課題に、できるだけ取り組んでいきたいと思っている。

また、やはり今回十分に考察を深められなかった、「西洋国際秩序と階層的国際秩序意識との狭間にある日本」という視点についても、今後さらに研究を深めていければと考えている。

末尾になってしまったが、本書成立にあたり、さまざまな執筆と報告の機会を与えてくださった多くの方々にお礼を申しあげたい。とりわけ多くの共同研究にお誘いいただき、筆者の問題関心の拡がりをうながしてくださった小菅信子教授には、深甚なる謝意を表したい。また時任英人倉敷芸術科学大学教授の常に変わらぬ支援と友情にも感謝申しあげる。

なお本書は、筆者が所属する東京女子大学の出版助成を受けて、刊行されるものである。学術図書の出版が厳しさを増すなか、大変に暖かいご理解をいただいた大学関係者の皆さまにも感謝申しあげたい。そして東京大学出版会で編集の労をお取りいただいたのは、山本徹氏である。氏の後押しが筆者への大きな励ましとなったことを記して、お礼の言葉としたい。

二〇一三年初春
来年夏に開戦一〇〇年を迎える第一次世界大戦に思いをはせながら

黒沢文貴

索　引

た　行

な　行

は　行

ま　行

や　行

ら行・わ行

著者紹介
1953 年　東京都生まれ
1976 年　上智大学文学部史学科卒業
1984 年　同大学院文学研究科史学専攻博士後期課程単位取得満期退学
1992 年　宮内庁書陵部編修課主任研究官
現　在　東京女子大学現代教養学部教授，外務省「日本外交文書」編纂委員，博士（法学）

主要著書
『大戦間期の日本陸軍』（みすず書房，2000 年．オンデマンド版，2011 年）
『日本赤十字社と人道援助』（河合利修と共編，東京大学出版会，2009 年）
『戦争・平和・人権』（編，原書房，2010 年）
『歴史と和解』（イアン・ニッシュと共編，東京大学出版会，2011 年）
『大戦間期の宮中と政治家』（みすず書房，2013 年）
『歴史に向きあう』（東京大学出版会，2020 年）

二つの「開国」と日本

2013 年 2 月 25 日　初　版
2020 年 10 月 20 日　第 2 刷

[検印廃止]

著　者　黒沢文貴《くろさわふみたか》

発行所　一般財団法人　東京大学出版会
代表者　吉見俊哉
153-0041 東京都目黒区駒場 4-5-29
電話 03-6407-1069　FAX 03-6407-1991
振替 00160-6-59964
http://www.utp.or.jp/

印刷所　株式会社平文社
製本所　誠製本株式会社

ISBN 978-4-13-026607-9　Printed in Japan